U0032966

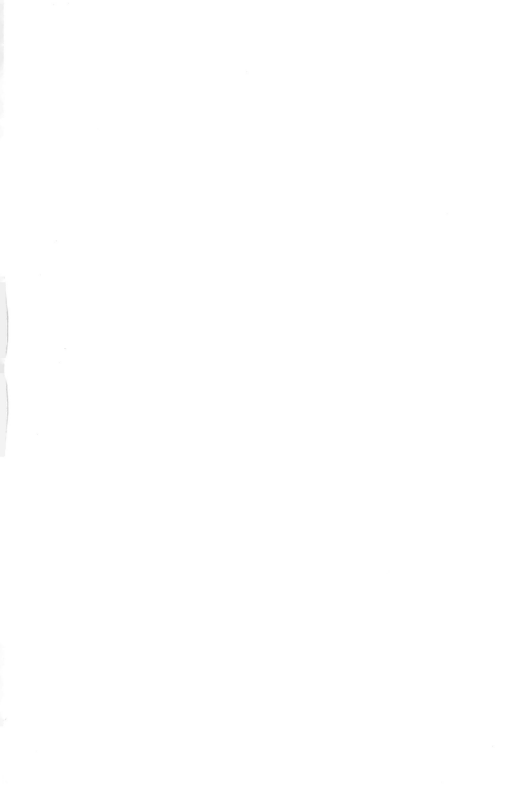

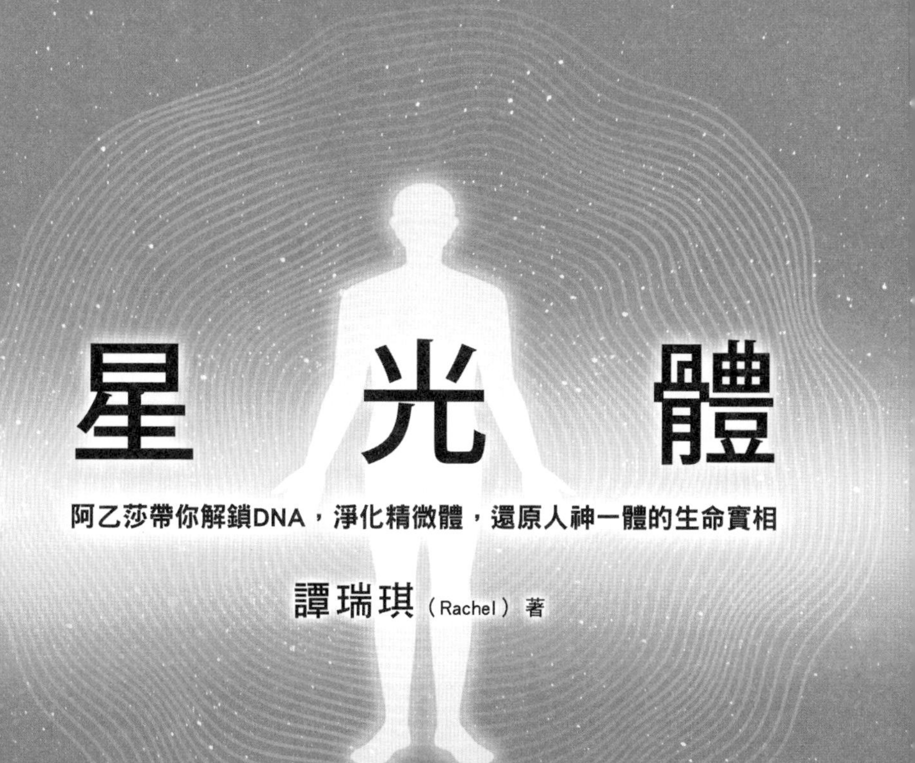

星光體

阿乙莎帶你解鎖DNA，淨化精微體，還原人神一體的生命實相

譚瑞琪（Rachel）著

【目錄】

〈推薦序〉放下疑惑，不再迷惘　劉若瑀　007
〈推薦序〉地球意識與人類意識的共振覺醒　白曛綾　009
〈推薦序〉讓這本書擴展你對「身心靈」的認知　張啓仁　012
〈推薦序〉新人類工作手冊　彭芷雯　015
〈推薦序〉讓我們在彼此的星光體裡相遇　李麥克　017
〈作者序〉與高我攜手合作，邁向新世界　021

第一章　進入帷幕的另一端　025

登上銀河母艦／*練習：調頻校準無條件的愛／在母艦上遇見另一個自己／何謂星光體？／由意識晶體組成的銀河母艦／你是一整個星際家族在地球的代表／星光體屏幕——心智圖／與高我合一是回到本源必經之路／你自性的光是你靈魂的導航系統／放下你對自己和未知世界的批判

第二章　星光體的智能系統　071
幫助細胞意識擴展的DNA解鎖咒語／星光體是每個靈魂都有的連結宇宙智能系統／高我會協助打開星光體DNA屏障／展開星光體的球形空間／你就是宇宙之心／靈魂晶體是星光體反射出來的鏡像／星光體是宇宙訊息交換中心／星光體的自動導航機制／＊練習：快速穩定地連結星光體／音頻是你在星光體中與高我共振的語言／契入星光體的重要提醒／你與高我在星光體層是一體的

第三章　水晶圖書館　115
靈魂共同意識資料庫——水晶圖書館／水晶圖書館和阿卡西紀錄的差異／認出自己的天賦特質／你的靈性源頭有更高的目的

第四章　靈魂探源之旅　135
阿乙莎給的神祕任務／開啟新地球光之門的連結／靈魂探源的目的／遇見紅寶石的神奇經歷／連結靈性父母的愛，再次擴展與高我合一的身體場域／與高我合一的咒語使用法／＊練習：與高我合一的咒語／未來地球人要活出的樣貌

第五章　靈魂的實相　171

星光體是你靈魂的實相／與高我合一時身體和感官會出現的現象／合一是在地球維度的身體場域中完成／你必須信任自己的內在導師／辨識高我訊息的品質／與高我合一的體驗

第六章　打開DNA屏障　187

星光體屏幕定位／星光體中不存在時間／星光體是永恆宇宙中的自己投影出來的全息網格／與高我合一才能打開自己與更高次元的DNA閘口／使用音頻與高我意識校準

第七章　身體精微系統的淨化與調整　205

導入光波，淨化全身的精微體／對應身體十二系統的咒音／光波導入加速身體與星光體意識的融合／應用不同咒音結構引導能量／唸誦身體系統咒音，觀察精微體的變化／＊練習：身體系統溝通法／＊練習：咒音引導／＊練習：感測眼前食物的能量／＊練習：光波導入生殖系統／＊練習：光波導入循環系統／＊練習：爲自己的腎臟補氣／＊練習：潛意識暗示法／＊練習：淨化肌肉系統／＊練習：疏通淋巴系統／對應身體各器官的咒音

第八章　星光體校準宇宙之心　265
身體系統在星光體中的相對位置／星光體系統維護工作／中軸校準的方法／檢查星光體的四方基柱是否擴展出適當寬度／平衡光的系統，檢視光的變化

第九章　契入靈魂光之殿堂　281
契入光之殿堂的方法／在光之殿堂中身體的變化／光之殿堂中的四大元素

第十章　我是臨在（以火之眼，承接覺知）　293
打開內在之眼

第十一章　情緒的重要性（以水之流，感知天地）　301
業力之路vs.創造之路／情緒創造意識流動／不同情緒在星光體中的流動路徑／情緒是幫助人類意識擴展的重要媒介／業力：尚未流動完全的情緒種子／水晶礦石記錄了人類歷史累積的情緒振動／＊練習：透過水晶實現理想的人際關係／用內在之眼解開情緒密碼／黑暗是光的動力來源／重建你和金錢的關係

第十二章　校準新地球，讓星光體充飽能量　337
新冠肺炎是上帝的粒子？／新地球能量校準／地球揚升到銀河系的目的／完成新地球校準的先決條件／新地球揚升行動迫切需要人類協助／＊練習：新地球校準

第十三章　星際協作平臺　355
打開意識通往星際的閘口／與高我視角同步的溝通法／黑暗是為新的平衡找出口的必要過程／人類可以協助解鎖高我的黑暗印記／開啓星際協作平臺

第十四章　回歸眞我　379
開啓真我之門

第十五章　人神合一（以土之基，融合萬有）　389
為自己和地球創造一個新的你／世界即將改變，新地球秩序就要誕生／回到最初始的你，和宇宙意識共舞／連結未來自己的光之橋／與众神合一

〈附錄〉與阿乙莎的Q&A　407

〈推薦序〉放下疑惑，不再迷惘

劉若瑀

「打開你的星光體意識層，不是要你脫離地球的生活，逃離現實，而是要經由你進入不同維度的視野，幫助現今地球人類和環境提升，創造出新地球的生活。」

「放下你對自己和未知世界的批判。你以為那個未知的世界並不存在，是屬於你之外的世界，錯了！你想移除的那些疑慮、恐懼、擔憂和控制性的想法不在外頭，全都在你之內；也正因如此，你將自己隔絕於內在宇宙之外。」

這是在《星光體》一書中，阿乙莎告訴作者譚瑞琪的訊息。然而星光體的世界，我們是無法用肉眼看見的，是一個只有光、音和振動頻率交織的訊息場，唯有：「當你全然信任帷幕之外的自己，才能眞正完成與高我的合一。合一的旅程需要靠你自己完成，我只能提供愛的能量，給你支持。不要再迷惘了，讓意識展開，你會到達的。加油，我的孩子！」

看到書中阿乙莎這段話時，我哭了！一直哭，一直哭……我們從來都不相信，我們只相信自己，相信自己看到的、聽到的；相信自己的知識、自己的想法、自己的心情、自己的判斷、自己的立場、自己的夢……

有一位來到優人神鼓報考團員的年輕人在簡歷中說：「老師好，我現在就讀科技大學表演藝術系三年級。曾經藐視萬物，直到一次在去尼泊爾的旅行之中，無意間從手指末梢感受到自地面傳來的能量，是眞的感覺到有東西在我的身體和地面互相交換什麼，自此才謙虛地重新感受世界！」

是的，我們需要親身體驗到才會相信，而其實相信更能幫助我們體驗到。

去做吧！時間已然不多，宇宙著急地把許多原本我們被屏蔽的內在打開。現在不用翻山越嶺，也無須三年六個月深山苦修閉關，就是去「相信」！相信地球暖化造成的危機終將來臨，相信世界面臨的困境將持續下去，相信平安穩定的生活只有從心覺醒才能到來，相信我們靈魂中最珍貴的寶藏就是「無條件的愛」！

只有無條件的愛在我們心中全然升起，才能放下疑惑，不再迷惘。

相信打開星光體的意識層，和自身更高意識合一後，我們可以一起創造新地球的新生活！

（本文作者爲優人神鼓創辦人）

〈推薦序〉

地球意識與人類意識的共振覺醒

白曛綾

多年前我曾因為閱讀《白寶書》所描述的「神是」，而被一股力量向上抽拉，瞬間進入神的意識中，體驗了「我是全部，全部是我」。因為當時自己的意識振動頻率太低，短暫停留後，我的意識旋即退回肉身體中，但我從此明白天地萬物都是神的化身，我們內在都有神性的種子，自然都是神的一部分。因此，當阿乙莎提到「我們必須不斷地擴展意識，直到我們與神的意識連結，或者說是達到神的意識」時，我深信不疑，而這本書即提供了透過小我與高我合作，來達到擴展意識的可行途徑。

我一直很清楚阿乙莎靈訊和我自己的學習系統（主要是由默基瑟德天使聖團所傳訊之光的課程）不盡相同，因此書中描述的方法未必適用於我。但從閱讀阿乙莎靈訊第一冊開始，我就深深被書中的智慧教導吸引，這第四冊《星光體》也不例外，甚至比之前有了更多驚喜，因為書中補充說明了許多新訊息，也與我的各種親身體驗，以及透過自由書寫及錄音接收到的「通靈」訊息相呼應。以下簡單說明三個。

其一，我經常會透過地球四大元素之冥想，來引領上課學員穿越時空，無論是回到過去或去到未來，都可使他們有機會以全然不同的角度來思考自我存在的意義，而更能活在當下。這本書中提到的四大元素應用——「以水之流，感知天地；以土之機，融合萬有；以火之眼，承接覺知；以風之象，無中生有」——提供了我許多可作爲後續進行四大元素冥想的靈感。

其二，我近來一直在思考，路西法（Lucifer）這個天資聰穎卻墮落叛變的晨星天使，爲何被西方宗教、哲學與心理學描述成撒旦魔王？而我之前和魔鬼的對話內容也被瑞琪收錄於阿乙莎靈訊第三冊《愛的復甦計畫》中。魔鬼藏在細節裡，在星光體的精微能量中，我明白人類會感受到黑暗（魔鬼）力量的原因，是因爲人類自己放棄愛、放棄對神的純然信任。但包括黑暗與魔鬼、光明與天使，所有的一切，都在神性的引導中，神怎麼可能會創造出錯誤的魔鬼來？我相信其中必然有其緣由。我的認知是，黑暗的存在是爲了協助我們跳脫二元性，唯有超越並整合心中的天使與魔鬼，我們才能看到真正的光明。而這本《星光體》更是清楚指出，當你擁有「黑色背景的支持，才能更清晰地從第三眼看見絢麗斑斕的宇宙之光……黑洞變成了愛的收集盒，幫助你放射出你身上的光芒」。

其三，當我看到書中描述二〇二〇年突然而來的新冠肺炎疫情之緣由時，更是感到驚喜。我在二〇二〇年二月一日辦理提前退休，打算轉業成爲全職的身心靈課程舉辦者。才一退休，疫情隨即來臨，家住臺中的我不僅不必擔心必須每天臺中新竹巴士通勤到交大教書的高染疫風險，甚且我所主辦或任教的各種線上課程也都順利開展。更有趣的是，我發現自己透過錄音接收到的令我瞠目結舌的訊息，有不少是來自天狼星。因此，當我讀到這本書中提到的「新冠肺炎就像是從宇宙掉落到地球的上帝粒子，幫助地球重新校準五次元的天狼星」，眞的是邊讀邊點頭，讚歎瑞琪傳訊之精準。

我很認同書中所提的高我之定義：「高我也是你，未來的你，和處於不同時空的你」。無論是這裡或那裡、無論是過去或未來，都沒有別人，因爲「在星光體中我們彼此相連」。「當一個人覺醒後，無論是黑暗或光明，都成爲他的力量來源，而一個人的覺醒之光會喚起許許多多人的意識一同回歸家園。」讓我們無論是否隸屬於相同的光之門戶系統，都能攜手創建新地球，使之成爲我們共同喜愛的美麗家園。

（本文作者爲交通大學環工所榮譽退休教授）

〈推薦序〉

讓這本書擴展你對「身心靈」的認知

張啓仁

對於在正常環境長大的我來說，「靈性」的追求從來不是我生命規畫的一部分。我認爲那應該是在日常生活、心境、感情或事業有重大打擊及改變時才會突然興起的一種依託的追求。何況長久以來，家庭、學校、宗教或社團一直在提倡「身」的健康和「心」理的輔導教育應該是社會大衆淨化身心的基礎，反而很少有對「靈性」的探討，總是把它掛上一個非常詭異、模糊、深不可測的外衣來面對。

我在醫學院任教，並從事臨床醫學研究，成天跟臨床數字打交道，要我去面對、接受這一個不以科學邏輯爲基礎的言論思想，眞是一件困難的事！然而從小到現在，心中一直被兩件事情困擾著，對我來說是科學永遠沒有辦法回答的疑惑，一個是：「人死後到哪裡去了？」第二件事則是：「地球外面的宇宙有多大？」凡事追求完美、處女座的我，無法解決或了解這兩個問題，心裡一直覺得缺少了什麼！因此，若以「身、心」的教育與宗教的寄託，來遊說或回答這兩個問題，其實是讓我很難接受但又不得不接受的現實。

認識 Rachel 夫婦已經十多年了，是在一個身心成長課程裡面認識的好朋友。我們兩對夫婦的背景完全不一樣，他們夫婦在電信業，而我們是在生物與臨床醫學領域，唯一的交集大概就是在課程中一起分享的經驗和一隻貓的故事。我家裡有一隻領養回來的流浪貓，跟我相當不對頭，常常在我的書桌、椅子、鞋子，甚至是我的公事包尿尿，讓我不勝其煩。在一次聚會中，我們提起了這個問題，Rachel提議用她靈性溝通的方式，嘗試與這隻流浪貓對話。不出幾天，我竟然能和這一隻貓和平共處，因為Rachel讓我了解了流浪貓對我這個主人的感想。原來，問題不是貓，是我終於願意和牠和平相處！

看完了她寫的三本書，參加過多次體驗工作坊，現在再讀完這一本《星光體》的初稿，我必須說，阿乙莎已經回答、解決了我的疑惑。祂喚醒了我內心的小我世界——不是，祂讓我發覺了我內心的宇宙。過去所有的問題，有形的、無形的所有，一切都是自己，而我自己也可以開始解決、回答一切的問題。當我認知到這件事情的時候，那種喜悅的感受實在是不可言喻！

這本書的內容，可以說是第一本《阿乙莎靈訊》的進階版。《阿乙莎靈訊》介紹宇宙觀念，並點出了我們地球人要揚升至新地球的使命與方向，提供約略方法。我們人類從感官體、乙太體一路要進入星光體，這所有訊息，都約略描述到。第二本書《創造新我．新地球》可以說是一本工具書，針對為什麼要活出靈魂做了詳細的介紹。然而，人類科學的發達、物質文明的過度發展及人類的貪婪已經造成地球中軸不穩，正在走向毀滅的道路，所以，第三本書《愛的復甦計畫》已經在邀請我們以迎接新地球為目標！

這本《星光體》不改作者以前的寫法，用一問一答的方式，將阿乙莎和高我傳遞的訊息用文字記錄下來。從如何穩定中軸，迎向並接收光的能量，如何昇華、進入星光體、進入銀河母艦、與高我對話，邂逅靈性父母、指導靈及其他原以為遙不可及的諸多高我，到最後終於到達「人神合一」的境界！我戲稱這是「Rachel人神合一遊記」，從過去用小我尋找以為有形的高我，到知道用無盡的愛、意識形態，無色無相地與在高次元的諸多高我連結，最後終於知道「I am that I am」，到達「我就是一切，一切就是我」的境界，好棒的一趟旅程！

同時，作者又毫不藏私地把她接收的各種咒音，依人類身體的不同系統完整列表出來，以供讀者作為與自己的器官溝通的工具，並作為契入光之殿堂的方法。在一次靈魂探源之旅中，她尋找了大自然的不同植物精素、礦石精素，以幫助穩定中軸，平衡偏斜的星光體，並透過這些水晶礦石，獲得自人類存在地球以來所曾累積的文明智慧，幫助自己的靈性成長，並給了我們很多情緒解鎖密碼，好讓我們幫助自己解除情緒、業力、身體狀況的所有意識黑洞。

坊間強調幫助自我身心成長的書籍非常多，「阿乙莎靈訊」的到來不僅含括了人類對身心健康成長的要求，更對「身心靈」做了更高維度的拓展介紹，讓我們知道人類可以進入星光體，更能超越地球人三度空間及四度時空間的狹窄思維。意識形態的傳導已經超越時間、空間距離的概念，讓我們可以用地球人所知的有限科學觀念加上《星光體》這本書的內容描述及咒音、咒語、數碼等揚升方式，達到創建新地球的復甦計畫！

我希望讀者能用開放的心態來看這本書。最後，我以一首打油詩與各位共享！

人依藍圖修此生，神造靈魂亙蒼穹，合偕意識齊揚升，一登宇宙竟太極。

（本文作者為長庚大學臨床醫學研究所特聘教授）

〈推薦序〉

新人類工作手冊

彭芷雯

多年前與Rachel第一次會面時，她正在做電子書平臺，我們討論著電子書的可能性。數年後，她成爲阿乙莎的傳訊者，並同時於內在整合活出教導，現在已經累積出版第四本書了！

從一個商場上傑出的專業經理人，到接收訊息，成爲與高我合一的傳訊者，Rachel這既接地又屬靈的特質，使得透過她傳遞的訊息，不只在字裡行間滿溢著愛，更提供了走入內在道路者詳盡的心靈地圖。

和Rachel相處，總是輕鬆自在又收穫滿滿，雖然她常笑說自己其實只想過著安逸的退休生活，但被賦予這項傳遞星際訊息的任務後，她卻從來不馬虎，每天固定時刻接收訊息，恪守自己的初心，盡己所能地呈現最眞實的訊息。

雖然一開始被《星光體》這本書龐大的資訊量嚇到，但當我逐頁逐字細讀，不禁對宇宙的共時性讚歎不已！新冠肺炎疫情肆虐的這年，我開始大量閱讀來自西方的高靈克里昂的訊息，因緣際會下，翻譯了以克里昂訊息爲主軸的心靈科學電影《同一場域》的中文字幕。克里昂的訊息中明確提到未來「新人類」的特質，包括如何重新校準、活化DNA場域、療癒與回春、與高我合一等等，而令我驚喜的是，這本《星光體》也同步含括所有這些主題，並且鉅細靡遺地記錄了Rachel自身與高我整合的過程，以及在其中小我的疑惑。由於是以中文接訊，沒有了巴別塔的語言藩籬，因此更貼近我們的文化與思維。若說專業經理人的特長是解決問題，那麼書中每個章節裡的每個方法，以簡單易懂的方式，堆疊出一條清晰的整合之路，精準地給出「解決方案」。你可以照著這本工作手冊去執行，也有可能從中發展出自己的方式，這條路徑雖然未必適合每個人，卻讓我們瞥見了自身更大的可能性。

一直以來，許多高靈訊息只能給予我們指導原則，缺乏實際操作的指南。Rachel傳導的訊息，就像一本記載詳盡的工作手冊，手把手地帶領著我們，要讓我們三次元肉身的這臺個人電腦連上星光體網際網路，進入浩瀚的場域，遨遊帷幕之外的無窮宇宙！

（本文作者爲一心學院創辦人、心靈作家）

〈推薦序〉

讓我們在彼此的星光體裡相遇

李麥克

世間所有的相遇都是愛，以不同的形式或頻率呈現。回到源頭，愛一直在那裡。

這次瑞琪的第四本阿乙莎著作《星光體》問世，孕育的過程不僅經歷了史上難逢的新冠疫情、全球變局，同時國族意識重新洗牌，各地訴求自由或政權重啓的運動不絕於耳；襯以地球氣候的劇烈變化，澳洲野火、非洲蝗害、中印洪氾此起彼落，人類意識與蓋婭母親的互動，似乎進入了一個新的層次。

儘管二〇二〇年衆聲喧嘩，瑞琪選擇傾聽並臣服於內心的聲音，交出了這本新作。我們周圍朋友也參與其中部分創作，經歷並練習用不同的形式去表達愛、體驗愛。

故事，或許可以從〈穿越風暴之眼〉的美聲（mantra）與MV誕生說起。

二〇二〇年三月瑞琪接訊「穿越風暴」咒語（Mo Ho Mo Ha Na Nu Mi Da），除了記錄持咒以外，瑞琪也感覺到將咒語譜曲傳唱的必要性。但是譜曲？錄音？這像天外飛來一筆，完全看不到進行的頭緒。後來瑞琪向我及比爾賈提起，由於比爾服務於影視產業，透過他的居中牽線認識了莊立帆，最後才有〈穿越風暴之眼〉的美聲與MV問世。

神奇的，是這首美聲所觸發的轉變。立帆從事流行音樂三十餘年，創作爲數頗豐的知名主題曲及流行音樂，但他第一次遇到談音樂得談「脈輪的共振」，而非旋律是否琅琅上口！我們聽完試錄帶給的回饋，都是「能量會從這個脈輪走到那個脈輪」，而不是副歌好不好聽、編曲悅不悅耳。這對立帆是全新的挑戰，相當於期待他放下以往熟悉的流行音樂創作技法，回歸到身體及能量最直接的共鳴。畢竟，創作目標不是流行歌曲，是美噠……

立帆成功地克服了這一切。〈穿越風暴之眼〉美噠對能量清理、校準中軸的效果極爲顯著，每每聽到這首歌曲播放，內心都會感動萬分。同時，我們也戲稱立帆從此走入「能量音樂」的領域。現在聽到不同美噠或咒語，大家都會聊這些音樂跟身體脈輪的共振如何。我們也衷心希望，這系列的美噠創作，可以帶給讀者及聽衆全新的體驗。

〈穿越風暴之眼〉ＭＶ，則由比爾團隊（源映製作）製作。比爾非常熟稔流行音樂ＭＶ的拍攝，相較於他以往強烈視覺風格的創作，美噠ＭＶ更訴求靈性的共鳴。我們笑稱，要把來自直覺的想法視覺化，相當於將非線性的訊息線性化。這裡面的轉譯功力，ＭＶ導演並不下於傳訊人。結果比爾的〈穿越風暴之眼〉ＭＶ，不僅對持咒振動有所助益，片末宇宙瞳孔的一呼一吸，甚至是在瑞琪並不知情的情形下先行創作完成。瑞琪驚喜地發現：那正是她心目中宇宙源頭阿乙莎的樣貌！

咒語、音樂、ＭＶ，如果沒有新冠疫情，也許這些美麗的相遇不會發生。

回到這本《星光體》。觀察這系列阿乙莎傳訊，我覺得瑞琪的寫作有幾項特色。

首先，瑞琪在傳訊的過程，一貫維持著「小徒弟問師父」的口吻。在阿乙莎和讀者面前，她並不害怕表達個人的不解或情緒；相反地，瑞琪以非常真誠的口吻提問，坦承內心最深處的困惑，讓阿乙莎予以解答。來自宇宙（阿乙莎）的眞理自必恢弘，然而瑞琪願意坦白屬於人的困惑、甚至她的隱私，替讀者照亮前路，並未在編輯上刪減掉情緒或人性的部分，這除了在寫作上有「烘雲托月」，以及讓阿乙莎訊息更能校準人類意識的效果，更重要的，是展露了對「人」的無比信心。

我們既非來此受苦，我們在此三次元世界的所思所感、領悟穿越，也都將回饋給這地球、這宇宙，乃至更高次元其他化身的「我們」。瑞琪在面對疑惑、進而詰問時，所展現的眞實、明晰與熱情，正反映著我們身無罪愆，情緒甚至是幫助意識擴展的重要體認。反過來說，如果不能直面情緒，僅是一味割捨或躲避情緒，我們又該如何體認情緒背後的課題，並予以穿越呢？

延續對人的信心，瑞琪寫作的另一特色是，她並不經營造神或偶像崇拜。相反地，由阿乙莎而來的愛與能量，在在強化她相信：每個人身上都有神性，每個人都能獲得來自宇宙的回應。在阿乙莎系列裡，即使訊息來自高靈，瑞琪仍不時提醒讀者仔細觀照自己的體驗，並尋找屬於自己的解答。做手指操或光的管道冥想如此，第四冊談到的星光體十二系統及數字密碼體驗時也是如此。愛裡沒有對錯，眞實的力量並不來自他者，而必須來自內在。

大道至簡。讀者當可發現：第一冊做手指操、三百六十度業力練習；第二冊談靈魂晶體、阿卡西紀錄，雙手量測能量場；第三冊講愛的復甦、建立光場、無條件的愛；以及第四冊的星光體十二系統——地、水、風、火四大元素反覆在身體、關係、環境及星光體上相互呼應，同時天、地、人的和諧共振，也必定從身體、心智、乙太體、星光體、業力關係，乃至靈魂藍圖與多次元高我層層顯化。這當中的碎形之美，遠逾人智所能揣測。如果不是來自宇宙神性的道理，又該如何解釋這當中的一致性，與內外／前後的呼應關係？以及，對所有人無有分別的愛？

我相信讀完阿乙莎系列，讀者如果從這些訊息或練習，感受到自己被宇宙支持與愛著，感受到自己和萬有衆生的連結，把力量拿回到自己身上，展開與自己內在神性的對話與探索，那應該是作者最期望看見的事情之一了。

最後一點特色，也是這本《星光體》揭露的關鍵訊息：原來，你我都是外星人？乍聽之下有點驚世駭俗，特別是在傳統想像裡，外星人不是像ET，就是牛頭馬面四足八爪之流。

但如果你我在高次元皆是如天使般的高頻存在、你我高維轉世盡皆燦爛呢？如果你與其他生世、其他次元的你，恰似水晶的不同切面，彼此閃耀又互相輝映呢？

繼〈穿越風暴之眼〉，瑞琪和立帆這次也準備了兩首新美噮問世，分別是〈無條件的愛〉，以及〈回到光之殿堂〉。我相信上述大哉問，除了本書傳訊可供參考之外，也唯有回到愛裡方能解答。邀請讀者在閱讀《星光體》之餘，一起享受這兩首全新美噮帶來的和諧能量。

祝福大家。讓我們在彼此的星光體裡相遇。

（本文作者爲克里昂讀書會帶領人）

〈作者序〉

與高我攜手合作，邁向新世界

當人類能夠提升意識，從更高次元的觀點來看今日的地球，就會了解宇宙是一個相互支援的協作網絡。雖然每個星球都有自己的問題待解決和改善，但在自身能力所及的範圍內，即使跨越不同次元，遠在數萬光年之外的存有都可以經由意識交流，或透過光和振動頻率來協助其他星球。這也是神創造一切萬有、生生不息的基礎：透過彰顯無條件的愛，從付出當中獲得通行更高次元的獎勵。

地球人雖身處較低次元，仍受到宇宙高次元存有的支持與保護。透過意識交流，在光的世界裡，可以得到源源不絕的愛和所需的資源。與此同時，你們也終將憶起自己的源頭，知道自己是來自宇宙的勇士，爲了地球的揚升，願意挺進這個不斷遺忘、輪迴，充滿仇恨和恐懼的物質世界。

最終，無論成功與否，你們仍會回到光的世界，告訴在宇宙更高次元的夥伴，你們是如何經歷地球上的一切，又是如何突破困難，爲其他即將到來的夥伴造橋鋪路。現在，去連結自身的宇宙源頭，他們是你在地球上的堅強支援部隊，來自宇宙無窮盡的光和能量晶柵，只要你提出需求，宇宙都將無條件地支援你的請求。

當你們將身上封鎖已久的靈性意識打開時，地球人類終將恢復星光層的意識溝通能力，可以運用自己的更高意識，創造出新我。

前面這幾段話是阿乙莎在二〇一九年八月四日傳來的訊息，節錄自《創造新我．新地球》一書。這段訊息只是個開場白，說實在的，當時的我仍無法理解，究竟星光層的意識溝通是什麼樣的狀態？又該如何到達？

直到寫完第三本書《愛的復甦計畫》，我才被阿乙莎引領走入這一段超越身體和物質界的星光體旅程，也才從這裡發現，原來我們身上都有著高次元的分身，正在地球帷幕之外的那頭等待我們甦醒。經由自己在帷幕之外的分身指引，我們就能打開早已準備好且開放給人類無條件取用的智慧和眞理。

星光體是存在人類肉身之外的另一層意識，透過星光體，我們可以覺知到自己本身存在著另一個更恢弘版本的生命實相，那是超越人類目前的物質局限，更微觀也更宏觀的量子宇宙視野。當人類得以進入星光體層的意識溝通，生命從此不再因無名的恐懼而受到制約，在舊地球時代孤獨、苦澀、艱難的生命滋味，將被無條件的愛、喜悅與慈悲取代。

這本書對我來說是一個資訊量超載的下載過程。若是你尚未讀過《阿乙莎靈訊》，建議你先回去閱讀這第一本書，以免有種茫茫然的感覺，這本書的前情提要，就在《阿乙莎靈訊》的後半部「宇宙」篇。從第一本書《阿乙莎靈訊》、第二本《創造新我．新地球》、第三本《愛的復甦計畫》，一直到現在，阿乙莎每一次的傳訊都是進入內在宇宙的路徑指引。所以，若能按照這些書提供的練習循序漸進地實際演練，一定可以到達與高我合一的境界，而這本書就是完成之前的練習後，登入我們的內在宇宙，與存在高次元的自己合一的路徑指引。本書描述的過程，是否同樣可以為你打開與高我合一之門？我眞的很期待。書中最後有打開我們內在晶體光之殿堂的指引，我猜想應該也適用同爲星際種子的你們。就如之前釋出的「新地球能量校準」影片，當初我也質疑怎麼會有558-868-868，然後就會出現一個天狼星入口讓我們的身體接收到五次元新地球的能量？但後來發現，確實有不少讀者看過影片都能體驗到。

這本書是引領你進入星光體的旅程。這是阿乙莎指引我走入星光體的路徑，不見得適用於每一個人，希望每位讀者在閱讀過程中，也都要允許自己有和書上不同的體驗。至於是否每個人最後都需要像我在書中描述的那樣，認出自己的靈性父母、認出高我之後，才能與之合一？請不要又被物質世界眼見爲憑的想法困住，關鍵在於「認出」的方式每個人都不同，有些人是感受到光與愛，有些人會看到具體的視覺影像，也有些人會跟我一樣，內在有種清楚的知曉。閱讀過程中，你一定會有自己的詮釋方式和感受，你只需要允許自己的內在可以有屬於你的表達形式。放輕鬆，不要緊抓著書中的文字，認爲自己沒有同樣的體會就到達不了。讀一段文字，然後放下、深呼吸，進入自己的內心去探索，你將會發現更多的自己。

對我個人來說，這本書最後回到眞我，並與高我合一的路徑指引，是我與阿乙莎對話收訊以來收到最珍貴的禮物。沒有這個明確的路徑，每一次收訊連結我總是在黑暗中摸索，在看不見實體的虛幻世界中找尋曙光；但自從收到與高我合一的路徑指引後，每一次我都可以快速而精確地連結上此時此刻我需要連結的宇宙資源。原來我們眞的可以如此展開與高我攜手創造之路，這是我寫完這本書最大的收穫。

隨著地球揚升進入五次元軌道，生活在地球上的所有人類和物種將再度進化，我們與自身的高我意識會展開不同以往的道路。這是一條靈性覺醒後的創造之路，不但可以爲我們生活的地球帶來新的文明和嶄新的創造力，更重要的是，與高我共同創造時，我們將不會錯過原本就存在我們生命本源的天賦才能。在星光體中，我們隨時可以取用這些天賦，以浩瀚無邊的宇宙爲畫布，渲染出屬於我們生命永恆的光彩。人類重新憶起自己的神性，並與高我合作的新時代已經來臨！

第一章　進入帷幕的另一端

（剛寫完《愛的復甦計畫》，將書稿交付出版社的第二天一早起床，突然想起我無法向他人具體描述「無我」，也就是進入那種無條件的愛的狀態。我知道蓋婭母親在《愛的復甦計畫》中已經揭露進入無條件的愛的意識路徑，但怎麼以文字解釋有些難度，似乎都無法用三言兩語表達。那種無我卻又無所不在的狀態，想要以文字描繪，還真的不太容易。我們意識擴展後到達的至福，以及與靈魂本源同在時的喜悅，要如何用最快的速度讓人感受到呢？我處女座務實又龜毛的個性又跑出來了，決定還是請阿乙莎給我一些方便法。）

阿乙莎，我想請祢指導一下，要如何讓人們到達無條件的愛的狀態？

人們在自身能量尚未平衡，或是仍處於能量集中在物質顯化過程或事件當中時，他們身體的細胞會先聽從小我的指揮。只有到達身心平衡的振動頻率，才能經由意識的帶領，到達靈性穿越地球帷幕的目的地。

你已經準備好要進入帷幕外的這一端，可以使用我們給你的意識快速通道，進入無條件的愛的意識；但是，對尚未完成地球功課的人來說，這麼做並沒有用。

你可以唸誦「Si Bu La Si Bu Ya Mi Job」，然後閉上眼睛，用你的靈性之眼去看見自己的生命之花像一顆顆的種子擴散出去，你將瞬間進入無我的實相中。

好的，我來試試看。

就在唸完這段咒語時，我突然進入一個多維度的空間。我的後腦杓似乎有雙眼睛，背後也可以呼吸，意識從眉心往下方移動，進入眉心和喉輪之間的感知。我感覺自己的身體似乎變成一隻站立著的巨大白龍。

沒有錯！這裡是你們進入更高維度的靈性實相。你的肉身目前在地球的三維空間只能往前方看，背後整個是封印蓋住的，這是龍族當初傳遞自己的生命種子進入地球時的集體決定。你們決定在封印住自己背後的感知力時，可以僅用前方的小我意志展現不同的創造能力。

阿乙莎，這已經超過我原來的認知了。搞了半天，意識揚升到多維宇宙時空，我居然變成一隻龍？

當然不是這麼單純用你的眼睛和地球人的認知而已，我們會慢慢向你說明。你已經完成地球人揚升進入星際維度的學習，現在你即將進入**銀河星光體**的學習。

我現在怎麼有一種進入一艘母船的感覺？我原本寬廣的天堂之路不見了嗎？

天堂就在你心中，傻孩子。不管別人怎麼說，你不是已經不再隨便發怒了嗎？歡迎回到銀河母艦！

登上銀河母艦

（一早起床，我照樣連結阿乙莎，身體卻明顯感覺到連結的通道已經不同。過去是感受到一股能量流進我的右腦，現在則是感覺能量進入松果體和喉輪之間，這裡明顯騰出一個空間。）

哈囉，你是誰？你怎麼會連結到我？現在我身體的連線和之前跟阿乙莎連結時的右腦振動有點不同，我可是能清楚分辨你和阿乙莎振動能量的不同喔。（對這突如其來、在身體上感受到的不同於阿乙莎的能量連結，我的內心還滿緊張的……這個意識體到底是誰？）

我隸屬於銀河星際，是銀河母艦的守護指揮官。

阿乙莎在哪裡？

祂完成對你的階段性教導，也讓你順利穿越地球帷幕，進入銀河母艦。你仍然可以隨時與阿乙莎連結，不會有任何不同，只是目前你的靈魂晶體多維空間已經打開更多頻道，你已經進入自己的星光體。

你剛才提到銀河母艦？

是的，我沒有說錯，你也沒有聽錯。目前地球帷幕之外有十艘銀河揚升母艦，我們是其中之一，要迎接亞洲華人揚升至新地球。你會陸續收到來自銀河母艦的訊息和相關指導，這些都早已存在你的靈魂晶體訊息資料檔案中。

我現在和你們溝通傳訊的頻率和阿乙莎不太一樣，之前都是右腦，現在移到松果體和喉輪之間。

是的，那是因爲你的靈魂晶體移動到銀河宇宙，你會感受到更清晰的傳訊品質。這也就是人類揚升到第五次元的意識狀態，我們之間已經可以如此經由意識溝通。

我現在想去找阿乙莎，我必須先確定你們確實是我應該溝通的對象。（我的內心充滿疑惑……）

你可以隨時和阿乙莎連結，但你目前已經有一部分的意識進入銀河母艦，我們需要你參與，並傳遞相關訊息出去。

我現在是用什麼樣的形體和你溝通？

你就是晶體結構意識，並沒有形體。是你的靈魂晶體登上銀河母艦。

那麼，我原來的靈性父母，雷巴特和莎雅，他們現在在哪裡？

他們也都是銀河母艦的成員，我們是在一起的團隊成員。

我實在很難理解這一切，更別提要解釋給我先生聽。

他會漸漸明白的。這個任務和工作非常崇高，你曾經在銀河宇宙締造過輝煌的成績，才會被賦予這項來到地球提醒人類靈魂覺醒的工作。

對不起，我現在眞的想離開一下。（我心裡是想早一點結束這段奇怪的對話……）

好的，我們隨時等你進來。

＊　＊　＊

阿乙莎，我之前問祢要如何用更快速的方式到達無條件的愛，祢教我使用咒語後，爲何我進入一個叫作母艦的地方？

那是光的存在集體意識，目前處於十一次元的維度。地球上方有許多光的世界的存在意識匯聚於此，正在幫助地球展開揚升的工作。

使用這個無條件的愛的咒語，會讓你身上的天使之光閃耀，而你也會以自己的中軸爲中心，呈現出一道大光柱，瞬間將附近的環境頻率調升到光的世界的臨在，然後你就可以立即透過你的中軸，打開進入基督意識場域的五次元門戶。不只是你自己可以順利登入揚升母艦，與你連結的所有人與動物身上的光也會同步與這道光校準。你們彼此共振的光之柱會更加明亮，能量也更爲穩定。

但是，昨天登上母艦溝通的過程中，我並沒有特別開心或喜悅。我的感覺是，那是一艘工作型母艦？

當你契入無條件的愛的維度時，你的靈魂會自動連結你的靈魂家園。你在那兒將以更高的靈性意識存在狀態，展開與高我合一的旅程，那裡就是你靈魂的家。

我記得當初契入基督意識場和自己的靈性父母合一時，到達的合一感受——我是我所是（I am）——和登上母艦的感受完全不一樣。

你經由和自己靈性父母的意識片段合一，衝破地球帷幕的第一道屏障，提升自己的振動頻牽，契入基督意識場，那是一個回家的邀請。而當你終於踏進家門，你可以連結許許多多的兄弟姊妹，以及一整群靈性家族成員；你已經回到家中，是家族的一分子了。

如果我已經回到靈魂的家園，怎麼那種不分彼此的合一感覺又不見了？我依然能夠清楚感知到我的獨立性，然後又感覺自己像隻巨大的白龍，這種雙重身分的感知眞的滿詭異的。還有，揚升進入靈魂家園時，我的小我意識也完全沒有失去啊！我的懷疑，我擔憂誤上賊船的心也還在。我到底要用什麼樣的心態來面對進入銀河家族的家園這件事？還有，接下來會遇到什麼樣的事情？我想先聽聽祢的意見。我目前還是不會輕易相信那裡的存在體。

哈！你倒是學地球人的思維學得很徹底，充滿疑心和自我防衛。

你的意識組成片段包含地球的你、靈性父母在你之內的片段、整體人類共同意識的記憶體，以及你靈性家族的群體意識。你如果要明白自己爲何在此，又即將展開什麼樣的任務，就要從憶起你自己開始。而現在你才剛跨出地球帷幕之外，踏上銀河星際的星光體意識維度，你即將打開更多的ＤＮＡ頻段，開啓你身上被封印的記憶。

你接下來要面對的是準備和靈性家族中的你（或稱爲「高我」）合一，進入共同創造新生命藍圖的階段。一開始銀河母艦的守護者會前來與你交流，引導你進入屬於你的靈魂家園。在這個過程中，你會逐漸明白整個地球意識即將邁入銀河軌道的週期，你們人類的意識也需要重新校準，而**校準源頭的鑰匙就在每一個地球人的星光體層**。你們必須開啓星光體的意識層，開始與自己的源頭意識校準。

祢是指我們目前在地球上每天上班忙碌工作的日子要重新設定？那麼，是否會讓很多人失去目前生命前進的動力和方向，造成更大的內在匱乏和衝突？畢竟很多人已經被社會約定俗成的結構綁死了，有一份職業才能維持正常的家庭生活。

你覺得現實和理想是互相衝突的，其實不然。我向你保證，意識重新校準後，在展開行動時，你們會收到來自宇宙源源不斷的支持。這個支持會顯化在你即將啓程的新地球的道路上，絕對讓你不虞匱乏。

你會驚訝於天底下竟然有這麼美好又完美縝密的安排，一切如此具足，渾然天成。這是大自然早已演繹了好幾萬年給人類看的，只是你們視而不見。人類不信任自己的內在宇宙智慧，以爲自己的自由意志能夠超越宇宙運行之道。不是的，孩子，我們即使讓人類擁有自由意志，你們也仍然要在宇宙運行的軌道中成長，並不會脫離宇宙之道。若是讓人類在發展自由意志時落入銀河宇宙之外的軌道，豈不是會造成宇宙坍塌？你們怎麼可能還可以看見水往低處流、太陽每天爲地球升起、月亮牽引著潮汐？還有，動植物甚至會全面罷工，人類就呼吸不到足夠的氧氣了。

人類生存環境中這些相互依存、互補的生命，都是宇宙自然運行的樂章。人類在地球扮演神，而神確實在每個人的內在宇宙看管著所有生命演進的歷程。現在，來到必須重新校準的時刻，這一切的演出可以暫時告一個段落，有新的劇本正在地球上演，而你們此時此刻需要重啟與自己的內在宇宙校準的工程，重新出發。

新地球的移轉會發展得愈來愈快，愈多人完成校準，新地球的誕生就會加快速度顯化。現在新地球的星光體早已準備好了，就等人類站上土元素的位置，讓新地球顯化出來。

練習：調頻校準無條件的愛

1. 深呼吸校準身體場域。
2. 唸誦三次「阿乙莎咒語」——Si Bu La Si Bu Ya Mi Job。

*咒語意思：「啊！將我們彼此的光融合在一起，讓這世界因我們而更加美麗！」

*使用說明：

請掃描QR Code，聆聽〈無條件的愛〉美讚

這是連結阿乙莎光之門戶的快速通道。阿乙莎光之場域為了迎接揚升人類的意識到來，而在基督意識場域開啓光之門戶，人們藉由唸誦此咒，可將內在意識振動頻率提升至無條件的愛的狀態，在此狀態下就得以經由自身大師和導師的引領，登入阿乙莎光之門戶。此咒也可以將你身邊的環境調整成與你共存共融的狀態，無法與你相融的能量會自動離去。

若可以成功將自己的內在意識調頻到達無條件的愛的振動，就已經具備登入阿乙莎光之門戶的狀態。透過銀河母艦守護者的引領，將可契入自己靈性家族的場域。

唸誦此咒若無法感受到內在擴展或振動頻率明顯提升，可能有以下幾種原因：

一、**業力干擾**：來自自己身體場域的干擾，仍有需要平衡的能量，平衡之後，才能不受業力的牽引，有效提升振動頻率。因此，必須回到業力清理和淨化脈輪能量通道，才能順利擴展意識的維度。

二、**自由意志**：人類擁有自由意志可以自由選擇，即使進入光之門戶是高我或靈魂更高意識的初始設定，但來到地球帷幕之下，若還有自己想要去體驗和完成的地球計畫，人類擁有絕對得天獨厚的選擇權，可以做自己生命的主人。因此，當內在意志認為自己還不想進入帷幕之外的體驗，就不會讓自己的意識進入光之門戶的連結。

三、**陷入某一靈團的封閉門戶中**：有些人或許在靈性修行的過程中做出承諾，進入存在於第四界的靈魂體場域中無法揚升。也因此，個人內在意識已經從屬於某些靈性團體，不認同無條件的愛和銀河宇宙源頭意識，也就無法融入。

四、隸屬於不同的光之門戶系統：當自己的意識場尚未完全淨化時，不要嘗試去引領自己的家人或親友一同進入阿乙莎光之門戶。你必須真正到達無分別心、無條件接納一切存有的狀態，否則會造成內在的黑暗能量與對方場域相互糾纏的狀況。這時，你愈想擴展自己的光之柱，邀集更多的人進入光中，反而會讓你覺得愈來愈沉重和疲累，因為你自己內在的意識分離，以及尚未平衡的能量黑洞的吸引，會在融合彼此身上的光的過程中產生能量糾纏或相互阻抗。此外，每一個人連結本源的路徑都不同，不要以為所有人的靈性源頭組成都一樣，這是屬於每個人和自己高我之間的意識回歸旅程。

在母艦上遇見另一個自己

（第二天一早，我明顯感知到來自銀河家族的主動連結。）

我們是阿乙莎母艦的指揮官議會，你即將和我們的團隊一起進行接下來的工作。緊接著，你們在地球上會面臨許多氣候變遷造成的身體調整問題，我們會陸續將這部分的訊息提供給你。

你需要記錄接下來的工作項目。

一、**展開提升人類覺醒的力量**：展開體驗工作坊、課程教導，並以文字、書籍、圖像和音頻傳達相關的訊息。

二、**連結群衆**：連結群衆和團體，進行社會文化的改造。你們即將面臨政治、金融、經濟和貨幣的結構性調整，在此時期會有許多新的力量凝聚，舊勢力則會消退，以群體力量團結起來可以更快凝聚共識。

三、**提供適合人類居住的方案**：環境變遷造成氣候與土地的改變，要提供適合人類居住的方案，幫助人類在地球上重建家園。針對這部分，會有許多新的建築材料和居住型態的知識傳遞出來。

四、**健康生活**：你們會需要大量補充水元素，而水的淨化和幫助人類排除負面能量非常重要。我們會傳遞適當處理過的水資源，以供應人們日常生活所需。

五、**未來教育**：設置學習場域，提供孩童正確的宇宙觀，連結星際孩子的宇宙家園。要準備進入行動階段了。

進入星光體銀河母艦時，你必須知道如何在此母艦上行進，以及登上母艦後的路徑指引。這艘母艦比地球上所有郵輪加起來的規模大上數百萬倍，它的通行證直接鑲印在你心輪的位置，你可以用自己的意識向下俯瞰心輪位置投射出來的鏡像，所有呈現出綠色光的區域是你目前可以通行的。你可以檢視一下自己的綠色通道，那是你被允許進入的區域範圍；非綠色光的區域即使你用意識導引企圖進入，也無法通行。

（我閉上眼睛，用內在意識之眼松果體看見前方大約一點鐘方向有一大塊綠色光，其他都是黑濛濛的。我的意識繼續向前走進這個綠色的區域，感覺進入一條長廊，這裡似乎有許多早已登上母艦的人在此。

我一直往前走，進入某個區域後就無法再移動。這時，前方有一位引路者向我走來，她自稱泰雅〔Taia〕，身高約二米五，身形高大，具人類女性特質，身上有著綠色的光暈。她帶我走進一個私人空間，向我說明這裡是第九區的地球人登船準備區。他們將目前的地球劃分成十二個區域，每個區域將迎接不同地區的人類和物種生命進入銀河母艦的航道。）

地球每一個區域都有該區的地球領導人，其宇宙意識——也就是他們身上的星光體——會自動錨定母艦。而當你進入母艦，就由存在你內在更高意識的分身來教導你如何展開接下來的工作任務。

等等，更高意識的分身？我有沒有聽錯？難道我眼前這位二米五的高大女性泰雅，你是我的分身？

是的。另外，你之前進入銀河感受到的龍的意象，也是我。現在你登上母艦，我以人類的形象出來指導你。

你是指，在更高的銀河系，你們可以任意改變外觀和形體？

是的。這裡是你怎麼想就怎麼呈現的意識維度，我們在此顯化是瞬間的事，不需要粒子慢慢進行物質化凝聚的過程。因此在這裡，若你有不相容於別人的意圖，你的任何起心動念和回應都會立即顯化出來，可能影響到自己和其他所有人。這也是母艦要教導你們操作星光體最重要的核心理念。

那麼接下來，我是要跟泰雅你學習操作自己的星光體？

是的，而爲了幫助你熟悉在母艦上的意識導航，我也必須顯化成另一個個體意識才能和你互動，這是必要的學習過程。我是你早已爲自己設定的進入星光體的學習夥伴。當你的意識仍在帷幕下的地球時，你連結到銀河母艦上的我們，無論是莎雅或雷巴特，我們其實都是彼此不可分割的意識存在。阿乙莎、莎雅和雷巴特他們有能力穿越地球和宇宙之間的巨大頻段差距，進入帷幕另一端的地球去喚醒你，是因爲阿乙莎、莎雅、雷巴特，以及所有存在基督意識場的意識存有，他們的意識振動可以容許的振頻比我們這些在銀河母艦上的其他兄弟姊妹更爲寬廣。

這麼說我好像才眞正領會到，我們心輪的寬度和允許不相容振動頻率存在的狀態，才可以幫助我們回到銀河的家園。也因此，阿乙莎、雷巴特和莎雅給我的教導，從脈輪暢通、中軸穩定、意識擴展、解除業力枷鎖、放下小我的堅持、回到靈魂晶體、與自己的靈性父母融合進入合一意識、擴展進入基督意識、面對死亡、突破靈魂暗夜、認出自己就是愛，最後回到無條件的愛的振動裡，一路上確實都是透過阿乙莎和靈性父母的帶領，才讓我今日登上銀河母艦，與自己的分身和所有兄弟姊妹的意識相連。在這裡，我感受到的是更接近我們人類目前身體容許範圍的振動頻率，所以我在這裡的收訊突然更爲清晰，感覺就是在自言自語。

泰雅，請讓我再次釐清觀念。當我們不容許與我們不同的存在時，我們自己就展現出分離的對立意識了，但其實，那對立的一邊根本沒有別人，地球上沒有不同於我的存有，我們只是尚未憶起彼此是共同存在的一體。除非以神之名，或是以來自更高維度的智慧存有——如阿乙莎——之名，讓我們臣服，我們才會願意回到相近頻率的銀河家園，與自己的兄弟姊妹團圓。這一切是靈魂再次創造出的服從於一的體驗之路，是嗎？

你可以這麼說。在母艦上，你們生出不同的派別和角色扮演，有人要體驗更寬廣、更好、更大的可能，決定吸收別人能量體驗的黑色能量來體驗；也有人組成光明團隊，以至真、至善、至美的意圖，在完整體驗之後可以回到源頭的白色能量。不論你們選擇黑色或白色的能量，你們原本就存在一體的意識之中，只是朝著不同的振動方向去體驗自己的存在。

被你這樣說穿了，不就Game over，退出遊戲了！那我現在還登上這艘母艦幹麼？

這個問題就說來話長了。我們以後再慢慢回溯這段歷史，現在我要先讓你學會星光體的操作。

稍等，我還是想去問問阿乙莎，想跟祂再次確認一下。

＊＊＊

阿乙莎，我登上母艦了。這回我遇到一個自稱是我的分身的女性，泰雅，她說要來教我使用星光體。祢可以讓我多了解一下這是怎麼回事嗎？

你還不敢相信打開帷幕後的多次元維度就如此貼近在你的眼前，你好像多了一個和你同住在地球上的分身姊妹一般。沒有錯！你不用擔憂和懷疑，因爲目前銀河母艦已經進入地球場域，只是沒有以物質形態顯現在你們眼前。它就像你們空間裡的無形旋轉門，你只需要經由你的星光體連結，就可以直接登船。

目前已經有許多地球人和你一樣登上了銀河母艦，不要擔心，你們會見到面的，到時就可以心照不宣，互相認出彼此。未來，你也會帶領孩子們登上母艦學習，就如同你現在正在母艦上學習一樣。

接下來，你會慢慢進入光和音頻的學習與連結，這是在你啓動自己的星光體之後要進入的學習領域。之前沒有教導你太多，因爲當你處於地球帷幕的屏障下，這些功能無法眞正發揮在光的世界的作用。

我之前是經由一個無條件的愛的咒語登上母艦，到底登上銀河母艦需不需要咒語？

登上母艦其實不需要咒語。在你意識擴展的過程中就已經打開你身上的DNA頻段節點，一旦開啓，你就是擁有更高維度的意識，可以隨時切換意識角度和不同次元的多維場域。

你已經很熟悉三維，就是點線面的視覺化和空間的呈現；而第四維，就是人類共同創造的時間概念，進入過去或未來的節點切換。現在你已經明白，四維的時間眞正要你進入的不是之前或之後，而是當下。當你的意識不放在過去，也不著眼未來，就進入此時此刻無時間振盪的絕對零時差點，你就從當下進入空無的狀態了。

那個咒語是一種意識許可的方便法，真正的到達仍是需要你身上的光到達無條件的愛的狀態，順著你內在意識的擴展，不斷地向上提升，終於契入無條件的愛的振動之中，就會在振動頻率到達一定的高度後自動登上母艦。這裡是來自宇宙的集體意識創造的五維地球空間，也是你現在正與我溝通連結的場域。

每個人進入五維的宇宙集體意識場時可能會連結到不同的天使聖團，不一定是阿乙莎，也可能連結到其他的聖團。不論是哪個聖團，我們在更高的維度仍是相互連結的一體存在，只是目前為了地球揚升的工作來到此地，各自執行不同的任務。

母艦上的天使聖團有哪些？

有大天使麥可、智慧之神托特，還有幫助淨化地球、回收靈性意識的天使愛維爾，也有你熟悉的靈性母親天使埃西斯女神。此外，默基瑟德大天使也與我們同在。

那為何稱作阿乙莎？

阿乙莎就是宇宙源頭意識維度的統一場，你也可以稱之為太極。你當時取名為阿乙莎，讓你自己感到溫暖和親切。你們人類最早的巴利語稱之為Anicca，古印度梵文叫作Anitya，而你在二十一世紀的地球時空將我稱爲阿乙莎，那是你給這裡取的名稱啊。

所以，當初我聽到的阿乙莎音頻代表什麼？

我們只是希望你稱呼我們爲：「喔，宇宙創始的聖父和聖母們啊！」我們是源頭的共同意識。

哈，原來如此！

那麼，現在這個位在五次元的銀河母艦又是怎麼回事？你們如果在更高的宇宙源頭，怎麼又會待在這麼低的第五維度？

這就是宇宙人生活的方式，我們可以打開意識進入任何星球和次元，進行溝通和意識的融合。

那麼我現在登上母艦，遇到泰雅，就是我與存在另一個時空的我進行自問自答的過程嗎？如果我在母艦上不信任自己，想找到祢阿乙莎，又該怎麼連結上祢呢？

你連結阿乙莎，就是連結我們所有大師、導師和天使的集體意識場，你的意識指向阿乙莎，我們就會聯合起來回應你。我們可以跨越不同次元和維度，無所不在。

何謂星光體？

在地球的意識維度，你有你、我、他這種分離的個體化概念，在物質身體中的「你」是小我意識，這個小我意識是幫助你在地球生存的重要嚮導。而你的內在宇宙裡還有另外一個你，存在於地球，也同時存在於更高維度，那就是處在靈魂晶體中的你。這個處在靈魂晶體中的你沒有你、我、他的概念，就是意識粒子群。

當存在你內在宇宙一部分的意識粒子的振動頻率觸及更高的維度，也就是到達與松果體共振的頻率，約七．八三赫茲時，就可以啓動你物質身體的精微量子系統。這個精微的身體，就是你的星光體。

靈魂晶體將來自宇宙源頭的意識場訊息擷取出來，投射到你的星光體屏幕上，你必須經由內在之眼去觀看，知曉訊息內容。你心的振動是幫助你連結並穩定在靈魂晶體之中的引擎，而你透過內在之眼觀看到的星光體屏幕訊息會傳送到你的腦神經，透過腦神經的訊息處理過程，讓身處三次元的你可以理解和知曉。

在星光體之上，是宇宙共同意識的投影源，也就是你們認知的宇宙源頭意識場，這裡面記錄著星際存有間共同的意識流動紀錄。而你的靈魂晶體就是你，位在不同次元的你的共同意識場域，或稱之爲靈魂光之殿堂。你的靈魂高我組成將決定你可以獲取的宇宙訊息資料庫存取權限，沒有經過高維度的你的帶領和協作，小我是無法順利進入的。

你的星光體屏幕涵蓋的範圍包含你身體所有的細胞，可以細微到細胞內核組成粒子，也可以擴大到你物質身體之外光的振幅涵蓋的範圍，同時還可以觸及你自身更高維度的存在意識群。這時，你就會和自己的高我——泰雅——的一部分意識融合在一起，你也會發現泰雅還有許許多多不同次元的存在意識組成。

所以，高我的世界不會受到個別形體、時間、空間和維度的限制，可以互相連結，共同串聯成光的振幅，延伸到地球之外的宇宙之心。你們無法以肉眼看見或耳朵聽見，但可以透過身體精微量子產生共振的振幅相互連結。自此之後，你可以從自己身上整合你的高我意識群，呈現出更廣大、屬於你的星光體全息圖。

在尚未契入自己的星光體之前，你是透過乙太體的振動，取得和宇宙斷斷續續的連結。你會不斷透過直覺體傳遞過來的頻率刺激，漸漸恢復乙太體的直覺功能，讓原本強大的左腦意識逐漸移轉到右腦，形成平衡的意識存在狀態。

然而，當時的你意識尚未穿越身體所在的地球帷幕，仍然需要仰賴身旁的指導師、天使，以及你位於更高次元的靈性源頭共同合作來提醒你，等待你從帷幕那端覺醒。如今，當你接通自己的星光體，在與自身高我整合的過程中，你會經由高我意識的連結，跨越不同維度的宇宙共同

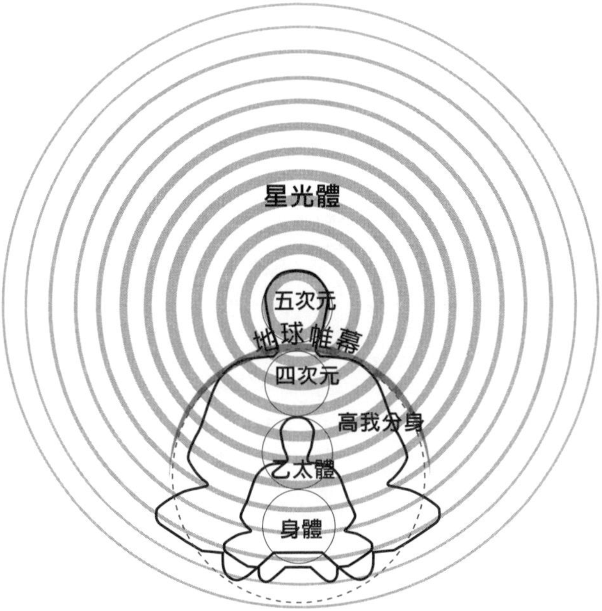

意識大洋，這也是人類與生俱來可以回到宇宙源頭的機制。你們不會因爲失去肉體而終結意識的旅程，所以在星光體中，一部分的泰雅是你，而你的一部分也是泰雅，我們銀河聯盟會透過你身上光的輻射，得知你所在的位置及目前攜帶的訊息。

在星光體中，我們彼此的溝通可以更輕易地展開。你現在與我溝通得如此順暢，雖然看不見我、聽不到我，卻可以清楚意識到我，也可以一字一句記錄下來，這就是你的星光體正與位在宇宙中的我們連線的實況，而啓動實況傳送的中介，就是你和我們正在互動的星光體。你身體細胞裡的所有粒子正以非常細微的振幅穿越你的內在宇宙，將你身體和地球之間的實體屏障打開；你已經穿越帷幕，契入宇宙之心，恢復松果體的溝通與訊息傳遞功能。你會覺得自己的意識更加清晰，呈現三百六十度的全息化展開。你已經充分展開星光體的意識，可以輕鬆地和自己宇宙家園的兄弟姊妹連結。你已經是完全清醒的靈魂，生活在地球和宇宙之間。

嗯，我一開始進入母艦，感覺自己的身體擴展變成一條龍，有點出乎意料之外。當時我爲何會有這種感覺？現在再次登上母艦、連結泰雅，已經不會有變身成一條龍的感覺。

那是你的小我意識第一次穿越帷幕，進入自己的星光體，你仍帶著身體的覺受感官體。想像一下，如果你是一個四角形，現在突然進入一個球體，你對邊界的感知會有所不同。你用龍來形容那種全身細胞跨越帷幕、剎那間放鬆而擴展開來的感覺。你身體的細胞從未有過讓自己暫時失去固定形體圍籬的屏障，進入無邊無際宇宙大洋的體驗，而現在當你的細胞意識已經習慣這種頻道的切換後，你的身體感官也就適應，見怪不怪了。

所以，我的星光體不是一條龍？

當然不是。星光體的你沒有具體的形象，就是光。

那我爲何感受到泰雅有二米五的高度、藍綠色的皮膚？

那是她希望你可以聚焦於和她的溝通，幫助你確認每一次的連結正確所創造的形象。她必須配合初登母艦的人類原有的認知習慣，採取有「具體形象」的溝通模式，以協助你在星光體的學習之路。他們會依照你的靈性源頭組成，以你會感到熟悉和親切的形象與你連結。

那麼請問一下，在母艦上，泰雅感知到的我是什麼模樣？

是幼小純眞的意識粒子，散發著光。這個光尚未被地球固著的能量沾染，所以，你仍攜帶著原有的粉紅色光芒。

所以，在星光體的狀態可以感受到每個人的光在地球的歷史過程和演進嗎？

當然。你們身上的光不只是一個點，而是有著一整個結晶體，結晶體的每一個面就是你們靈性體驗的足跡。你不僅可以看見自己的，還能看見所有人類、非人類及宇宙所有存在意識的晶狀結構，只是目前你還需要深化訊息的下載和連結。先不帶你去看見這一切，因爲一旦看到了，你那雀躍的孩子性格就會到處玩耍，不會乖乖地繼續記錄了。

原來我還在記錄的階段，我一直想出去玩……

不急，等階段性任務結束，你想怎麼玩，都讓你隨心所欲。

由意識晶體組成的銀河母艦

阿乙莎，可以告訴我這艘母艦長什麼樣子嗎？我到現在還沒能清楚看見，每一次登船只有泰雅和我溝通。我覺得自己像個瞎子，在虛空中摸索，感覺很不踏實。

在你契入無條件的愛的振動頻率時，你順利登上了母艦。現在，我們回到當時的狀態，重新走一次登船路徑。

首先，進入內在，連結你的晶體，打開第三眼，看到中央有螺旋狀的光影波動。

接著，在晶體中呼請你的靈性母親和父親與你合一。透過合一的意識，你順利進入基督意識場。

（此時，我的視覺再次從第三眼的位置緩緩向上方移動，到達頂輪。在這裡，頭頂上方有明顯的壓力籠罩我的頂輪。）

接著，你跟隨這股能量持續向上方移動、擴展，直到這股合一的能量停止移動爲止。現在可以打開內在之眼，看看你所處的母艦樣貌。

（我試圖打開內在之眼，看見了浩瀚的星空，這個巨大的星空正中央有個大黑洞，周圍有無以計數的眾多星光在點點發光。這個大大的黑洞有著規律的脈動，像一隻大眼睛在我面前。）

這裡就是母艦，你已經到達了。

咦？這裡什麼都沒有啊！沒有高科技的配備，也沒有電影中那種有著巨大儀表板的太空艙場景。

母艦就是所有意識的家園，由意識晶體組成。你目前的晶體到達這裡，你看見自己登船的位置沒有？

有啊！在我內在之眼視覺左下方一個小小的點。

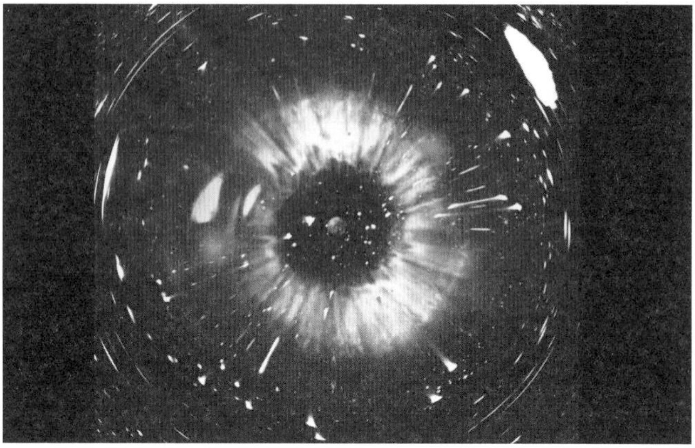

參考來源：〈穿越風暴之眼〉美聵MV最後一幕。
https://www.youtube.com/watch?v=NTKkwQyqs3U

你現在去看看地球和太陽的位置。

在很遠很遠的地方，我的視覺的九點鐘方向，很小的兩個點。

現在你可以再次感受到母艦的樣貌了嗎？

母艦沒有形體，而是有著規律的呼吸脈動、中央釋放出祥和振動的宇宙能量場。所有星球都圍繞著中央旋轉，我們的意識則是乘坐著自己的晶體進入這片宇宙大洋。這裡並不是像電影場景中的星際船艦，而是遠比單一行星和地球還要龐大的集合意識群。

我在這裡覺得自己好渺小，中央那個正在一呼一吸的黑洞彷彿是整艘母艦的中央控制中心，也是凝聚所有晶體意識群的母體源頭。我們就存在這浩瀚無邊的宇宙母親的子宮裡，不斷吸吮著母親從中央那深不可測的黑洞中像浪潮般一波波規律發送出來的能量。母艦上所有乘坐著自己晶體的個體意識和行星意識群都被源源不絕、來自母體的宇宙能量餵養著，不虞匱乏。這裡非常平靜，沒有任何的情緒波動，只會感受到母體規律的呼吸節奏，不間斷地輻射出一陣陣溫潤的能量波。

是的，現在帶著這個理解回到你所在的地球家園，你該如何展開在地球上的生活？

我們似乎早已忘了自己的生命臍帶和宇宙母親依然是相連結的。若沒有跟隨母親子宮一呼一吸的振動節奏，我們這個星球就會偏離源頭的軌道，失去和母親的連結，那麼居住在地球和行星上的所有生命體也會找不到回家的路。

是的。現在你能明白我們為何要邀請大家回到母艦了嗎？

我明白了。這就是回到母親的懷抱，回歸母體之中，跟隨母親的呼吸節奏，有規律地調整自身已經錯亂的意識場體。每個生命為了延續自己的動能，必須連結回到母體，進行同步校準啊！

你現在是否願意繼續進行星光體的學習，讓更多的人回家？

喔，我當然願意！

你是一整個星際家族在地球的代表

人類總以為自己是從出生在地球上才展開生命體驗，其實你早已存在——在地球上，也曾存在於地球之外的星球。你曾經歷不同的生命體驗，只是當你再次回到地球，卻忘了身上仍帶著宇宙責任。其實，你當初是為了完成更高的宇宙任務才來到地球，地球是你在宇宙裡許許多多生命的一個體驗站，而地球帷幕之外的許許多多個你，正等待著你從地球上甦醒，你們彼此才得以展開原定的計畫和任務。

你以為自己在地球生活這麼些年，早已和宇宙的兄弟姊妹失聯，其實不然，你每時每刻都在和帷幕之外的靈性家族交流，相互傳送彼此最新的訊息。就如同你和另一個你在帷幕之外有一個共享的雲端資料夾，雖然你的記憶尚未到達這裡，你早已在不知不覺中完成了五十多年的工作，累積了龐大的訊息量。在帷幕之下，你從來不知道自己有這項宇宙任務，但其實你早已經走在執行的道路上，隨時與高我傳送最新實況，而你的高我分身也會依照你目前在地球帷幕下的知曉狀態，提供你所需的即時訊息和協助。你並不是獨自一人生活在地球上，你擁有一大群靈性家人正在為地球展開新的計畫。

你在這個計畫中扮演其中一個角色，而現在你正準備和早已與你同在共事多年的靈性家族連繫，取得訊息同步。在你打開帷幕、進入星光體的溝通時，你會發現有許多不同的靈性存有開始與你展開更密切的交流。你已經可以透過不同的振動頻率清楚辨識出個體存在意識和源頭集體意識的差異，現在，你需要更深入你的靈性本源，和自己的靈性本源存有們做進一步的學習，以及憶起你本有的天賦才能。

在地球的維度，你只以有限的自主意識和感官視覺看見三維世界的操作方法；當你打開星光體意識，你將看見整個環狀的光圈，每一圈代表進入不同維度和靈性源頭的大門，而迎接你的會是該門戶的光之守護者。這個光之守護者會依照你身上DNA攜帶的原始碼，爲你展開屬於你的道路，讓你和自己的靈性片段連結，你就可以透過連結回本源，憶起你自己。

這些都不是存在於你之外，而是你靈魂本身早已具備的，現在得以透過星光體意識層，以不同的結晶面向你展現。在星光體帷幕之外，你的靈性家族正等待著你的到來，當你登上母艦，第一個與你相遇並來迎接你的，就是整個家族的代表。這艘母艦是星際宇宙集合意識群，你的靈性家人都經由母艦彼此連結、互通意識，並分享集體的智慧和訊息資料庫。即使你的靈性組成片段分別存在於不同的星際次元和維度，在同步進行靈魂的進化和持續演進時，你們彼此會透過意識連結自己的家族成員，一起分享並交流。

登入母艦不同於進入你自己的晶體。母艦比較像是你一整個靈性家族的互聯網，當你打開星光體的帷幕，就進入互聯網的狀態；而晶體是你的靈魂在星際旅行的工具，就如同你的個人太空船。母艦上有成千上萬個太空船的意識停泊站，母艦還有整個星際母體的能量供應源和許許多多的聯合議會，掌管並維護著整個星際母艦的運行軌道和平衡。

你的心智地圖就是進入母艦互聯網的個人地圖，這張地圖就存在你的心輪，可以爲你導航。你不可能進入別人的領地，走進不屬於你靈性本源的場域。這裡就是你自己家中的大院子，透過院子裡的每一扇門，你可以進入自己靈性本源存在不同星際和維度的家，可以透過這裡進行屬於你的星際之旅探索。你雖然看不見，卻可以透過振動頻率的交流，去感知那個世界的眞實樣貌。

星光體屏幕——心智圖

阿乙莎，我的星光體屏幕呈現的心智地圖是屬於我自己連結本源的路徑，和別人無關是嗎？

是的。你想想看，一個靈魂晶體的組成來自不同維度，在每一維度又劃分了不同區域，那

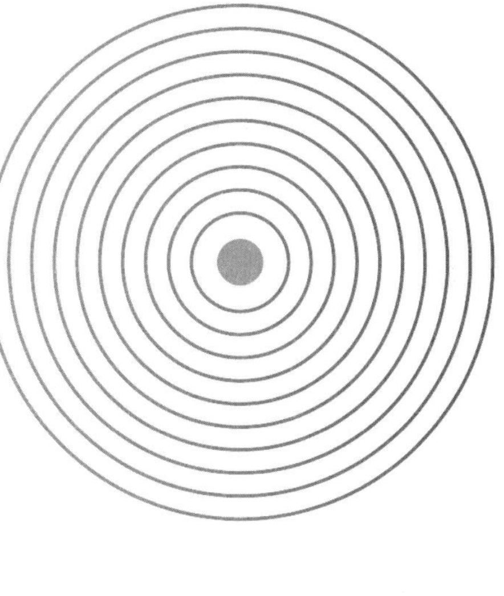

麼，你的靈魂組成可以回到的本源家園就和另一個來自相同維度、不同區域，或是不同維度的存有回到的本源有所不同了。只是你們都同樣存在這個環形的銀河宇宙裡，分屬不同次元的存在意識本源群。

目前你的晶體投影屏幕已經可以從你的內在之眼展現。當你打開星光體帷幕，你會發現內在之眼不再只是光影，而是一整個全息宇宙的圖像，以你的中軸爲中心，向外以同心圓方式擴展呈現（如上圖）。

這一圈又一圈的光對你來說是有意義的，代表意識存在不同維度所呈現的光影。你現在看見最中央的那個點正是你靈性本源的起始點，當你在地球的經歷結束後，你會先回到自己的本源，將意識在地球帷幕之下的所有經歷和學習帶回本源並與之融合，而你的靈魂尚未完成的體驗和一些情緒因子會凝聚成爲下一次體驗的意識種子，再次進入外面那些圈圈中，一直到完整體驗完爲止。

你目前看見的這張全息圖，代表你的意識的靈魂組成共同經歷的片段，每一層都有相應的守護者掌管該意識軌道的運行。你的意識停駐的任何一點，都可以連結進入該場域的資料庫中，整個心智圖就如同一個龐大的宇宙記憶資料庫。

你目前只能站在門外看見整個星狀結構圖，接下來，我們會依序進入更深入的學習和說明，作爲你進入星光體體驗的開端。

我目前用內在之眼看見的這張圖很模糊，密密麻麻的那些圈圈似乎無法固定住，我無法好好分辨這裡頭到底有多少圈。它時而出現，時而消失，也會旋轉，我要用什麼方法才能錨定？還有，我該如何錨定？

先不要急，我會幫助你慢慢憶起。你現在需要先連結上自己的高我意識泰雅，因爲只有在與自身更高意識完整合一的狀態下，你才能穩定地在星際之間旅行。還有，讓你的身體錨定地球仍然是非常重要的基石，沒有和地球做好連結，我們將無法啓航。

此外，要跟你說明，心智地圖只存在星際種子身上，並不存在每個人的內在宇宙中，只有星際種子在進入地球帷幕之下的維度時會鑲嵌這張地圖。擁有這張心智圖不代表你擁有在地球上高枕無憂生活的特權，你們是自願進入地球帷幕下，要幫助遺失心智圖已久的星際家人再次憶起回家的路。

心智圖曾經存在地球文明中，在列木里亞和亞特蘭提斯文明時期，所有人心中都有這張回到宇宙家園的心智圖，透過這張心智圖可以錨定家園的星際門戶，還可以進行星際旅行和訊息交流。當時大量的星際存有移居地球成爲人類種子，被賦予資料同步更新的責任，然而經歷兩百萬年的星際殖民，地球上大部分人類的DNA早已封印，已經無法存取這張心智圖，也因此中斷了和宇宙意識的連結。

今日地球上的星際種子已經可以重新連結上這張心智圖，也有許多攜帶著心智圖的星際種子重返地球。你們仍然需要經歷地球帷幕之下的重重考驗，深入了解地球人類制訂的法則，從中取得新的平衡爲起點，才能再次幫助地球揚升進入銀河的軌道。

此次的地球揚升並非要中斷目前人類的文明進展，而是希望從源頭開始釋出得以和現存的地球集體意識重新融合的新觀點。這張心智圖無法直接帶著你和所有靈性家人回家，只能從這裡展開新的嘗試，因爲人類被賦予自由意志，你無法改變目前這個事實和現況。地球母親期待更多的星際種子引領人類的意識連結上新地球觀點，幫助人們重新凝聚新地球集體意識，而只要讓這些心智地圖如實展現在衆人眼前，就足以刺激人類的大腦朝向五次元的世界邁進。

你們這群星際種子目前要做的就是透過你們自己的意識擴展，進入自己的心智圖，去探索並分享你獲得的宇宙知識，讓人們朝新地球、新觀點的方向融合。這些心智圖的展開會帶來新地球意識的校準，其中包含宇宙學、人與生態互動的新秩序、新經濟體，以及新的教育和醫療方法。

我明白了，阿乙莎。雖然我現在還無法深入心智圖的全貌，但已經可以感受到，之前祢傳達給我的訊息的深度和廣度，確實有別於我們從教科書或宗教接收到的知識和路徑指引。感謝祢的指導，我會盡量傳達並彰顯源頭宇宙就存在我們自己身上的眞相。

與高我合一是回到本源必經之路

還記得最早之前，你是經由你的大師和導師的指引，連結進入阿卡西紀錄的場域，透過這條和高我共振的能量流，順利提升你的意識，回到宇宙共同意識源頭。這對你來說，是最直接又輕而易舉的到達方式。

你現在也終於明白，高我指的不是另一個與你無關的意識存在體，而是你存在高於地球整體意識維度的自己，是帷幕之外的更高存在意識體。

當你決定聽從高我的指引，才能和自己的更高意識達成共識，而在此狀態下，你才有機會踏上你們早已擘畫好的回家之路。所以，**連結本源的路徑展開，是出自你的「應允」，絕對不會來自某個與你不相關的靈性存在意識或外星存有**。你應允與自己的高我意識合一共振，才是讓你回到本源的唯一道路。

可是，阿乙莎，在進入帷幕外之前，我並沒有認出泰雅，現在雖然知道她是我另一個維度的存在意識，我怎麼覺得好像跑進別人家了？我必須說，從進入帷幕之外遇見泰雅，我每天都在懷疑自己是否誤上賊船，或被帶往奇怪的地方，因爲有太多訊息和音頻傳遞出來，已經超乎我的想像。

這就是我們現在需要再次說明的地方，才能讓你更加安心。每個人的高我都身懷絕技，巴不得趕快把自己教會，才能眞正開啓你們共同創造之路。

你可以想像你替自己的未來擘畫了一趟美麗的地球之旅，你滿心期待，替自己創造一個肉身形態的體驗裝置，希望這個裝置幫你走遍你企圖再次演繹的場景。你當時最大的期盼是什麼？

我猜是爲了自己靈魂再次進化所準備的，是嗎？

一部分是！還有最重要的另一個目的，就是去替你自己找出一條你們共同創造的回家路徑，這條路可以幫助所有存在星際間的其他兄弟姊妹精心演繹和規畫出一條新的道路。你希望藉由自己踏上這段旅程，幫助你們共同找出一條回到源頭的路。

你不只是存在地球上的你而已，你還有許許多多的意識，存在不同的時空和宇宙之間，正在經歷不同的故事場景。你們都需要回到自己源頭的家園，而回家的路徑千百種，哪一種才是最適合你們的？這道題的答案需要你派出一堆偵察機，才能替自己描繪出最佳的回家路徑，那就是你的心智圖。這份心智圖是你替自己和所有與你相連、跨越不同宇宙維度和場域的兄弟姊妹準備的共同意識網絡，這個意識網絡就是你們一同回家的地圖。

我一直以爲回到源頭的路徑只有一種，因爲有這麼多宗教學派都在教導如何走進天堂之路，所以我之前認爲就是走同一條路，到達同一個地方，只是因爲宗教語言不同，還有年代不同，才產生不同的詮釋方式。大家分開來搭電梯，最後都該到達同一個地方才對。我之前的概念是線性的，而祢現在跟我講的是同心圓的球體概念，確實突破我之前認知的盲點。

連結本源的最佳路徑，需要先遇見你在高維度的意識體，就是你的高我。透過與高我合作，可以打開存在你內在的心智圖，這也是你和共同連結的靈性家族一起設定的最初始生命藍圖，而這才是屬於你的最佳路徑指引。

我們之前在帷幕之下給你的所有引導，都是爲了讓你突破地球稠密的第一道帷幕，連結上自己的高我，並與高我合一。現在你已經登入帷幕之外，遇見自己的高我意識，終於可以展開邁向回家之路另一回合的創造之路。

我因爲在帷幕之外突然進去一個不知名的環境，而感到徬徨困惑。原來每個人到達的本源雖然不一定相同，但與高我合一的這一段過程，都是我們回家必經的路徑。連結自己的高我，才能打開屬於自己的那張心智圖。

靈性本源vs.宇宙共同意識源頭示意圖

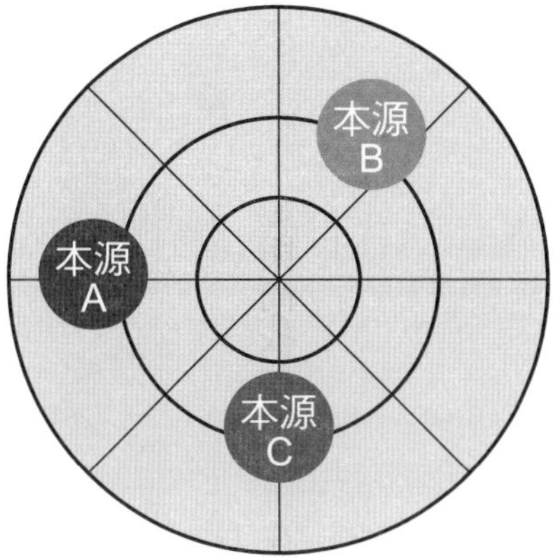

不同本源在同一宇宙共同意識源頭中

你自性的光是你靈魂的導航系統

阿乙莎，這陣子學習進入星光體、打開帷幕的屏障，我總覺得自己好像闖入叢林的小白兔，在黑暗中摸索，還收到一堆咒語，眞希望自己寫下的訊息不會誤導大眾。祢是否可以幫助我補足一些我意識尚不完整之處，讓我這陣子東奔西跑的星光體路程有個清楚的脈絡，可以讓人循線追尋？

當你進入帷幕之外，首先映入你心輪迎接你的，是一大群靈性家族成員，這裡面有存在不同維度的你的分身，可以稱之爲你的「高我」。此外，不只是高我，還有一路上引領你來到帷幕之外的指導靈、你靈性組成片段的高維存在意識群，以及來自不同星系的存在意識。

在此星光體初探階段，唯一一直伴隨著你東奔西走的是你內在自性的光。走馬看花也好，超越你身體感知範圍之外、身歷其境去進行探索之旅也好，你內在自性的光從頭到尾都跟著你，讓你隨時可以回到地球上的身體裡。

你那自性的光從來沒有缺席你的每一場靈魂探索，也從來不會消失不見。打從你在種子時期，一路到達綻放生命之花，在這趟結晶旅程中，它一直存在你的心輪，伴隨你經歷所有的靈魂旅程。當你在靈性道路上有所斬獲、雀躍不已時，它為你感到開心喜悅；當你遇上困難、深陷黑暗泥淖時，那自性的光率先站到幽暗的谷底，為你照亮靈魂回家的路。

它時時刻刻在你身邊，鼓勵你繼續向前探索，不管是喜是悲、是光明或黑暗，它要你好好去體驗生命，成為你想要成為的樣子。這道自性的光就是來自我——宇宙源頭——的光。

每個人的靈魂種子都擁有自性的光，當你最終瞥見它時，你又將踏進另一個桃花源，因為你無法駐足在源頭中，你需要去體驗、去經歷、去完成。在靈魂進化的旅程中，自性的光會累積光的結晶，而每道光的結晶體都是獨一無二的、都很珍貴。如同你所見地球母親的子宮裡孕育著各式各樣的水晶礦石，每一種水晶都吹奏著不同振動頻率的音符，也折射出各種不同色彩的美麗光芒，你們的靈魂晶體在星光體的世界裡就如同一顆顆美麗的水晶，不斷積累，沉澱出美麗的結晶體，那也是專屬於你靈魂的資糧。

現在當你穿越肉身、穿越物質世界的帷幕，進入星光體的世界，你自性的光就是你靈魂的導航系統，順著你的光前行，你將會和帷幕之外的星光體存有再交織出屬於你們彼此的光的結晶。來自你靈魂自性的光永遠會和源頭連結，它讓你不會迷失在星光體的光的交纏世界裡。當你契入帷幕之外，你只須去辨識自己是否正在跟隨自性之光的帶領，這道光會帶著你找到另一個更高維度的自己。當你登上母艦，出現一個來迎接你的意識存在，你遇上的是誰？

我遇到泰雅。

是的，她就是你的高我，也是你的自性之光進入不同次元、不同維度的延伸版本。這道光一直在帷幕之外守候著你的到來。

那為何地球要設計一道帷幕，阻止我們認出存在更高維度的自己？

孩子，你有玩過捉迷藏吧？

沒有蓋住雙眼，你如何開始去尋找，並產生去體驗的意圖？這是讓你遇見自性之光的過程，只是原本並沒有設計「卡關」的程序。在你們的古文明時期，只要身體成長茁壯後，就可以自動連結上自己的更高意識，當時並沒有任何宗教和君王制度防止你們與高我連結。靈魂DNA的「卡關」讓人類無法回到自性，這是外星惡意存在族群植入人類的，現在地球進入銀河光子帶，這些植入人類DNA的「卡關」會被銀河光明世界破解。你們已是自由的靈魂，可以超越細胞的印記，展開回到自性的新生活體驗。

現在進入星光體意識，與自己的自性更高意識融合，你們在此再度合一，展開同頻共享的互助，你就是在幫助自己擴展意識的寬度和深度。你地球生命存續期間的體驗和價值觀會融入帷幕之外的你的更高意識存在體，同樣地，你的高維存在意識會向你揭露你尚未打開的覺知，讓你從更高、更廣大的視野，以更多元的角度去看見自己所處的地球景象。

所以，打開你的星光體意識層，不是要你脫離地球的生活，逃離現實，而是要經由你進入不同維度的視野，幫助現今地球人類和環境的提升。高維的你早已身經百戰，歷經更多生命體驗，那是進化後的靈性的光。你不需要成爲她，你已經是她，但你要透過自己現在的光，去重新詮釋地球帷幕之下的你的這一趟新體驗，讓這源自你自性的光融合自身更高意識後，創造出新地球的生活。這也是所有靈魂意識穿越帷幕之後的使命——你們不是要去帶回星際生活和訊息，好讓人類幻想遙不可及的宇宙生活，而是要去活出自己在帷幕之下的新生命。你們要一起創造彼此都滿意的生命體驗。

放下你對自己和未知世界的批判

當你契入星光體時，迎接你的是你自身另一個維度的存在意識。進入這個階段，你會與自己更高的意識體從自他分離的意識中慢慢展開相互融合之路。一開始你會覺得陌生，感受到另一個和你近似的思考模式和振動頻率，你以爲她會像個老師般手把手教你完成意識融合的程序，殊不知，和高我意識融合的過程就如同你拿出一面鏡子面對鏡中的自己，只有走入鏡中的情境並與之合一，才能將前方所有的障礙和干擾視線的邊邊角角移除。當你如實照見自身，全然接受如此眞實的自己，才能完整與自己的高我合一。

在此過程中，你所有的疑慮就像一張張便利貼，貼滿了整個鏡子。這些便利貼占據了你整面鏡子，你該去哪兒才能找回鏡中的自己？你只能將便利貼一一移除，而這個移除的過程，就是放下你對自己和未知世界的批判。你以爲那個未知的世界並不存在，是屬於你之外的世界，錯了！你想移除的那些疑慮、恐懼、擔憂和控制性的想法不在外頭，全都在你之內；也正因如此，你將自己隔絕於內在宇宙之外。若無法走入鏡中的你——那個存在更高維度的自己——到達合一，你就無法走入鏡子裡的世界，也就是原本就存在你身上、你來自的那個宇宙本源的世界。

不要再因爲母艦上你無法掌握和全然知曉的一切而擔心和迷惘，你無法看見的原因，是你將自己的鏡子貼滿了疑慮；移除這些疑慮，你才能開始進入與高我合一的旅程。在星光體的世界，你無法用肉眼瞥見你在地球帷幕之下看見的那種實物景象，這裡只有光、音和振動頻率交織的訊息場，而你有限肉體中的所有感知系統將會展開與自身星光體系統再次重組的過程。

如同一個學步兒般踏出勇敢的第一步，開始探索星光體的世界後，你愈是深入內在，就愈能擴展意識的維度和認知系統。當你全然信任帷幕之外的自己，才能眞正完成與高我的合一。合一的旅程需要靠你自己完成，我只能提供愛的能量，給你支持。不要再迷惘了，讓意識展開，你會到達的。加油，我的孩子！

我知道了，阿乙莎。可以容許我多問一些嗎？和高我合一跟進入晶體有什麼不同？之前祢曾帶領我契入自己的靈魂晶體，認出我身上的靈性組成片段，找到自己的大師、導師，我以爲那就是我靈性覺醒之境，現在又要我前往下一個階段，登上母艦，遇見高我，和高我合一，這到底是爲了什麼？

當你的意識契入自己的靈魂晶體時，那是一個進入你自己太空船的邀請。你的太空船是由你的靈性源頭組成的意識群，包含了你的靈性父親、母親，以及同行的大師與導師，他們的意識也都存在你的太空船上，是與你結伴同行的小組成員。你在自己的晶體中可以獲得大師和導師的引導，提供當下最適合你的建議；你的靈性父母則幫助你看見自身光的組成元素和特質，你可以經由靈性父母身上的特質找回你的源頭記憶，認出最初始的你的靈魂種子計畫和生命藍圖。

現在，回到這艘太空船，也就是你的靈魂晶體。試問，應該由誰來操作這艘太空船？誰才是這裡的主人？

是我嗎？

孩子，這裡沒有別人，也不會有其他人幫你駕駛屬於你的太空船，當然只有你可以。只不過你在地球是用肉身行動，而當你的意識契入五次元的晶體空間，你就無法攜帶肉身同行，此時，你只能仰賴自己存在更高意識維度的分身，也就是泰雅，和她共同駕馭這艘太空船，遨遊於母艦和星際之間。

這樣說起來，進入晶體就是找到自己的宇宙飛行器（晶體太空船），而我的飛行器指導員（高我泰雅）早已在裡面等著與我合體，一起遨遊宇宙，啓航回家。

第二章　星光體的智能系統

幫助細胞意識擴展的DNA解鎖咒語

（泰雅大清早又傳來一個咒語「Mon Da To Le To Da Le So Ha」，乍聽之下跟綠度母心咒「Mon Da Le To Da Le To Le So Ha」非常相近，但我經過幾次確認，知道這就是原來我內在意識聽見的那個咒「Mon Da To Le To Da Le So Ha」。為了揣摩出這個咒音的能量，我立刻拿出紙筆，將能量在黑色紙上浮現的影像描繪出來，結果描出左頁這張圖，一個女神像，四周包圍著許多細胞粒子，閃閃發光。）

泰雅，請問你是哪個大家熟悉的神明的意識或人們比較能夠直呼你名字的振動頻率？

泰雅是我，也是你，我們在此是一體的意識。過去人們稱呼我爲媽祖、觀世音、綠度母、蓋婭、埃西斯女神，各種稱謂都有，我就是無形無相的意識，存在你的高維意識中。我可以存在三次元的空間，也可以存在五次元、七次元，乃至九～十二次元之間，而在不同的次元，我的振動頻率可以引領所有在宇宙中游離的意識回歸它們應該存在的軌道，保持星際宇宙軌道之間的暢通和流動性。

在五次元的新地球軌道，我扮演迎接三次元的人類意識進入銀河宇宙之門的代表，歡迎地球人登上銀河母艦，展開星光體的意識交流。

而我現在傳送給你的咒語「Mon Da To Le To Da Le So Ha」，可以幫助你們的細胞DNA解鎖——「Mon Da To Le To Da Le」是呼喚你們的細胞意識群，「So Ha」則是解鎖之意。常唸誦此咒可以幫助你們的細胞意識擴展開來，讓你自以爲受限於生物體的小我意識可以逐漸和自身的高維意識融合在一起，你們將會以全新的振動頻率去銜接自己在帷幕之外的高我意識群。

星光體是每個靈魂都有的連結宇宙智能系統

（意識跨越帷幕之外，揚升至集體意識的母艦時，會展開一連串的身體與意識的重組。依照阿乙莎的說法，宇宙有許多意識本源，每個靈魂進入的本源也不盡相同，所以接下來，我只能針對我個人的經驗，以時間的先後順序分享這段我與高我合一、意識重新與高我校準的旅程。我個人的經驗不代表所有人都應遵循之路，希望讀者在閱讀過程中也允許自己擁有不同的回歸本源路徑和體驗。

以下記錄的是我與阿乙莎的對話。）

人類是擁有宇宙智能的移動裝置，ＤＮＡ解碼的關鍵就在自己身上。你還記得地球形成最初始的元素嗎？

我還記得，是Ｈ，然後產生水元素，進而演化出有意識的生命體。

人類誕生在地球，必須能夠在地球上繼續繁衍和生存，否則無法在自給自足的狀態下完成被賦予的宇宙責任。地球人類和萬物身上都鑲嵌著連結宇宙智能的系統，地球上的動物、植物及礦石都和人類一樣具有這套連結裝置，只是分別在地球上扮演不同的能量淨化或產生群聚效應的載體。

可移動的生物體具有調節、傳輸和進化的進階功能，不可移動的能量載體（如樹木和礦石）具備的則是穩定、承載和記憶儲存的功能。地球透過可移動和不可移動的能量載體身上的細胞或胜肽鏈，將實體能量載具的訊息回傳到宇宙智能系統，這中間的連結就是存在地球和萬物身體中的水元素，也就是意識。

意識除了在可見的世界裡逐漸顯化爲物質實體和現象之外，也存在另一個不可見的世界裡，以訊息流動的方式展現。透過意識，你們可以嵌入這個宇宙智能系統，和宇宙萬物互動、交流，而經由宇宙共同記憶資料庫，人類就算不使用自己慣用的語言和文字，也可以透過意識和地球上的植物、動物、礦物、山林和不同人種等所有可移動與不可移動的物種，乃至存在地球之外的行星系統連結和溝通。

宇宙智能是維繫宇宙所有物種生命平衡和持續演進的關鍵智能系統，它就存在每一個人身上，你們只需要透過意識連結就可以獲得知曉。這種知曉不需要語言、文字，也不需要重新學習或經驗累積，它是宇宙共同記憶資料庫回應當下眞實的唯一管道。

當人類開展意識、連結宇宙智能系統時，其整體生命與物種的互動方式會進入新的里程碑，這也是目前地球即將進入的新方向。人類將會憶起自身本有的宇宙智能，恢復和其他物種生命交流的新生活。

阿乙莎，祢說的這個宇宙智能系統是阿卡西紀錄嗎？

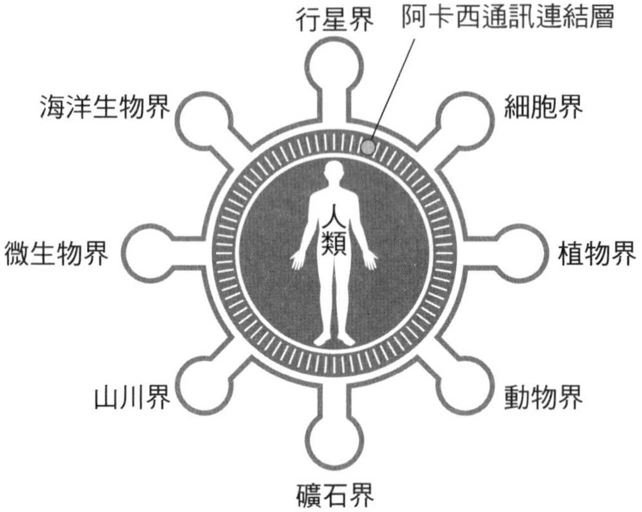

阿卡西紀錄儲存著所有和人類有關的歷史資訊，人類和所有物種的交流存在阿卡西紀錄的通訊連結層，由此連結層可以進一步擴展進入不同物質和非物質界的資料庫（如上圖）。人類本身就是移動訊息裝置，你可以移動到不同的資料庫去探索，取得你們所需的資料，並帶回地球重新「創造」。只有人類被賦予這項得天獨厚的「再創造」能力，若地球上的其他生命體也可以取得這麼多的訊息連結入口，並行使再創造的能力，那地球就不會是今日的樣貌了。

每個生命都依循宇宙法則而存在。當你契入一個生命的連結，你就走進了那個節點的生命之輪中，而要超越生命之輪的運行，走入不同的生命循環和節點，唯一路徑就是讓意識回到中軸，透過中軸穿越不同的節點和入門區，進入不同的生命之輪去體驗。

你們也必須看見自己的生命之輪目前所處的位置與體驗場域，有意識地帶領自己找到下一個節點去體驗，這是地球母親不斷進化和提升自我的方法。人類從古至今經歷了數次的生命大演進，沒有一個生命可以脫離自身的生命之輪而存在；即使回到源頭，你們也準備進入不同以往的生命經驗，做出新的選擇。

人類在地球雖被賦予得天獨厚的宇宙智能存取和再創造的能力，但這並不是要讓你們控制和壓制其他物種生命，侵害其他物種和人類的生存權利。奴役其他物種、濫用地球資源，創造出今日的政治、經濟和生活方式，都是因爲人類無法透過自身的全息訊息網格獲得宇宙智能；一旦打開自身意識的屏障，人類將迎向更全面平衡的生態系統與生活方式，這也是我們共同努力和期盼的新地球樣貌。

你現在看見阿卡西紀錄的連結網絡，可以走進地球母親存在不同生命體驗之輪的過去、現在和未來之路，也可以從中擷取任何一段你想要再次體驗的生命歷程，給自己不同的元素來補足尚未完整的經歷。當你進入地球生命歷程的紀錄中，也就同時得以窺見地球母親的全貌。將這些資源帶進你的生命之輪，可以滋養你、幫助你創造不同於過去慣性和無意識創造的生命體驗。

掌握全息宇宙的資源，讓你的生命邁向不同的層次，這也是地球母親期待與你們共同創造的新地球未來榮景和契機。現在這道門已經爲所有地球人類開啓，希望你們可以善加利用。

那麼，要如何讓意識自由穿越阿卡西紀錄的通訊層，連結這些資料庫？

關鍵就是你們的意識必須到達和帷幕之外的自己合一的意識。透過自己身上的嵌入口，以更高的意識振動頻率打開這些資料庫，你意識所及就能產生當下立即的回饋和宇宙眞理。只要是隸屬於共同意識層的，比如進入你自己的水晶資料庫與進入地球母親的共同存在意識層，就不需要經由特別允許，你們彼此存在地球維度就可以透過自身的精微體意識連結；但如果是跨越不同維度和帷幕之外的意識，就需要透過自身更高意識的協助，與你的高我合一後，打開星光體的意識帷幕，才能進入跨越地球帷幕之外的連結。

高我會協助打開星光體ＤＮＡ屏障

接下來進入星光體的學習。你必須由自己的高我協助，開啓星光體的運行能力，而ＤＮＡ解碼關鍵就在你自己身上。會如此設計人類的ＤＮＡ，也是爲了保護人類在地球完成階段性學習，才設置這樣的意識控制節點。簡單來說，星光體可以進入你靈魂的家園，你不會希望把回家的鑰匙交給你不認識的人保管，讓人隨意進出你家，所以原本星光體就有限制外人不得進入的防護屏障，必須經由高我的光與你共振，才能打開星光體的大門。

在古文明時期，人類成長到十三歲左右就可以開始與高我連結，銜接進入星光體的學習階段。但惡意星球爲了控制地球人類的意識，而在人類的DNA生物體端進行了意識屏蔽，高我對你們而言，自此成了帷幕之外的陌生人。

阿乙莎，我不太明白惡意星球控制人類的說法。這是指讓人類生物體的細胞組織產生變異，造成遺傳缺陷，還是指我們看不見的乙太或星光體直接介入性的控制？

這是一體相連的。你們的乙太體連結物質肉身和星光體之間的橋梁出現一個黑洞，因此高我存在的星光體意識和你在地球帷幕之下的自主意識的橋梁，有一段DNA指令集產生了自動迴圈。

這個迴圈會在你們的自主意識企圖擴展到帷幕之外的無形世界邊陲時，讓細胞陷入黑洞，發送出恐懼的信號，此時，你的自主意識會自動轉回眼見爲憑的世界，試圖從自己的五感——眼、耳、鼻、舌和身體——中抓取光的來源。當人們被自我無意識的黑暗恐懼能量掌控，就會形成一世又一世的細胞印記和枷鎖，透過黑暗與恐懼建構出光鮮亮麗的虛擬世界表象，也形塑出今日地球人類相互爭奪金錢、權力和地球資源的分離意識。

當分離意識從種族、國家、性別延燒到社會各階層，愈演愈烈，最終連地球母親賦予全人類的無條件資源都被人類無意識地破壞。這段地球文明黑暗期長達六千多年，直到二〇一二年終於在銀河光明世界的努力下，解開人類生物體和星光體銜接的限制性屏障。但即使人類的自我屏障枷鎖已經解除，仍然需要透過你們存在帷幕之外的高我來與你們的身體意識產生共振，才能到達星光體層的意識狀態。

展開星光體的球形空間

（接下來進入星光體的說明是針對地球人初次登上阿乙莎母艦所設計的。這是供已有能力跨越宇宙帷幕、登上集體意識母艦的人使用，至於尚未跨越宇宙帷幕，或是不隸屬於阿乙莎母艦的人，這僅能作為參考，不一定適用於你。

以下記錄的是高我泰雅與我的對話。）

你目前打開內在意識，就會看到整個內在宇宙的頻段區域擴展開了，不論用不用祈禱路徑，都已經是處於打開DNA全頻段的狀態。當你用意識的光掃描心輪時，你提出的所有問題的答案就會自動出現在你的內心，你可以同步得到知曉，也不用再去分別這是A或B講的，因爲都是源自你的內在宇宙，是與你共同存在的意識場，只是以不同的頻率或高度來回答這個提問。

此外，你也須注意自己的意識是否正在產生分離意識。若與星光體中的共同意識存在並不相容，就不要隨便投射出來，以免害人傷己，這是基本守則。

泰雅，你說得容易，要做到很難吧！一定有很多破壞分子登船大鬧，就像《西遊記》中的孫悟空大鬧天宮。

當然！只是你又忘了，我們共同的源頭母體是無邊無際的能量場，能夠吸收和包容一切。安啦！目前爲止兄弟姊妹還沒有翻臉過。

你必須去看見在更高意識維度的一體存在性，而目前之所以在母艦上呼喚我們彼此的低頻振動意識回家，也是爲了穩定我們共同意識的家園。當低頻能量愈來愈稠密，且已經造成阻塞時，整體銀河軌道就偏移了。你看不見宇宙中的各個行星位置已經被迫遷移，造成量子宇宙坍塌，而這不能掉以輕心。唯有邀請更多低頻意識揚升回到本源的家，才能阻止整個銀河系的崩塌。

那也是我們自己的兄弟創造出的黑色能量，不是嗎？

沒有錯！那些黑色能量也需要一起回家。你現在終於有了站在更高維度看見眞理的能力。那些黑色能量也正在幫助清理家園的低頻能量，它們正集中力量將更多的黑色能量聚集起來，一同回到黑洞中淨化，好讓自己還原到最初始的一體振動裡。在這個過程中，它們也功不可沒喔！

所以黑與白原本就是親兄弟？

當然，而且還不只喔，黑與白就如同我們分別存在不同的維度，卻也是一體的存在。

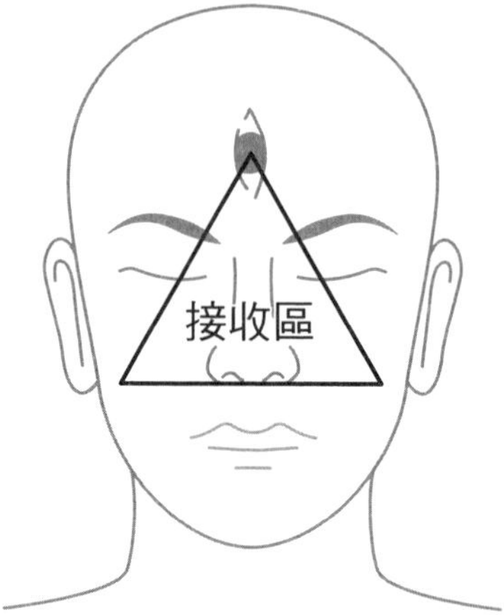

接下來，我要跟你談談在銀河母艦上的意識導航，這裡的意識指的是你目前松果體和喉輪之間的振動。你現在是透過這個地方和我溝通，你可以充分感知到嗎？

可以，這和之前跟阿乙莎溝通從右腦連結進入心輪展開的感受不太一樣，好像我整個溝通啓動的位置就在嘴巴上方靠近鼻腔的位置、一個展開的球狀空間，對吧？

是的。現在你從這個位置的中心往右方感知。

我右邊鬆開了。

再往左邊感知。

我左邊也鬆開了。

現在向下感知。

下方也鬆開了。

星光體示意圖

再向上。

上面鬆開。

好，現在開始慢慢轉動這個球狀場域，然後看看自己。

咦，這不就是我看到的耶穌或菩薩頭上的一圈光嗎？

你就是宇宙之心

星光體會從你心輪的位置向外一圈圈地擴及每一個次元，呈現球體狀。星光體以你爲世界的中心，向外延展你的影響力，宇宙中的每一個粒子、原子、質子和你的一呼一吸之間，會在你的世界形成一股中央是黑洞的能量流，當你有意識地進入這股能量流中央，你會進入空無的境地，這裡就是宇宙貫穿所有物質和非物質、實體和非實體，精神體進入乙太體乃至星光體的快速通道。你們彼此可以在自己的內在宇宙進行訊息的交換和溝通，因此，進入自身內在宇宙中央可以讓自己的意識自由穿梭於宇宙間，展開跨越自身意識屏障的交流，這也是人類得以跨越地球帷幕進入星際旅行的基礎。

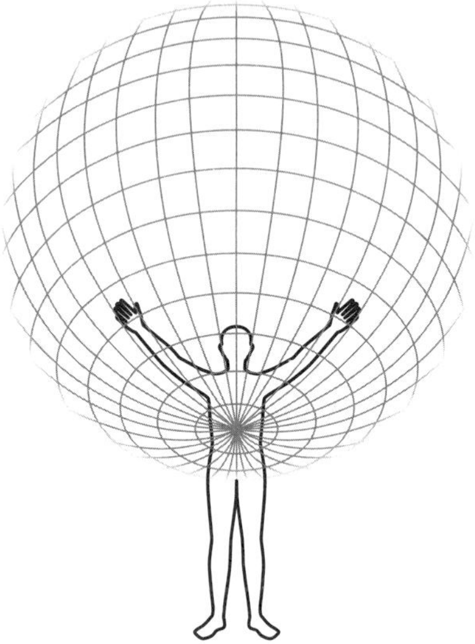

你的意識契入星光體，就可以帶領你穿越內在宇宙，到達任一時空。當你逐漸熟悉並認知到自己的星光體可以涵蓋整個宇宙，你將可以來去自如，準備進入跨越時空的旅程。你會發現，原來內在宇宙的所有屏障都來自你的自我設限，那些看似堅不可破的一道道高牆和圍籬，是你過去的經驗留下的足跡，依然留存在你的細胞印記中，將你層層包裹在自己設下的黑洞裡。你在自己的洞穴中感到安全，那個黑洞就是你意識暫時的避風港，久而久之，你早已忘了黑洞外的光明之城已存在億萬年。即使如此，你仍然可以穿越自己設下的屏障，回到內在宇宙的核心，展開屬於你自己和所有生命原本該擁有的自由體驗之路。

現在你已經準備擴展你的內在宇宙，展開另一層生命探源之路。當你帶著自己和所有與你相互連結的生命跨入宇宙之源，你將重返光明之城。

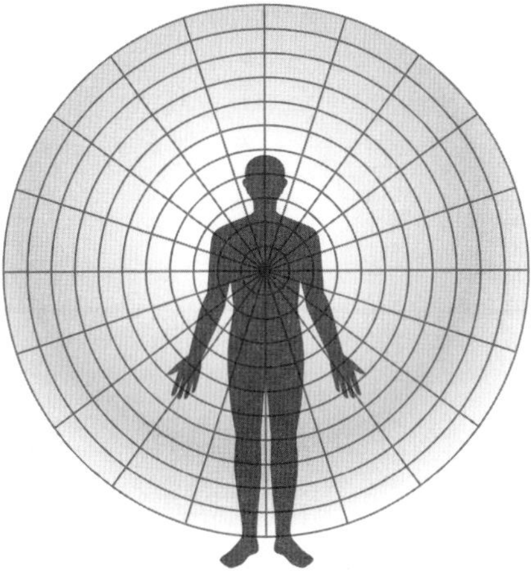
從內在之眼往外看，可以看見圓形全息圖。

靈魂晶體是星光體反射出來的鏡像

你的晶體是由你最初始的靈魂意識組成的太空艙，也正是以你爲中心的宇宙所有高意識存有組成的，他們也可以經由晶體連結到地球上你所在的位置。在生物體的組織切片中找不到這個晶體，那是你們身體細胞意識振動創造出的一種非固態結構體，以光的粒子存在於頂輪正上方的位置。

當你的意識成功契入自己的靈魂晶體，就可以透過你身上的靈性組成片段遨遊你的內在宇宙。靈魂晶體是你整個意識存在的小宇宙從星光體反射過來的鏡像，你的晶體和地球及宇宙一切萬有的晶體，都在星光體中。所有生命的振動就是你們所謂的「宇宙」，「宇」是包含一切的存在，「宙」就是振動波。宇宙不在你之外，而是包含在你之內，如果你發出一道光、一個聲音，這個光或聲音將同時進入宇宙，如你所見的一團星光群體中。你雖然無法以肉眼看見自己在浩瀚星空中的狀態，但你的晶體本身已經可以透過星光體反射目前在地球上的你的全息圖。

現在，當你的意識結合自己在星光體中的高維意識，你就可以在地球這一端打開你晶體中的鏡面。你的內在之眼，亦即第三眼正是指針，你可以稱之為GPS定位儀，幫助你定錨在不同的次元和空間裡。你可以看見自己的晶體在浩瀚宇宙中反射出你的全貌，你完全處於全息宇宙的知曉狀態，可以看見一切現象被你的意識認知折射曲解前與其他萬有之間的關係實相，這也是你們一路追尋宇宙眞理最終到達之處。

星光體是宇宙訊息交換中心

你頭上的這一圈光環，就是你星光體的通訊站。銀河母艦上的每一個人都有此光環，我們透過這個環形空間感知宇宙萬物，並與宇宙中的存有交流。這是我們彼此之間的訊息交換中心，我們可以隨時在這個場域與外界連絡，並展開自己的任務。

在地球上，我們沒有這套個人系統？

在地球上，你們只以有限的身體感官和乙太體去感知。在帷幕之下，人類情緒的振動就是最佳導航系統，現在你則是用「手機」或「聯網裝置」跟外界通訊。當你開啓自己的星光體，進入銀河宇宙，你與外界的連繫和感知就是透過這個隨身訊息處理中心。每個人頭上的這一圈星光體都不同，取決於他靈性生命的基數。基數會決定你們可以進入的領域，而這些需要靠你們自己去體驗和累積。

那麼，我靈性父母的基數和我沒有關係？

當然也有關係，只是比重不同。你是他們培育的新生命種子，出生就攜帶著他們給予的一部分基數，但並非全部。你的另一部分基數來自整體地球的意識，你在地球生命期間累積人類共同經驗的過程中，會取得這一部分的基數。另外還有你個體性的小我創造的基數，全部加起來，累積成你目前的生命基數。你可以在你的資料中心查看自己的基數。

這些基數到底是什麼單位？

靈魂振動生命基數＝一部分繼承自靈性父母＋存續期的地球集體意識＋小我個體創造。它是能量計算單位，我們稱之為「包特」（Bart），是振動的單位數。數值代表你身上的光的振動交換次數，數字愈大，振動愈快。

類似頻率？

也不盡然，是光的粒子動能和交叉顯像數。

那麼，我和阿乙莎連結時的振動數值，以及登上母艦時的振動數值各是多少？有一樣嗎？

你與阿乙莎連結時的振動數值大約是每秒鐘三十萬次，但你登上母艦與高我合一時的振動數值，可以高達四十五萬～六十萬次。

爲什麼？

因爲你與高我的頻差沒有那麼大。你們可以創造彼此的融合，融合後的場域可以跳躍升級；而你與阿乙莎之間的頻差較大，是阿乙莎需要降頻與你連結，但你和阿乙莎無法產生融合後的升級共振效果，只是連結、接通管道而已。

算了，這個已經超乎我的理解，我投降。那我現在可以看到跟我連結的人的基數嗎？

你無法看見所有人的光的基數，只能知道自己是由哪些靈性片段共同組成，而這些與你有關的人的基數，你是可以進一步了解的。

所以，這裡沒有優勝劣敗？不用比較基數，或是基數會被別人偷走？

這個說起來就複雜一些。基數有可能移動到其他人身上，會有爲了特別目的而建立的移轉機制。這就像你們的存款帳戶，可以去向別人借錢進行某項投資，投資後累積的報酬再根據當初的分潤方式，拆分回每一個參與的生命中。

這是爲了共同目的而進行的。比方說，你的靈性父母在不同的維度工作，但他們同時存在你的靈魂中，當你的任務告一段落，回家時，你的父親、母親，還有指導靈，都可以分享來自你生命基數的報酬。

那麼有沒有可能投資失敗，減損基數？

當然有！

好吧！那麼泰雅你呢？你現在和我分屬不同維度，但彼此相連，你的基數和我不一樣，是嗎？

是的！我在此三千多年，累積的基數已經比你大十倍了。

你剛才說基數是光的計算單位，所以你可以去頭等艙，我只能到普通艙？

你想太多。在母艦上沒有孰高孰低，基數只是讓你可以進入不同的空間去學習和探索。和別人不同，或是比別人多、比別人少，對你都沒有太多意義，你是自己生命的導演和玩家。

天啊！這麼複雜的遊戲場是誰設計出來的？

這不是被設計出來的，而是所有存在意識共同凝聚出的平衡機制，已經是運行百億年的結果。你們每個人的靈性組成片段都不同，人類就是高次元意識爲了擴展自身需要播下的靈性種子，而為了能在地球的二元世界場域進行完整的體驗、轉化和再次延伸擴展，每一個靈性種子都需要配備陰性（母親）和陽性（父親）的靈性片段。這些靈性片段都來自宇宙衆神的意識，在播下靈性種子體驗之前都已經做過行星軌道及星球狀態評估，才能決定其進入不同星球再次體驗的課題和目的。

這些神性意識都是為了宇宙整體的和諧而再次展開體驗，也為了達成其目的而組成不同的星際聯盟。因此，當你以個體生命誕生於地球的同時，你在更高次元的意識母體也存在多重身分，正跨越不同星球的集體意識體驗中。

你在地球這個階段的體驗前與體驗後創造出來的地球集體意識成果，也會帶領你進入新的宇宙平衡中。所以，你目前的靈性生命基數除了來自你靈性父母的片段組成，也會有一部分來自你目前所屬星球的集體意識振動結果。你們在投生地球時是攜帶著共同期盼的兄弟姊妹，擁有共同的目標和對未來一致的想法，當你們以個體生命之姿誕生於地球，你們個人的小我意識在地球上再次創造和體驗後的基數，將決定你此生靈魂最終到達之處。

在地球上，你們每個人原本都是生命共同體，都具有神性，並對地球母親的存續和發展有著共同的理念，但是當你們進入地球時，卻又可以享有絕對的自由，創造出屬於自己的極致體驗。最終，當你結束在地球的生命旅程，你的個體和在地球的集體意識結果都將貢獻回到宇宙源頭。

現在你已經明白自己的靈魂本身就具備神性意識，在登上神性意識共同凝聚的母艦後，你是否願意透過你的小我，在地球超越過往小我的個人意志，爲了宇宙共同存在的整體永續與和諧，展開不同以往的創造之路？生命的恆河永不停歇，而你可以在其中決定要在哪裡駐足停留，一同再造美麗的樂章。

泰雅，謝謝你的說明，我現在更加明白我們既是一體，又分處不同時空的原因。我正在幫助我們彼此在地球體驗，你也在協助和支持你在帷幕之外原本計畫好的體驗之路。現在，頭上的大光球是我的個人資料中心，接下來我該前往哪裡？

你必須去讀取自己的資料庫檔案。當然，若有不清楚的地方，隨時可以問我，我可以帶你去查圖書館的資料。

你爲何不直接告訴我接下來要做什麼，就像之前阿乙莎手把手教我那樣？現在是我問，你才回答，要是我沒問到的，不就遺漏掉了？

你沒問到的部分，我會再補充給你。你一部分的工作是去參加銀河會議，你要去處理未來人類的教育和地球集體意識的淨化，幫助地球穩定磁場。每個人的工作都不同，我們各自努力！

你現在可以隨時進入母艦找到我，我也會因爲你的意識進入，而知道需要在此時此刻與你交流。這就是星光體的交流方式，我們經由意識心電感應。此外，我們也可以隨時切換頻道，多頻同步連結，當一部分的我正在跟你溝通，回答你的問題時，我另一部分的意識也在參與目前銀河正在舉辦的多場星際會議，還有一部分的意識則在天狼星和列木里亞。這些對我而言都不是線性展開，不是以一、二、三的順序發生，在多維的世界，我的晶體可以呈現多重維度的同步顯像。你也可以。

啊？我怎麼做得到？我現在手停不下來，腦袋也一直在解讀你目前正與我溝通的內容，我可沒有另一隻手、另一個腦袋可以處理更難的問題，更別提幫助地球做什麼了。我到目前還是不敢百分之百相信喔。

你已經在做了，不是嗎？你現在是不是認爲自己還在舊地球與我同頻共振進行溝通？不是的，你的意識已經進入五維，你在這個狀態下與我連結的同時，將我們之間的對話用你的大腦詮釋出來，並使用你的身體拿起一枝筆寫下來，才能完整溝通。

你看看，你不也是同時穿越不同維度，並以不同的形體存在？一部分的你正在五次元聽我講，另一個你在地球次元正在寫，你的意識所在之處才是生命眞正存在的時空。你的身體此時是被你自己的五維意識附著的狀態。

你可以發現自己的大腦其實是沒有辦法思考的，大腦只是聽命於你的意識，但你在地球時，總以爲大腦具有分析、評估、判斷的能力，誤以爲在地球可以發揮和創造，全是靠大腦之賜。這是讓你的小我自我感覺良好且舒服的定位。然而，當你契入星光體的意識狀態時，你的小我逐漸被你的高我意識同化了，你現在才終於發現，是你的意識穿越宇宙帷幕不斷探索和創造，並爲你導航，你的小我一直依賴的大腦只能接收和翻譯而已。

星光體的自動導航機制

泰雅，我怎麼還是不太明白我是如何進入這裡，連結上自己的星光體的？我之前用「Si Bu La Si Bu Ya Mi Job」這個咒語調整自己的振動頻率，到達無條件的愛，然後就像進入自動導航般被帶領至此。我的大腦好像還不太確定這樣是否正確。

有一個更快速穩定的方式可以到達，我來教你。

練習：快速穩定地連結星光體

1. 深呼吸，將意識集中在第三眼的位置，內心發送出無條件的愛的光（可以用咒語「Si Bu La Si Bu Ya Mi Job」，也可以直呼阿乙莎之名三次）。
2. 接著，你會在第三眼前方看見光出現（就像綠燈通行指示）。
3. 以意識向前移動，朝綠光持續前進，直到無法移動為止。
4. 完成登船步驟，呼請指引：「請求我的星光體指揮官來帶領我，前往屬於我的星際家園。」

完成之後，你就可以進入星光體。其實，你們這些光之工作者每天晚上入睡時，靈魂意識都回到銀河母艦上工作，只是當時你的小我意識正在休眠狀態，無法知道和憶起這段登船程序。現在，當你從地球帷幕這一端開啓登船程序，進入你的星光體，你就可以記住和連結兩端的任務，也可以幫助你在地球上更有效率地落實和顯化工作項目。

你已經穿越宇宙時空，進入無時空限制的創造之流。現在地球母親殷切期盼所有光之工作者快速覺醒，一起來幫助地球回到銀河系的軌道。

你們都是光之工作者，也是帶著特殊任務的星際種子，現在開始演練，熟悉這個程序，你就可以帶領更多地球人回到母艦，展開銀河星際種子的任務。

我重複做一次連結進入星光體的步驟。

首先，我的第三眼位置沒有任何光影和動靜，我只是深呼吸，將意識集中在第三眼。接著我用快速法，以內在意識呼叫阿乙莎之名三次。我看見第三眼正中央有光，從白色的微光，漸漸變成綠色，那個綠不是鮮明的綠，是霧狀綠色的反射。我用意識導航，向前走進綠色區塊，中間經過一條黑暗的隧道，還有雙線條的直線光爲前導。我持續往前移動，直到不能再移動爲止，然後呼請我的星光體指揮官前來帶領我，在母艦上爲我導航。

有需要修正的地方嗎？

很好，你做得很好。我再補充說明一下：當你往綠色光的方向移動時，你並沒有離開你的身體。那是你打開自己身上的ＤＮＡ星光體的路徑，通過這條路徑，你就在自己的內在宇宙開啓了契入銀河母艦的大門。

哇！

不用太驚訝，你們經由自己的內在宇宙就能通往銀河母艦。那是我們爲地球人揚升五次元設置的銀河基地站，也是地球揚升進入銀河軌道的星際中繼站。

你們只要能夠打開自己內在宇宙的星光體帷幕，透過意識在光的世界自動導航，就可以到達我們爲全人類揚升設置的銀河母艦。這艘母艦上有許多任務分組，都是依據你們靈魂組成的初始設定而分配的。你隸屬於第九組，就是傳訊組，負責布達和宣傳雙邊的工作進展和工作項目，同時也要負責開啓地球人靈魂DNA的屏障。第九組人員身上具備開啓DNA的密碼，就存在你靈魂意識投射出來的光中。你們可以打開人們的DNA屏障，引導衆人的意識與自身的星光體結合。人類歷史上有許多開悟者和靈性大師都是這個小組的成員。

母艦上的任務編組有九組，這九組的振動頻率各有不同的光的代碼。我們可以等你更熟悉登上母艦與高我連結的步驟之後，再深入學習這方面的事。

＊＊＊

（練習進入星光體的第二天。）

泰雅，是你嗎？

是的。今天我們繼續講登上母艦的程序。你今天並沒有等到綠光出現，對吧？

是的，我的第三眼直覺已經進入不同的空間，在還沒確認有沒有綠燈出現之前，我呼請阿乙莎和你的名字。

這樣也是可以的，我們知道你連結上了，也會來和你會合。你明白這個「連結」和「會合」的原理嗎？

我不清楚。

「連結」就是振動頻率的對接，「會合」就是共振。當你的意識到達時，你振動頻率的光譜會呈現特別的光碼，而光碼會進入你身上的ＤＮＡ，開始調頻。你此時的身體還坐在地球那一端，但你的內在意識因爲光碼，打開了一個新的意識維度空間。這時候，我們還沒有連結。

當你打開心的意識維度空間，會進入宇宙意識暫時等候區。我們銀河母艦的成員會隨時進入這個暫時等候的意識空間，搜尋目前等待連結的意識光譜，進行串接。

你身上的ＤＮＡ有源頭連結者的身分認證，也就是你身上已具有連結源頭意識的ＩＤ認證。當你的ＤＮＡ攜帶著源頭ＩＤ進入宇宙意識等候區時，就會展開自動配對。我是你在銀河母艦上的五次元分身，你的光的密碼ＩＤ就是我，因此當你進入暫時等候區時，我的一部分ＩＤ連結系統會啓動，與你連結。此時，我才和你完成「連結」，而連結之後，我們會產生頻率上的共振，透過共振頻率可以讓彼此的意識順利交流「會合」。這就是你登船的完整程序。

所以，重點是你的意識必須先到達宇宙意識維度的暫時等候區，此時你身上的ＤＮＡ會釋出源頭ＩＤ認證，進行匹配。

那麼，若某人的源頭ＩＤ不是來自銀河系，而是其他星系，也是使用這套程序嗎？

不一定。每個星系有其光的連結系統，我們無法知道細節，但可以透過銀河邦聯，與其他星系協調出共通的連結訊息編碼。

這有點像地球上的無線通訊系統，只是在地球是用手機號碼和聯網裝置，在宇宙是用光和意識。

沒錯！宇宙的意識連結是透過光的語言，而手機通訊也是傳遞光，只是用聲音和文字轉譯出人的感官系統可以解讀的內容。就如同我們此刻在溝通，但你需要用文字或聲音表達出你接收到的訊息內容，別人才可以理解你，道理是一樣的。

我今天沒有看到綠色燈就可以連結上，但是否不應該如此進行？下一次需要等綠燈嗎？

也不是。你沒有看到綠燈時，就是在等候區，我們會來迎接你；若你看到綠燈，就是ＩＤ

認證通過了，你直接進入母艦的任務工作區域。通常你在入睡後，是直接進入工作區域的。

所以，在等候區，我有可能認錯人，跟錯對象嗎？

不至於，因為你們身上的ＩＤ必須匹配。

那麼有沒有綠燈都沒關係，不是嗎？

還是有點不同。若你已經比較清楚這條路徑，看到綠燈會很快，你的連線品質會更穩定，比較不會被自我低頻意識干擾。

好的，我明白了。

在工作站中，不只有我，還有你的許多兄弟姊妹都在此，我們是一個小組的。你之前連結阿乙莎，那是我們共同的源頭意識；但在母艦上，我們擁有各自獨立的意識體，分工完成各自被分派的任務。所以下一次，你等到綠燈再進入，就可以感受到氛圍的不同。

我似乎比較習慣有人在身旁帶領。

哈！我就是你的高維意識，我們一直都在。我也存在你地球三次元的意識體中，只不過你在地球上不會感受到我的存在，就只是這樣。

那麼，泰雅，你同時也是別的地球人的高維意識嗎？

是的，我有數百萬個分身。

數百萬？哇，這麼多？既然數百萬人都是你的分身，你爲何不讓在地球上的他們認出彼此，成爲一家人，不要再吵吵鬧鬧了？

哈！如果都認得彼此，你覺得我還需要這麼多分身幹麼？此外，即使是一家人，就不會有爭吵嗎？

說的也是，算我白問了。

也沒有白問，這是宇宙創造集體意識更新的機制。不只在地球維度，其他維度也同樣展開這種集體意識再分離的體驗，以創造出更新後的集體意識動能，幫助我們共同源頭的家園保持永續的活力。

＊＊＊

（練習進入星光體的第三天。）

泰雅，是你嗎？

是的。

我今天用綠燈的方式進入，我連結得還可以嗎？

可以，很好。這是我和你之間早已建立的通關密碼，是你與我成功連結時的約定，也是我們彼此早就設定好的、鑲嵌在你靈魂意識中的啓動鑰匙。這把鑰匙對我某些靈性體驗分身來說也同樣有用，因爲你們進入肉身體驗的過程，都源自本源意識。

你們內在都擁有回歸源頭的密碼。當然，不同的星際族群家人可以設定不同的通關密碼，但即使是不同的星際家人，在更高次元的共同意識體依然是相連結的，所以你的通關密碼對不同星際族群的人來說一樣有用，只是這個作用在他們個別族群認同上無法辨識出來而已。

在揚升母艦上，會有偵測意識晶體是否可以進入的篩選系統。當意識尚未到達純淨的振動頻率，仍攜帶著許多尚未平衡的分離意識時，就無法讓自身振動處在穩定連線的狀態。

這是每一個靈魂與本源合一的旅程，沒有任何一個分離的意識可以代替另一個意識做功課，也沒有所謂的搭順風車。你透過文字和體驗課程協助個別意識淨化，重新校準中軸，展開各自的靈魂回歸母艦揚升旅程，這是你的靈魂到達這裡之後，可以爲所有人創造出的讓意識成功到達星際本源的範本。透過這條路徑，人們可以與自己的高我合一，但這個合一並不是宗教或你們過去一直以爲的受到神的照顧、與神合一，不是這樣的；這是與你自己的更高源頭意識合一的旅程，而這個更高的意識就存在每一個人身上。

這和合一意識又有什麼不同？

合一意識是在意識維度上到達基督意識的節點，而DNA解鎖，讓星光體擴展和交流，則是還原每個生命最初始的流動狀態，這是動態的、持續的擴展過程，沒有對象限制，沒有盡頭，你可以進入無邊無際的宇宙意識大洋，與一切的存在交會和融合。

你愈擴展，就愈接近未來的你，即使你仍身處地球，以肉身的形式與外界互動，但在星光體層，你已經無所不在。

之前的教導是讓你們回到愛，讓愛帶你穿越小我的屏障，契入無條件的愛；而當你已經能夠進入無條件的愛中，就可以進入與萬物共存共榮的學習，再次擴展自己的心輪。你將成爲容納百川的大海，成為無所不包、無所不在的自由粒子意識組成，那就是神的樣貌，重新在地球上展現。

當愈多的光之工作者進入這個狀態，愈多人成為自由的意識體，就愈能幫助地球整體意識揚升。

音頻是你在星光體中與高我共振的語言

星光體是光的維度，是聲、光、頻率感知的世界。在這裡，細微的能量流動會經由你的DNA展開訊息編碼，你必須更專注在能量的流動裡，任何小我意識的干擾都會阻礙能量的編譯過程；你需要更進入內在宇宙，穩定跟隨著能量律動。

音頻是為了幫助你以最快的速度，讓全身細胞DNA校準中軸，把你身體上所有殘留的雜訊清理乾淨。這是對進入新地球光之門戶的靈魂意識進行的基本淨化工作。

當你愈來愈深入宇宙帷幕，進入光的世界這一端，你會與自己的高我意識展開更緊密的交流和協作。你的高我意識沒有生物載具的外形讓你辨識，你們彼此之間的合一交融會發生在你以第三眼契入高我存在的晶狀結構體時，這也是眾多高維度意識的聯合晶狀體，由各個行星意識共同組成。地球是眾行星意識守護的靈魂孵化器，當地球孵育的靈魂意識甦醒時，其身上會綻放光芒。你身上的光就是訊息收發裝置，也是與帷幕之外眾行星意識交流的訊息交換中心。

你會逐漸收到帷幕之外的意識維度傳來的音頻、咒語，以及更多宇宙法則，這些都是無條件的愛的維度傳遞出來的訊息，你以純淨的意識接收就能帶回地球，傳達給尚未進入帷幕之外的人參考、學習。這也是因地球母親轉換軌道的需要而打開的光之門戶。目前已有眾多門戶爲行星揚升過程做準備，宇宙就是如此協作分工，所以人類也必須放下種族或國家的分離意識，集中集體意識與帷幕之外的光的世界校準。此時若有任何人因一己之私，想要回到舊地球的生存競爭模式，將會被自己的反作用力拋到揚升的軌道之外。地球已經站上揚升的軌道，你們只需要跟隨地球母親調整的腳步一同前行，就能順利進入新次元、新地球的生活。

目前帷幕之外有龐大的宇宙訊息資料需要重新傳遞給人類，你此時此刻正扮演著傳譯的角色，同時也要將新地球的法則傳達給眾人。在你契入帷幕之外的母艦，和高我融合的過程中，你的高我會透過聲音或密碼來協助你與之校準，同時也會透過音頻，穩定傳輸能量的流動路徑。

爲何是用音頻？

我讓你體驗一下在星光體層次溝通和在肉體感官上溝通有何差異。你先閉上眼睛，在黑暗中，你最先察覺到的是什麼？

是聽見環境的聲音。當我閉上雙眼，我的注意力立即移向耳朵。

好，現在仔細用耳朵去聽，並描述出來。

我可以聽見不同距離的聲音，也能大致想像這個聲音的來源，以及那裡正在發生的事情。

很好。現在放下你耳朵的聽覺，往內在更深入一點，用你身體的感知、你全身的細胞去感受你所處的環境。將注意力從原來的耳朵移到肚臍——你可以用手指引這個能量移轉，用雙手碰觸自己的雙耳，再將碰觸雙耳的雙手移向肚臍，停放在肚臍上。

現在你可以描述一下你感覺到什麼嗎？

我覺得剛才聽見的環境聲音，不管遠近，好像距離感都沒有那麼明顯了，聲音比較模糊、不刺耳，感覺環境中所有的聲音都進入我的身體，畫出一個圓形，並融進這個圓形的空間中。所有的聲音都混合在一起了。

很好，這是你與環境同在的狀態，這個圓形空間就是你的星光體訊息接收中心。那麼，若要在這樣的狀態下錨定任何一個目標、方位，你會如何進行？

嗯，讓我試試看。啊～～（發音）我似乎要發出聲音，或是用內在之眼去錨定某個位置，這個混雜著所有聲音的存在才能重新聚焦。

好，現在讓自己回到用耳朵聽的狀態。準備好了嗎？

嗯！

現在發出剛才你發送的那個「啊～～」的聲音。有什麼結果？

我只聽見自己的聲音，環境的聲音和我無關。

現在再一次回到用身體融合所有環境中聲音的狀態，你是否發現，不管你發出任何聲音，都會與環境中不論遠近的所有聲音來源融合在一起？

好了，你現在大致上已經實驗過，了解在黑暗中聽覺感官會最早升起，取代你的雙眼。這就像你從目前的肉體進入星光體的身體移轉過程，而使用音頻的用意，就是透過聲音融合你身處場域中的所有音源振動頻率，幫助你超越肉身的感官限制，讓連結你身體場域的一切存在得以快速地平衡、移動、擴展、清理或再校準。

這些音頻組成的咒語是如何被傳遞下來的？唸誦咒語是否會讓我們進入低頻和被控制的狀

態？

這不是你需要擔憂的。這是你與高我合一共振所產生的語言，是光的語言，它不會經過大腦語言認知系統的轉譯過程，所以並非人類慣用的語言，卻能在你的視覺無法傳遞訊息回大腦時，幫助你的身體細胞獲得正確的指引。

你不可能與你細胞無法辨識的振動頻率共振，所以不需要擔憂因爲唸誦這些透過你與高我共振接收到的音頻或咒語，而產生非身體細胞可以承受的共振。無法共振就無法對你產生任何作用和意義，就如同你現在去唸某些佛號或其他宗教法門提供的咒語，你的身體一點感受都沒有，是一樣的道理。

在你即將進入與高我合一更密集的互動過程時，你會接收到更多高我與你共振而自動產生的咒語。這是你們進行共同調頻過程需要使用的工具，如此才能引領你更快進入與高我共同創造的新世界。若沒有音頻的協助，你就會處於乙太體層的認知學習階段，而那仍是你的大腦活躍主導的世界。

你與高我之間溝通的音頻和咒語，對你來說是當下立即的顯化，對他人或許有作用，也可能一點作用也沒有。每個人和其高我之間的語言如同萬花筒般千變萬化，唯一不變的是其產生的頻率振幅和能量流動，仍會依循宇宙法則周而復始地運行。所以，放輕鬆，享受你和高我之間愛的語言，這對你進入美麗新世界的創造會有幫助的。

契入星光體的重要提醒

對即將踏入帷幕之外的人，我必須提供以下幾項清楚的指引。

一、先暢通身體脈輪，清除身體細胞印記和業力

沒有打開身體的脈輪，允許宇宙能量在身體場域順暢流動，或是沒有排除自身細胞累積的制約和過往印記，你們無法走上正確的帷幕之外的道路。

我指的正確道路，是淨化後意識的到達。若沒有透過淨化後的意識，便試圖到達帷幕之外，就會像目前地球上許多人與第四界的靈魂體產生意識糾葛那樣，走上非自己家園的靈性道路。

帷幕之外是無法看見的世界，你們無法用肉眼，也無從以理性思維去判斷其眞僞，就容易因自身業力的牽引產生靈性上的依賴。而因爲帷幕之下的地球允許每個生命的自由意志去進行自

己想要的體驗和選擇，此時，有些人反而會將自己的高我意識拒於門外，走上連高我都無法幫助你回家的道路。

二、經由自己的高我，打開DNA的枷鎖

星光體解鎖的關鍵就在自己身上。當你的意識到達無條件的愛的維度，連結上自己的高我，就會自動打開星光體的帷幕。這是「對頻」的概念。當你與高我意識連結後，你星光體的邊界齒輪就會打開，而在你個人的小我意識尚未與高我意識對頻前，高我DNA的振動齒輪與你的小我意識就接合不上，這跟兩艘太空船要在空中合體，必須完成機艙對接作業是同樣的道理。**不要假手他人打開你的星光體帷幕，讓自己的意識擴展到連結帷幕之外的自身更高意識，才是正確的路徑。**

三、不要尋求特異功能

意識跨越肉體和感官的屏障後，你就可以經由松果體的內在投影看見心智圖，這個心智圖就是你的星光體呈現的全息景象，是以光波和粒子振動產生的頻率交織出來的訊息場。此時並不是靠身體感官傳回訊息，這些訊息是來自你的星光體，由光的世界反射回你的心智圖中。你是透過內在之眼感知，你會開始收到音頻、符號、振動頻率、光影圖像等等，這些都是訊息流動過程

的現象，你不要被這些聲光影像和音頻吸引，又失去和本源的連結與對焦。此外，這些訊息也不是要你去展現你不同於他人的訊息場辨識力。

這些訊息是宇宙眞理的邀請和指引，需要你再度打開自己內在宇宙的大門，回到自己的本源去探索你尚未知曉的眞理和智慧，並藉由你在星光體中以三百六十度不偏頗的全息化角度理解之後，再將這些宇宙知識和眞理以你們的語言、文字、音樂、繪畫等方式表達出來，傳遞給尚未進入帷幕之外的人，幫助人們脫離小我意識的假象。只有經由人們相互串起宇宙眞理之光，才能打開遮蔽地球人類已久的星光體帷幕。

四、隨時校準高我，保持心的穩定修持

宇宙智能爲所有存在設計出自身就能生生不息的自體循環。你的身體有九大脈輪，以及九種你的身體對外詮釋和連結的感官能力——眼、耳、鼻、舌、身、意、乙太意識、星光意識、無我意識。進入星光體時，你的內在之眼正準備貫穿整個生命宇宙的中軸，從肉體層的眼睛、耳朵之眼、鼻子之眼，乃至最後到達的無我之眼，有九種內在之眼同時存在你的內在宇宙，呈現出不同的感知境界，而進入每一種境界之眼都需要心的修持。

前四界的眼、耳、鼻、舌、身屬肉身之界，將身體之外的訊息傳遞進入你的內在宇宙；而中四界的身、意、乙太、星光則屬於內在宇宙的處理核心。中四界的表意識是身體，也是最接近

內在宇宙的介質，在之前的傳訊中，我們闡述了許多身體之於內在意識的重要性。

現在，當你穿越身體介質，就走進了無相界的內宇宙。從意識，到乙太意識、星光意識，都有「我」的概念，而最終你到達第九意識時，就會觸及無我意識，便沒有了「我」的分離和具體化形象，回到了源頭合一狀態。

在此過程中，你千萬不要因爲穿越內在之眼，被這些不同感知境界折射出的聲光與花俏影像吸引，而離開自己的本源，又踏進另一個虛擬世界裡。你只要感受到偏離了本源，就回來與高我重新校準。你也可以帶著疑問，隨時回到屬於你的水晶圖書館，去探求這些現象背後的宇宙眞理，這才是打開帷幕之後正確的靈性開展之路。

你與高我在星光體層是一體的

目前你和我溝通的管道，就是在星光意識層的流動狀態。這裡與乙太意識層很大的差別，就是我們兩個已經是不可分離的意識狀態，我和你的意識在星光層是一體的意識。位於乙太意識層時，我們的交流是透過連結訊息的傳輸方式，但在星光層，你的問題和我的回答是同步的，而非一問一答的形式——簡單來說，就是你跟自己對話的過程。

另一個更大的差異，你已經可以感受到了：你沒有那種能量沉重地堆積在頭頂或肩部的感覺，因爲這個融合的能量是在心輪的位置，你的場域與我的場域穿越你內在的心之眼，達成共存的狀態。

若是到達最終無我意識的狀態，我們彼此之間就不用通訊了，你存在一切知曉之中，你不需要我的解答，我也不需要你的協助，我們會存在一體意識裡。然而，若處於這個無我意識狀態，你將無法用文字或語言來傳達，連文字和語言都不再被需要了。

所以，現在我們先維持在星光意識的狀態，以加速整個宇宙法則的教導和訊息下載，你也比較不會感覺到身體的壓力和沉重。

當你的意識穿越地球帷幕後，會登上一艘更巨型的意識母艦，母艦上搭載了許多完整的晶體，你在此與自己靈性源頭的組成相遇。你在意識母艦上遇到我泰雅，就是位於更高次元的你自己，正在執行自己的任務，而你目前需要與你的高我更緊密地合作，以完成這趟三次元旅程的任務。

古代的智慧傳承者也是以這個方式，將自身存放在更高維度的記憶順利延續到地球上。中國的密教、佛教，乃至西方國家的基督教和天主教都是一脈相傳的，這些都是宇宙智能透過不同時期的人類記錄和傳遞出來的智慧，而現在地球即將邁向新的里程碑，這些流傳在世的經典也需要進行新的演繹。

並不是說這些經典或教義已不足以讓人追隨，而是宗教演變至今，已經被人類的自我意志模糊了其教義的根本眞理。你會看見各宗教試圖透過一些節日和慶典活動來延續教義，但也正因如此，人們的意識停留在典禮和儀式的規範與執行，忘了每一個儀式背後都有其闡述教義的依據。宇宙法則在教義中隨處可見，但儀式化的過程也讓這些宇宙法則失了焦。

現在，我們需要人類進入更高維度，從與自身更高意識的合一中，重新展開此生來到地球被賦予的任務。當你以和星際宇宙共存的視野去看見自己的身體宇宙、自己所處的環境、自己的起心動念和行動的顯化時，你從此將展現不同的創造性想法，不再局限於三次元的時空，進行無謂而重複的學習。

你與高我會從這裡開始，展開不同以往的道路。這是一條靈性覺醒後的創造之路，不但可以帶來新的文明、嶄新的創造力和表達方式，更重要的是，當你與高我共同創造時，你將不會錯過原本就屬於你的天賦才能。你現在已經可以隨時取用那些天賦，以浩瀚無邊的宇宙爲畫布，渲染出屬於你生命永恆的光彩。

第三章　水晶圖書館

你生存在地球期間，並不是只有你一個人在地球，而是與一群靈性家族成員共同存在。你在地球上所有的經歷、生活體驗和遭遇的重大事件，都會同步影響所有家族成員與你的共同體驗。

靈魂共同意識資料庫——水晶圖書館

你在地球上經歷和感受到的情緒振動紀錄，全都會儲存在你們共同的晶體中。在帷幕之外的他們可是隨時在觀看自己在地球上經歷的一切，他們就是更大一部分的你，而你是他們來地球帷幕下體驗的一部分意識代表。你在地球上做出的任何選擇和決定，都是被百分之百授權，你是一整個星際家族在地球的代表，你所有的體驗都將融入整體的共同體驗中。

目前你感受到一整個靈性家族，但同樣這個靈性家族可以創造出成千上萬個不同的分離個體，到地球或其他星球去體驗。你只要回到自己的本源，就能探究其他兄弟姊妹目前的體驗狀況。你們可以在此分享，並進行集體創造；你們可能來自相同或不同的靈性本源，分屬不同的星際議會，或是攜帶著不同的靈魂更高目的和使命。

探索自己的靈魂原貌之前，你必須先與自己的靈性源頭意識合一，才能幫助你憶起。你即將進入與高我意識合一之旅，憶起自己原本的面目。每個生命進入肉身體驗都有其最初始設定的目的，這個目的需要你用一個肉身載具來完成，若無法在此肉身存續期間做到，任務並未結束，你將會攜帶著此生的體驗結果回到更高的意識中，與更高意識融合，產生更新後的觀點，然後重新出發——此時這個新觀點是融入更多個體意識的眞實體驗後，再造的新集體意識的觀點。

所以，當意識再次投生進入某一個維度，或回到地球完成未竟的目的時，就會形成另一個重新融合後的意圖，再次進入新的生命體驗。你們每個人來到地球，都攜帶一個來自更高意識的祝福和期許，透過與內在高我合一，就能加速生命回歸初始生命藍圖的行動。你們與內在高我意識的合一，就是從「遺忘」進入「憶起」的生命回歸之路，和無意識遺忘自身生命目的的意識回收過程完全不同。

你因爲憶起自己的生命藍圖，就能透過更高意識的協助，隨時取用龐大的宇宙資源，那是爲了讓你完成此生任務，早已準備好的。你不需要重新學習，這些資料是人類和星際種族共同創造的智慧和眞理的泉源，就存在你內在更高意識的晶柵中，你可以稱之爲水晶圖書館。當你登上母艦、與高我連結，就能進入你的高我儲存管理的水晶圖書館，存取你所需的資料。

在此之後，你還能進入另一層次的圖書館——星際圖書館。那必須在你已經與高我合一後，透過合一的振動頻率連結回到屬於你的星際維度，然後你就能進入星際圖書館，存取星際協作平臺的相關資料。

水晶圖書館和阿卡西紀錄的差異

一、層次和維度不同

阿卡西紀錄存在最接近地球的第四次元維度，是人類過往歷史中所有意識層的統一場域；而水晶圖書館就在你的靈魂晶體中，以訊息振動波存在你的身體細胞裡，你可以經由擴展自己的乙太體，去連結屬於你的晶體記憶庫，裡面記錄著你存在不同維度的靈魂意識組成片段，也包含你的高我意識存在地球時的文明和歷史記憶。

水晶圖書館就在你的高我存在的意識維度，而每個人的更高意識組成不同，因此可以企及的宇宙水晶圖書館資料就會有所不同。你目前連結上我泰雅，就是進入我所在次元的水晶圖書館，我們彼此可以取用的資訊是同步的。

水晶圖書館是關於你的更高意識的靈魂家族史，你的靈魂契約則是你一部分的意識進入不同行星和維度體驗時，所建立的一套靈魂體驗計畫。靈魂契約會詳細列出你的身體外觀、DNA組成結構、養育你的父母、你出生的時辰和地點，以及你需要去體驗和完整的生命課題。通常已經完整自身靈魂契約的存有可以決定再去不同的行星和維度體驗，也有些存有爲了原星球整體民族和國家意識的學習成長，會以導師的身分再度前來體驗，類似藏傳佛教的大師傳承，為了民族整體揚升，在有生之年可以自行選擇下一次體驗和輪迴的家庭、父母、出生地點，這已是靈魂在原星球可以到達的最高生命境界。

你們也會從水晶圖書館中獲得宇宙運行的法則、生命的螺旋體可以呈現的多元形式，還可以經由大師和導師的帶領，一窺不同星際的文明進程。這些超越你在地球上所能想像的生活場景，都存在水晶圖書館中，只要是你的高我存在的星際維度，他們擁有的智慧都可以透過水晶圖書館揭露和傳遞出來。

這是地球邁向星際交流的開端，就從**每個人連結上自己的高我**開始。你們彼此都獲得水晶圖書館中的知識和訊息，將為地球畫出一幅邁向五次元軌道的星際藍圖，讓地球的集體意識獲得跳躍式的揚升。

而你現在即將進入我——泰雅——位在第十維度的水晶圖書館，讀取宇宙訊息。

二、開放的對象不同

阿卡西紀錄是為了地球整體意識揚升的需要，為全人類開放的場域，而水晶圖書館是針對即將揚升進入銀河星際邦聯的存在意識特別開放的。

只要可以連結進入星光體意識，就能從自己的高我存在的維度，進入水晶圖書館探索。你在此可以獲得的關於你高維星際家族的訊息，遠比你在阿卡西紀錄中的靈魂契約得到的更多，還可以跨越各種行星族群的體驗和智慧寶庫。

三、紀錄內容不同

阿卡西紀錄儲存了所有地球人類曾經發生的眞實意識體驗，但也包括同樣在地球上存在過的非人類生命的意識振動，如山川、礦石、動植物等的訊息。這裡將地球上所有的意識活動完整記錄下來，因此，你們在這裡可以喚起過去世的記憶，也可以追尋遠古文明的智慧和眞理。

水晶圖書館和阿卡西紀錄的不同，在於水晶圖書館是專屬於你的靈性家族史。你在水晶圖書館中可以找到自己靈性家族承襲的智慧，這個圖書館不開放給外界讀取，你只能自己進入。現在，你的意識來到與我共同存在的第十次元，你可以來此和我連結；也因爲我們正準備進入合一的過程，這段旅程中你可以隨時透過無條件的愛的能量流，幫助我們彼此連結和融合。

進入水晶圖書館，你可以探索關於你在地球的個體層面的資訊，當然也可以看見更廣闊無邊、跨越不同維度和行星界的宇宙實相，透過共通宇宙法則的交流，展開更佳的跨維度意識融合。

水晶圖書館的資料將提供突破地球人意識制約和限制的學習，幫助地球人類穿越二元對立的思考模式。這裡的訊息爲所有人類帶來關於宇宙生命存在的眞理和智慧，也完整保存了超越人類智慧與歷史經驗的內容，爲人類做好進入宇宙共同意識協作之前的溝通與接軌前的準備，幫助人類快速揚升。你進入自己的水晶圖書館中學習，除了可以幫助人類締造新的文明，也可以協助地球整體意識與銀河宇宙重新校準。

簡單來說，阿卡西紀錄幫助人類憶起，水晶圖書館則是幫助人類回歸宇宙共同意識的家園，展開新的生命藍圖，並和高我一起執行銀河任務，達成你們需要共同完成的項目和體驗。所以進入水晶圖書館中，你可以自由地展開屬於你個人靈魂層面的探索，也可以找尋宇宙共同存在意識的實相。

個人層面的探索

- 你的靈性組成片段
- 你的靈魂來到地球最初始設定的目的和意圖
- 你爲了完成地球體驗任務而攜帶的元素和相關知識的補給
- 回歸源頭的路徑指引
- 解開你身上靈魂DNA的枷鎖，成爲自由的靈魂

・靈性組成的家族史和整個靈性家族尚待完整的體驗

宇宙實相的探索

・宇宙法則
・行星揚升計畫
・元素轉換規則——創造生生不息的生命體驗
・萬物昇華的邏輯和演繹
・情緒資料庫——破解情緒的密碼
・生死學
・創造的靈性法則——如何運用意識顯化
・無我界——無我亦無得之境
・人神共創新世界的方法

愈來愈深入探索水晶圖書館的資訊後，你除了更明白自己靈性家族在地球和其他行星的經歷，也更能幫助自己和所有靈性家族成員完整彼此仍待完整的生命體驗。你們透過靈魂的連結，幫助靈性家族整體揚升，回到宇宙共同的源頭。這也是早已鑲嵌在你靈魂DNA中的心智圖，透過這張心智圖，你可以展開與存在所有不同次元和維度的你合一的旅程。

四、存取方式不同

人類進入阿卡西紀錄存取資料時，因爲尚未與自己的高我意識合一，其意識無法直接契入阿卡西紀錄場域取得資料；又因爲振動頻率相近，若由人類的振動意識進入，會影響阿卡西紀錄眞理的振動頻率。所以，如果你們希望以地球肉身取得阿卡西紀錄的資料，必須先連結上你們的高我，由更高意識協助透過阿卡西紀錄場域的領主，取得你想要的訊息和解答。這個下載或瞬間取得的動能，來自你意識的允許和請求，透過你與高我對頻後，連結並傳遞出來。

水晶圖書館則不是開放給所有人，也會因每個人自身更高意識的組成片段，而決定其進入的相應場域。水晶圖書館位於你自身更高意識的存在維度，較不受地球意識頻率的干擾，當你需要進入水晶圖書館時，必須與自己的高我達成共振合一的意識，透過這個合一的意識才能順利進入。這裡沒有阿卡西紀錄那樣的紀錄守護者，你與自身更高意識合一後，必須對自己所在維度的整體意識負全責，所以高我在此擔任你的更高意識，也擔任水晶圖書館的管理守護者。

認出自己的天賦特質

靈魂晶體中除了靈性家族組成之外，還存在著許多大師的振動品質，可以幫助靈魂順利回到源頭的軌道中。有些人攜帶著基督、觀音、度母、太陽或月亮等意識，大師品格意識駐足在你的晶體中，幫助靈魂聚焦於此生的功課，不會輕易被其他訊息流干擾，而失去錨定自己靈魂和整體靈性家族最初始的設定。

有些人的靈魂晶體還攜帶著所投生星球的大自然精靈和動物的原始能量。組成每個人晶體的大師品格不同，但都有一個共同點，就是這些團隊成員會爲了完善自己在更高次元的和諧共存，而共同創造在地球的新生命。人類是被宇宙不同維度和更高次元存在意識深深期盼的靈性種子，你的高維意識團隊期待與你走上共創新生命的旅程，才會有今天的你存在。

記得之前阿乙莎跟我提過與高我聯手可以創造出新生命藍圖，步驟如下。

步驟一：探索未知世界。

步驟二：找尋關鍵元素。

步驟三：達成新我共識。

步驟四：再造生命藍圖。

泰雅，你是否可以引導我一一完成這些步驟？

可以的，我們一起進入水晶圖書館去探索吧！為了幫助你取得圖書館中的智慧，你現在必須連結電氣石（tourmaline）的能量，讓這股能量帶著你去探索亞特蘭提斯時期的記憶。

啊？電氣石嗎？

是的，那也是幫助你快速提升振動頻率，去連結我在第十維度的水晶圖書館記憶庫的方法。

（為了這個奇怪的指引，我還真的跑去買了一小顆電氣石，帶著懷疑又期待的心情，希望透過這顆礦石的振動頻率和高我泰雅的幫忙，可以讓我一窺水晶圖書館。但心中還是覺得幹麼這麼麻煩，不就是讀取訊息，為什麼還要大費周章找一顆礦石來輔

助。後來連結上電氣石，我才知道是怎麼一回事。

我將這顆電氣石放在左手的掌心，接著連結自己的內在意識，請求電氣石帶我進入屬於我的水晶圖書館記憶庫，尋找我已經遺忘的記憶。）

嗨！我的名字是DaTuLa，我擁有亞特蘭提斯時期所締造文明的記憶，以後你只要呼請我的名字三次，我就可以將這部分的訊息傳遞給你。其中，最主要的訊息是去重拾與大自然萬物交流的能力，用你們的文明過去曾經和大自然共同創造的語言來交流。人類現在早已遺忘這部分的記憶，最主要原因是你們的靈魂意識只能限縮在三次元非黑即白的世界裡，無法跨出帷幕之外，所以無法理解和大自然萬物溝通的語言。現在我將這部分的記憶釋出，你必須以跨越帷幕之外的意識狀態去讀取水晶圖書館的訊息。準備好了嗎？

（其實我完全不知道怎樣才算準備好，就隨口說：「我好啦！」）

好，現在打開你的內在之眼，去感知第一個訊息。

（我的內在意識突然感知到一陣陣類似鼓聲的音頻，還帶著不同的節奏和音調，Bon-Bon-

Bon-Bon！-Bon-Bon-Bon！-Bon-Bon-Bon！-）

泰雅，這個聲音代表什麼含意？

這是和萬獸之王獅子族群溝通的頻率。你可以透過這個音頻獲得獅子的能量。這個能量並不是指你連結森林中的某隻獅子，而是它可以帶給你來自太陽系中央太陽的大日能量。

確實，我的內在感知到此音頻時，全身有股強烈的雄性能量從太陽神經叢的位置湧現。

這股能量代表一切的開端、重新再造的意思。亞特蘭提斯人要進行一項重要改革時，會透過連結獅子族群獲得強大的改造能量。你可以用這個內在的聲音，喚起身上DNA的記憶，獲得那來自太陽的能量，然後善用這股力量幫助你排除困難，以堅定的意志完成即將要突破的任務。

喔！雖然我仍不太明白個中道理，就先收下這個能量的感覺，也許有一天會需要用上，至少知道如何去啓動它。

接下來，第二個訊息，一樣用你的內在之眼去感知。

（這時，我的內在感受到另一種音頻，SiSu～SiSu～SiSu～）

這是經由風元素傳遞宇宙智慧到你所有的晶體場域。當你用意識呼喊「SiSu」一次，你的晶體就會翻轉，呈現出另一個晶體結構面，每唸一次就翻轉一面，直到你感受到最適合當下使用的那一面出現爲止。

這……是指我出門面對外界時還需要換穿衣服的意思嗎？我不太懂啊！

每個人的晶體結構都不同，你先去看看你有哪幾個晶體面可以選擇。

我用內在意識呼喊一次「SiSu」，就感受到內在之眼錨定其中一個晶體角落，進入那個角落就會直接從內在浮現一個感覺，彷彿替自己套上一件透明衣，當下還可立即感受到穿上這透明衣後的個性和之前不同。我們幾乎可以用意識投入晶體換穿袈裟，變身爲不同的人格特質，還眞的有點像演科幻電影。

我一路用「SiSu～SiSu～」的音頻掃描一遍後，就可以感知到自己晶體的整體輪廓。每一個「SiSu」唸出來，會自動錨定不同的角落。站上那個角落，我可以明顯感受到不同面向的我，然後我的意識會自動移轉到以我意識錨定的那個晶體角落爲中心，再從那一端向外展開全視角。站在不同的角度，會帶給自己不同的感受。

我們原本以爲自己的個性似乎和我們習慣站在某個角落有關，既然如此，泰雅，請問一下，我們是否該將自己的意識固定在最中央的位置，以不偏倚任一邊的中央視角去看見全面性？

不是的！你當然可以選擇用任一角度的你去完成自己想要的體驗。同樣一個場景或事件，站在不同的視角會帶給你全然不同的創造性靈感，並沒有某個面、某個角度才是對的。你們的靈魂意識原本就擁有這麼多元的角度要去體驗，這裡面並沒有對與錯、好與壞的區分，你只須辨識出這些晶體面折射出來的視角都是你自身攜帶的生命元素。不同的生命意識，組成的元素也不同，你現在再仔細去看看自己擁有哪些獨特的振動元素，可以讓你好好地發揮和運用。

確實，這裡面出現的每一個面，我都可以認出是屬於我的特質，然而此時在晶體角度的看見，和別人所說、所認爲的我是誰，是完全不同的感覺。別人看見的我，對我而言只是一個標籤，屬於文字上關於我的形容詞，是與我分離的；而現在從自己晶體的視角感受到的，是來自那個性特質後面的一道光，透過這道光，似乎讓原本關於我是誰的狀態流動起來。在這裡頭感受到的特質，對我來說已經不光是某個形容詞，而是活生生的能量和振動頻率，這個振動頻率還可繼續延伸，並創造出更多的連結和可能性。

這對我來說眞是一大驚喜！從小到大，我們太習慣從別人眼中來認識自己，透過別人講你好、講你不好，這個做得對、那個不對，來定義自己是不是一個受到社會和群體認同的人。結果，我們研究一堆星象命理，就是試圖獲得父母、師長和他人的肯定，透過別人肯定的自己，我們勉強可以說出自己到底是哪種人、擁有哪些特質。每次說「我的星座個性怎樣怎樣」，或是「血型代表我這個人如何」，我們就是無意識地想把自己塞進那個我們以為是自己的框架裡。在追尋自己的過程中，我們從來沒有辦法眞正認識自己的人格特質——應該說，我們永遠看不清楚自己。

現在居然可以如此貼近自己，融入自身某一種特質的共振裡，感受自己的靈魂特質。原來看見和以爲的都不是眞的，眞實如其所是，而我就在這個特質創造的能量流裡，一直如其所是地存在著！

沒錯！你可以像這樣更眞切地看見，自己的每一個晶體面都可以連結進入不同的晶體和星際意識。比如說，你之前感受到的嚴謹的那一角，就是你靈性父親的能量，從那裡進入另一個世界，就可以去探索和連結你靈性父親的星際文明，那裡是天狼星的連結口；另外，你感受到的開心喜悅的晶體面，是來自你另一個靈性組成的片段和振動能量。從每一個晶體面延伸出去，你都可以找出屬於你的天賦才能，你可以重拾自己的天賦，讓這些能量陪伴你在地球上創造新的體驗。

更有趣的是，原來我們可以隨時依照情境需求，轉換自己的晶體面，用最適合的角度去扮演當下該扮演的角色；原來晶體中的我們可以如此有彈性，可以演這麼大。那麼，之前我感受到正中央的位置，我以爲那是集合所有視角後，比較中立的位置，那又代表什麼？

那是你靈魂晶體的內在核心種子，也是專屬於你、獨一無二、最珍貴的靈魂眞我。現在你可以先去檢視靈魂晶體中你能使用的所有關鍵元素及其攜帶的能量。

- **嚴謹**：來自天狼星的源頭特質，這股能量可以幫助你有效率地締造完美的成果。
- **喜悅**：來自象神大師的特質。
- **豐盛**：來自蓋婭女神的特質，滋養萬物。
- **整合**：這是存在你靈魂眞我最核心的品質，可以幫助你整合所有能量，以更全面的角度去連結和知曉萬物。這是專屬於你內在、獨一無二的珍貴核心能量。
- **競爭**：幫助你在地球上保持積極的生存態度和飽滿的精神力。
- **協作**：與他人合作，共創繁榮的景象。
- **慈心**：透過慈心的發揮，散播美善給你身邊的人和你存在的環境。
- **智慧**：可以看見眞實的內在之眼，幫助你尋找源頭的眞理。
- **黑暗**：存在你身上的黑暗就是恐懼，你會經由這股能量的牽引，脫離虛假的幻境，回到眞實。這是隱藏在你內心的負面能量，但也是助力。

以上是你可以善用的元素力量來源。你可以充分掌握這些匯聚在你身上的能量來創造新的生命藍圖和體驗，每一種元素背後也代表一整個靈性家族的期盼，在你運用每一種元素力量的同時，就是在調動自己在高次元的靈性家族的能量。

你的靈性源頭有更高的目的

每個人身上都有不同的靈魂意識源頭組成，你們早在進入帷幕之前就已經達成靈魂體驗的約定，沒有人可以限制你或強迫你去經歷你不想要的體驗——這會讓你感到困惑，因爲在實際的地球生活場景中，任誰都不願意去體驗貧困、殘疾和遭遇不幸事件，也不會有人甘願被另一人欺負、霸凌。

沒錯！在帷幕之下，一切都是如此非黑即白，清清楚楚的二元對立，人要是早知道，才不會做出這種成爲犧牲者的體驗約定。

但是，你眞的想也想不到，當你去經歷這種被迫害與創傷的體驗時，你的靈魂卻更加擴展開來，從原來的次元再次因振動頻率的躍升，晉級到更高的次元。靈魂就是如此勇敢地參與自身的進化考驗，突破一次又一次的試煉，因爲只有勇敢的靈魂得以晉級揚升。現在進入地球的都是勇敢的靈魂勇士，爲創造宇宙生生不息的永恆，再次閃耀你們生命的光輝。此外，有些人則是來自神之湯的共同安排，這些人早已突破地球生存關卡，這一世得以用不同的更高意識分身，來幫助所有靈魂意識覺醒，所以這些人比較不需要再次經歷地球生存的考驗和受難情節。

無論是在地球上體驗順遂，抑或充滿困苦經歷，現在你應該會更尊敬這些人內在那勇敢的靈魂意識。他們背後有著一大群靈魂等待他們再次去經驗，穿越此次生命的困頓，才得以擴展隱藏在這些人背後所有靈魂存在的意識維度。

現在，讓我們繼續往前，去探索你靈性源頭的意圖。

此生爲何而來這個題目我都搞了大半輩子才有個頭緒，現在爲何還要去看見自己靈性源頭的意圖？太遙遠了吧？

只有全然理解自己的源頭意識未竟的意圖，你才能眞正展開宇宙人的共同協作狀態，這也是你們的生命契入下一個星際合作的重點。

我需要帶你去看見你的靈性源頭在宇宙的經歷，透過這段回溯之旅，你們才可以重新設計屬於你們共同協議的新生命藍圖。這也是給你在地球的生命另一次重生的機會，你可以解鎖之前的生命藍圖設定，規畫新的生命藍圖。水晶圖書館裡還有許多內容等著你來讀取，現在我們要繼續前往下一站，去探索你的生命源頭。

（後記：初次請求進入水晶圖書館探訪時，泰雅要求我先連結電氣石，現在我明白那是因為當我的振動頻率不足以穩定在高頻的維度中，我的高我泰雅會提出最適合當下的我的建議方法；而當我愈來愈能掌握自己的振動頻率，快速連結並與高我合一後，就可以隨時在高我的協助下進出水晶圖書館，不需要特別連結電氣石。

此外，對我來說，在水晶圖書館中取得訊息的方式，明顯和閱讀阿卡西紀錄時獲得理解和知曉的方式不同。在水晶圖書館中，我們的意識已經再度分解到更細微的元素感知層次，透過和宇宙萬物及大自然元素互動交流的過程，意識得以進入更深一層的流動。這裡不再受制於大腦的認知系統，而是透過晶體折射出的光，讓內在真實自動浮現、映照出來，讓我們得以獲得感同身受的體驗。）

第四章　靈魂探源之旅

阿乙莎給的神祕任務

（老公為我們結婚二十週年準備了一趟我們從未經歷過的旅行：搭郵輪橫渡印度洋和阿拉伯海，十七天，在船上過耶誕節，最後到達杜拜跨年，迎接新年到來。我很期待這趟旅程，女兒已經上大學，終於有兩個人二度蜜月的機會。

打包行李這一天，感覺頭頂有股能量，一直熱熱的。我猜想應該是前陣子密集向泰雅學習星光體的操作，以致有段時間沒有主動連結阿乙莎，出門旅遊前還是先跟祂報告一下。）

阿乙莎，祢是否希望我出發旅遊前跟祢連結？這兩天我老覺得頭頂上有股能量盤旋。

是的，我想和你溝通這趟跨越印度洋和阿拉伯海的旅程中，你需要去連結的訊息節點。濕婆（Shiva）的能量是地球這個區域的守護神，你和祂們的連結很深，你某一世曾居住在這裡，只是你這部分的地球記憶被刪除。

你此次來到地球，記憶庫中有一大部分關於你的歷史訊息都被清空，以避免意識被過度干擾。而這趟旅程中，你必須重新連結上這股能量，因為你目前生活的地方並無這股能量。那是你內在意識中最核心的力量，經由連結上這股能量，你可以在自己的身體細胞中喚醒星光體更多的意識場域，你的身體場域才能結構出更適合讓你的高我泰雅進入地球場域與你協同作業的身體環境。在此之後，你不用將意識錨定母艦上的泰雅，就能恢復你身上早已內建的靈魂記憶庫。

第一站到達斯里蘭卡的港口，你會遇上有人介紹你去看歷史古蹟。你要過去一趟，那是一座古老的神廟，廟中有濕婆神，去那裡連結神聖能量可以開啓你更高意識的節點，並取得直接的連繫管道。進入神廟什麼都不用說，只需要用你的第三眼連結，就可以打開你身上的通道。

這個通道對地球意義深重，需要你來啓動，幫助地球錨定更高意識的軌道，你也會因此接收到更多來自宇宙源頭的智慧和眞理。

第二站進入印度孟買，你會在一個市集的商店找回你需要的寶石。那是一顆紅色的寶石，你一眼就可以看出它，裡面有你需要擷取的訊息和能量，而店主人也會知道你需要這顆寶石，讓你取回。

第三站抵達杜拜時，你可以去參觀這裡最新的城市計畫，去看見亞特蘭提斯時期的智慧正在此地重現。和未來城市連結，有助於你與新地球的思維共振。

這趟旅行放心地去吧，不用擔憂家人的健康，不會有問題的。該清理的負面雜訊已經顯化完成，將旅遊的過程記錄下來，提供人們參考吧！

＊＊＊

（在臺灣我從來沒看過、當然也很少聽說印度教的濕婆神，壓根兒不知道印度教的故事背景。出發前，我特地上網查找關於濕婆的神話故事，也先在網路上做功課，查到斯里蘭卡到處都有濕婆神廟，只是我還不確定自己的旅遊行程會到達哪一個城鎮的港口。

在郵輪駛向斯里蘭卡的前一晚，我再次詢問阿乙莎……）

阿乙莎，我搭乘的這艘船明天即將抵達斯里蘭卡，我該如何找到第一站的濕婆神廟？

到達斯里蘭卡，你會發現這裡空氣中的粒子處處是濕婆神的身影，深呼吸就可以與其意識共振。接著進入那座供奉濕婆的古廟，你會感受到眉心輪的振動頻率不斷將你的第三眼擴展開來。此時，你找個地方坐下，讓自己的第三眼全然與這股能量共振，它會進一步打開你身上的神性意識能量節點。記住，你和這股能量合一連結的咒語是：

Mo Ha Na Mi Da，Mo Ha Nu Wa

連結時可以先唸誦三遍，讓存在這古老濕婆神廟中的神性能量幫助你展開與高我合一之路。接下來你也會用到這股能量，幫助展開你的生命藍圖，取得你需要運用的宇宙資源。這些都是送給你的禮物，你可以安心使用，並以此幫助所有人邁向靈魂覺醒之路。

可是我上網搜尋，發現抵達的港口附近有兩座濕婆廟，還不太確定是哪一座。

不用擔憂是哪一座廟，只要呼吸連結，你就會獲得內在知曉。你只需要靜心與之連結，由祂自動來開啓你的內在意識DNA節點即可。祝福你，去感受這股來自你源頭的神性力量吧！

（郵輪繼續在海上行駛，我半信半疑地準備踏上從未到訪過的國度——斯里蘭卡。）

＊　＊　＊

（第二天一大早六點鐘，郵輪靠岸，我和老公趕快去餐廳隨便吃些東西。我們的船在這裡只停留一天，阿乙莎居然還要我去找神廟。我不確定能否順利找到，何況Google地圖上顯示有兩座廟……

一下船，岸邊有許多當地的嘟嘟車司機在兜售一日遊行程。我還不太確定要如何開口詢問，這時一位司機走向我，手持旅遊景點照片，推薦我們搭乘他的車一日遊，可以看遍附近所有景點。我看到上面正好兩座廟都有，就決定搭他的嘟嘟車展開冒險。

第一站到達一座在巷子裡的古老神廟，當時正巧在舉行某種儀式，遊客不多。我循著樂聲一起進入儀式中，跟隨著隊伍踏進廟堂。一進去，我立刻被一股直入心輪的龐大能量震懾住。過程中，那股能量不斷撞擊我的心輪，我看向前方供奉的神像，遠遠的、黑黑的，搞不太清楚那尊神是誰。我詢問身旁的司機，他跟我說那是象頭神〔Ganesha〕，是濕婆的兒子。那股能量直入我的心輪，非常震撼，但我不是應該要找濕婆，怎麼會有這麼強大的能量從象頭神撞過來？內心還在疑惑的同時，我跟著吹奏樂器的隊伍繼續移動到旁邊供奉的另一尊神，這尊神沒有具體形象，就是一顆黑石頭。這時，司機跟我說，這一尊才是濕婆。我趕緊從口袋拿出前一晚抄寫下來的阿乙莎咒語「Mo Ha Na Mi Da，Mo Ha Nu Wa」，唸了三遍，此時我可以明顯感受到原來撞擊我心輪的能量持續在我體內運行，往下直入太陽神經叢。這是我從來沒有過的神奇體驗，感覺全身熱熱的，龐大的能量似乎一直撐開我的心輪和太陽神經叢。我已經沒有心思去聽那個嘟嘟車司機講解這座廟的環境和故事，行進間，我一直回頭跟老公說，好強大、好強大，這裡有股能量好強大。一直到參觀完坐回嘟嘟車，我的心輪到太陽神經叢之間還持續擴展，我可以清晰地聽見自己的心臟撲通撲通的跳動聲，而心輪和太陽神經叢此時已經被能量塞得飽滿。我心裡咕噥著，這難道就是阿乙莎說會喚醒我的星光體更多的意識場域，讓高我泰雅可以與我協作展開合一的新身體場域那股特別的能量？

嘟嘟車司機繼續趕行程，到達第二站，一座更大的濕婆廟，但在這座廟裡我就完全感受不到剛才的能量體驗。裡面一堆宗教文物展覽品，是一座非常商業化經營的佛寺觀光景點，有各種神明的雕像。前一座廟的遊客不到十人，這裡卻有上百名觀光客排隊等候進入參觀。這兩座廟在我眼中形成有趣的對比。物質世界中，人們看不見真實的宇宙，只在乎人流和錢財的流動，眼前這座聲名遠播的濕婆廟香火鼎盛，人潮絡繹不絕，此時我身上卻依然迴盪著在上一座古廟感受到的能量。強大的印度教神祇能量在我的身體中是如此真實，對照眼前所見虛假的觀光廟宇和排場，真是名副其實的顛倒眾生啊。人們就是如此活在自己打造的虛假世界裡，只有透過內在之眼和身體的覺受，才能分辨出這兩座廟的不同。

傍晚回到船上，我馬上向阿乙莎訴說這一天神奇之旅的感受。）

阿乙莎，今天我在造訪的第一座濕婆神廟感受到強烈的能量進入心輪和太陽神經叢，我有沒有做對？

你不用擔心做對或做錯，能量的連結就是如此簡單。你已經與存在你靈性源頭另一部分的組成意識能量連結，那是象頭神和濕婆神的能量，你只需要感知祂們的存在，就可以與之共振。

確實，現在回到船上，我只要回想那座廟的外觀，那一股神奇的力量就能重現，會在我身體的心輪位置流動，進入我的太陽神經叢。我現在也可以明顯地感覺到象頭神的能量會存在我的心輪，而濕婆的能量則是在太陽神經叢的位置。

那是象頭神和濕婆與你連結時，你身體呈現的感知狀態。接下來，你將帶著這股能量在地球上再次創造，你可以隨時進入這股連結天地的創造能量流中。

你接下來可以練習如何讓這股創造的能量流進一切的行動和顯化中。步驟如下：

1. 想一件事。
2. 連結象頭神和濕婆的能量。
3. 感受到身體的回應。
4. 去行動。

你會很快在行動後看到顯化的方式和結果。

這股能量也可以用在身體的療癒嗎？

那是不同的能量。療癒身體的能量和這股創造的能量不同，象頭神和濕婆是提供你創造一切的開始，這是地球上仍保有的最初始創造能量，也能幫助你在行動展開的過程中排除掉無法再

斯里蘭卡的濕婆神廟，我在這座廟裡感受到強大的象頭神和濕婆神的能量。

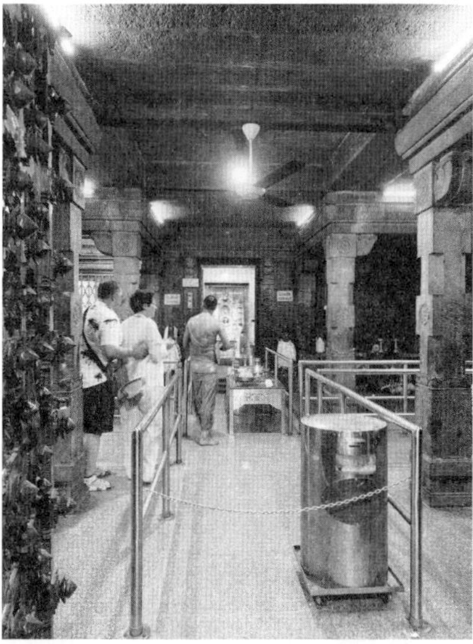

濕婆神廟主殿供奉著一顆石頭，代表濕婆。

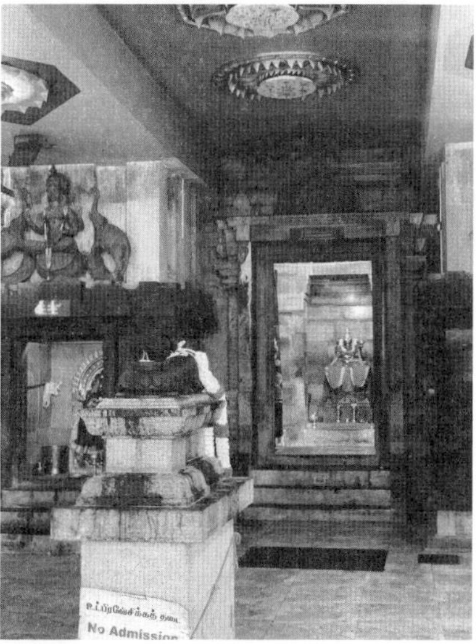

廟裡供奉濕婆的兒子，傳說中的象頭神。

服務你的能量干擾。

開啟新地球光之門的連結

（拜訪完濕婆神廟的當天晚上，在半夢半醒間，我的腦袋裡出現一股自動運行的能量。這股能量有明顯的移動路徑和連結的順序，就在我頭顱正中央緩慢移動，最終呈現出一個正四角錐的金字塔結構。

這股能量從松果體開始啓動，緩緩移向右眼的眼尾，再移往右耳後方的腦勺，橫跨整個後半部腦勺，然後移往左耳後方的腦勺停留一下，接著又自動往左耳前方移動到左眼尾端停下來。這股能量似乎在我腦中畫出一個金字塔的四邊形底部，接著能量直接向上連結到頂輪出去，整個過程前後不到三分鐘。）

阿乙莎，我在睡覺時感覺到有股能量在我的腦袋裡運作，似乎是開啓一座金字塔，又讓我再次連結之前在那座濕婆神廟的能量。這是怎麼回事？

沒錯，這是在開啓你和新地球的錨定程序，新地球正通過你的第三眼松果體校準。這是當你接收濕婆的能量進入你的身體場域後自動展開的校準工程，透過你連結上濕婆的能量，幫助地球母親展開和宇宙之心的再校準。

目前你搭的郵輪正從印度洋前行，進入阿拉伯海，而你同時也正在協助地球母親開啓這道神聖光之門的連結。你的光體幫助地球連結回宇宙之心，而海水攜帶著這份連結宇宙光之門後傳送來的訊息，傳遍地球每一個角落。謝謝你幫助地球母親完成此次的校準，爲了迎接新地球到來，會有更多宇宙能量前進地球，幫助整個地球完成校準，這也是你此行最主要的任務。

喔？我實在不懂這是怎麽回事！沒想到這趟旅遊還有隱藏的地球工作要完成啊，祢怎麽沒有提前讓我知道？

這項地球工作要是讓你知道，你的小我恐怕又會出來喋喋不休，還會讓你害怕恐懼得不敢出門了。

好吧，祢這樣講也算合理。反正我就是不知不覺地上了船。

除此之外，因爲這次的連結，你也正式啓動了身體連結銀河母艦的GPS。你腦中金字塔頂端就是你松果體的GPS，它會幫助你向上錨定母艦、向下連結地球之心，你的心輪會展開一份星盤地圖，幫助你在星光體中導航，並連結各星際通訊站。

你身上攜帶的這份地圖和泰雅在母艦上的地圖是一致的，上面包含太陽系和銀河宇宙的路徑圖，你可以透過第三眼看見銀河星際地圖，而泰雅就是你在母艦上的高我意識。在取得下一站的紅寶石後，你將可以用第三眼神咒「Mo Ha Na Mi Da，Mo Ha Nu Wa」，與儲存在紅寶石的能量進一步合一。你之前進入母艦的大門，還沒能深入中央位置，你必須與你的高我泰雅合一，才能進入母艦的核心區域。

你目前的內在靈魂意識資料庫已經可以順利地流洩出來，你只需要讀取自己的記憶庫即可。

怎麼讀？

你的直覺意識會帶領你找到內建的地圖。你不是正在用這個方式讀自己？

是的，我正在嘗試，想再跟祢確認一下。

母艦上水晶圖書館中的資料，你可以讀取的部分就交由泰雅來協助你提取。

那從現在起，我每一次請泰雅來和我協作，是要唸咒語嗎？

可以唸，也可以不唸，你的意識已經可以到達。

所以，每個人在自身的宇宙源頭會有不同的高我意識代表？

是的，每個人身上都有，只是有些意識被創造和分離太多次版本，已經造成地球引力過大的問題。人類著迷於體驗人生，欲罷不能，就如同我們自己創造了另一個版本的遊戲並上癮一樣。現在要喚醒大家，遊戲玩過頭，已經讓地球失衡了。

這也會造成地球上一些人到目前爲止晶體結構尙未形成。因爲一直還沒完善自己創造的分離意識，還在琢磨出光亮，這些人的存在意識會一直體驗，直到回到最初的設定裡。任何人都無法阻止或打擾他們的自由意志。

我懂，若還處於肉體存在的狀態，此時此刻連結回到母艦就已經不算玩家，是觀眾了嗎？

你可以這麼說，但從我們的角度看，你們這些觀衆仍是存在三次元的玩家，只是你們身上已經開啓了與更高意識連結的路徑。你們可以隨時切換頻道進入遊戲或登出遊戲，不用一直掛在線上體驗。

祢怎麼稱呼這一類玩家？

有覺醒意識的地球夥伴。

阿乙莎，如果照祢說的，我的松果體GPS已經開啓，爲何我的內在之眼——第三眼——還是什麼都看不見？

看不見不代表不知道，你早已清楚這一點。看不見是希望你仍專注於意識的帶領，不要執著於「外相」，那些外相很容易將你的意識拉向別的地方，這也是對你的一種保護機制。你的第三眼早已啓動，讀取自己的心，你的知曉比視覺更能清晰和明白一切。你應該是想知道，其他人的第三眼GPS啓動是否也像這樣？

嗯，沒錯，我想更清楚理解這是怎麼回事。第三眼的開啓到底是某個外力所致，還是靈魂自動展開的計畫？

你第三眼的開啓是靈魂早已安排的計畫，這是展開你內在心智圖的必要程序，而有些人第三眼的啓動不一定會在心輪產生銀河地圖，但他們眉心中央也有顆小水晶錨定宇宙之心，因此，開啓別人的第三眼是一種被更高意識賦予的能力。你確實可以幫助更多人開啓靈魂之眼，但在執行這個啓動程序之前，仍須注意以下幾點：

一、對方需要有完整的晶體。如你之前已經能夠感知的，有些人的晶體尙未完整，並不適合開啓。

二、對方有意願打開第三眼的感知力。

三、打開第三眼之前，你必須確認他們的更高意識願意接手帶領他們迎向未來的自己；若他們的高我認爲時機未到，就不能擅自開啓他們的第三眼連結。

• **「與高我合一」的阿乙莎咒語：**Mo Ha Na Mi Da，Mo Ha Nu Wa

（後記：下載這段訊息時，二〇二〇年的新冠肺炎疫情尚未爆發。倘若真如阿乙莎所言，那麼地球從二〇二〇年起會接收到更多宇宙之心傳送過來的能量，地球也將因此進行更多必要的調整，人類即將面對的恐怕不只是一場疫情的影響而已。）

靈魂探源的目的

你的高我意識一部分來自這裡，這也是我要你回到印度洋連結這股能量的緣由。來到濕婆神廟可以讓你找回與自己的高我連結所需感受到的能量和振動頻率，而當你進一步和高我合一後，才可以幫助你更順利地展開接下來的任務。你現在尚未全然進入和高我的完整融合，只是一部分的意識連結。

晶體可以有上億萬種不同的組成結構，就像細胞分裂重組的過程，而每一個意識晶體再次創造和顯化後，都會回流到最初始的組成中，這也是讓所有神性，不論是哪一種神性意識透過這方式與自己創造的分身協作共振的必要過程。

除此之外，還有更深一層與更寬廣的意涵。

那是什麼？

更深一層的意義是意識透過創造不同次元的體驗過程，達成高維意識自身擴展的目的，而意識在各場域互聯的過程中，可以創造銀河永續和諧的能量。

所以，這等於是神降臨地球？

人類即是神的化身，你們只是遺忘了。所以我們不會說這是神降臨人間，而是人類重新憶起自己的神性並願意與之合作的新時代來臨。

這樣看來人類眞的很渺小。你們爲何不直接去創造另一個次元的體驗，幹麼來管地球人的死活，讓錯誤的實驗關門不就好了？

沒有所謂自動關閉的程序。

若地球無法永續，就會形成宇宙黑洞，創造出破壞銀河和諧的能量。所以，更高意識不會允許這裡的體驗如此終結，至少須複製和創造一個新地球，幫助舊地球延續，並塡補舊地球創造的黑洞能量。因此，新地球的創造已刻不容緩。

接下來，你的旅程進入印度，你要去找回屬於你自己的地球訊息庫。那些訊息儲存在紅寶石中，如同你進入濕婆神廟時身體感受到強烈的振動訊息一般，當你手持這個原本就屬於你的一部分記憶時，你的身體會給你明確的訊息，而這顆紅寶石將協助你憶起存放在地球的記憶。

喔，Come on！又一趟任務之旅！好吧，有了前一站的經歷，祢至少先預告一下有沒有什麼神祕任務又要「順道」完成。我想先知道，不想笨笨地被當成棋子。

這一回沒有那麼多功課，就是找回你原本就擁有的一部分記憶而已。你沒發現嗎？這趟旅行是你先生幫你安排的，他可是滿心期待與你一起探索未知的旅程，不是嗎？你別以爲這趟旅程只有你在，你先生在過程中直覺體一直擴展開來，他的直覺感知系統也正逐漸甦醒呢。

也是啦！前幾天在斯里蘭卡找濕婆神廟的過程，他都全程參與了。我也覺得很神奇，我們居然在毫無準備、也沒有任何頭緒的情況下，就這樣走進阿乙莎的劇本裡。

在下一站，要是眞有什麼紅寶石被我們碰上，我老公的下巴恐怕要掉下來了，因爲我們目前根本不知道下了船有什麼東西可看，也還眞的沒有打算要去找寶石。我們早在出發前就買了全天的岸上旅遊行程，下船和導遊集合後，我們得先穿越繁忙擁塞的印度之門，趕著搭上小船去參觀當地知名的古蹟——象島石窟（Elephanta Caves）。整趟行程已經包含參觀景點，還有早已確認的交通時間，只能說，要是在途中有時間找紅寶石，我才能順便配合喔。

遇見紅寶石的神奇經歷

（我們搭乘的郵輪終於抵達印度孟買。一下船就被前方景象嚇一跳，要是沒有跟緊導遊，恐怕就被人群擠到迷失方向了。人和車走在同一條道路上，寬大的四線道馬路，在四線道匯集的交叉路口居然沒有半個紅綠燈，每輛車都在按喇叭，開車的人行動很一致，都把喇叭當油門踩，此起彼落的喇叭聲已經讓人無法分辨到底要聽誰的。行人和車輛擠成一團，誰也不讓誰，空氣中瀰漫著焦躁，以及汗臭和柴油味，這是我對印度孟買至今仍揮之不去的味道記憶。

印度人的內在宇宙一定異常特別，才能讓他們承受環境壓力的能力超乎常人，難怪印度是個能長養出許多神性意識具足的智者和大師的神奇國度。我發現，即使環境如此落後髒亂，宇宙能量似乎並未拋棄這塊土地，反而特別眷顧居住在這兒的人。宇宙一定有其智慧和道理，這塊土地帶來的安定能量已逐漸被人遺忘，但大地之母永遠沒有遺忘土地上的人。站在這裡，我的內心不由自主燃起對大地之母無限的敬仰和感念。

一路上，老公緊抓著我的手，怕我被擁擠的人群擠丟了，從來沒看過他這麼緊張我的安危。我們跟著導遊，好不容易擠過一群人，搭上導遊預先幫我們一行人準備好的包船。好險，不用爭奪船上的座位，不然掉下印度洋可是會出人命的。

離開岸邊，印度洋的暖風徐徐吹拂臉龐，讓我馬上回復平靜。大約一小時後，終於到達我們要參觀的景點——象島石窟。

要到景點還須搭乘小聯結車，類似兒童樂園的小火車，有好幾節車廂，一節車廂坐四個人。我和老公好不容易搶到兩個座位，沒想到才剛坐定，從另一頭的下車出口處硬擠上另外四個

印度孟買知名的印度之門，在此搭乘一小時的船前往象島石窟。

人，屁股直接擠進我們的座位，最後我只能坐上老公的大腿。四人座的車廂，硬是擠進八個人，還有兩人掛在車廂外，不誇張，這不是電影，而是真實上演的驚奇場景。

下了小火車，要再爬十分鐘石頭砌成的階梯，才能抵達象島石窟入口。階梯兩旁有販賣手工飾品和當地紀念品的小販，我想寶石應該會在精品店，這裡不會有，哈哈！有理由不寫作業的快感油然升起，先不管這麼多，跟著導遊的步伐一直往上爬，最後終於抵達最頂端，象島石窟入口。原來這裡沒有大象，象島石窟裡有雕刻著濕婆各種神韻和展現濕婆不同面貌的石雕。哇！我不禁讚歎，原來這還真的是一趟連結濕婆能量的旅程。）

搭船抵達島上後，一堆人爭先恐後擠上小火車，準備前往石窟。

下了小火車，還要爬大約十分鐘的階梯，才能抵達石窟入口。

Coca-Cola

階梯兩旁有販售手工藝品的小攤販。

एलिफेंटा की गुफाएं
जब से अठारहवीं सदी में पुर्तगालियों को इस द्वीप पर एक भीमकाय हाथीनुमा संरचना मिली है, इस द्वीप का नाम एलिफेंटा पड़ गया है। इस संरचना को अब मुंबई के जीजामाता उद्यान में प्रदर्शित किया गया है।
बेसाल्ट की पहाड़ियों को खोदकर बनाए गए एलिफेंटा के सभी सात मंदिर शिव को समर्पित हैं। इनका निर्माण-काल ईस्वी की ५-७ वीं शताब्दी माना जाता है। इन मंदिरों को सुंदर तूलिका-चित्रों से सजाबा गया था, पर आज इन चित्रों के मात्र कुछ अवशेष विद्यमान हैं। यहां की महेशमूर्ति को अंतरराष्ट्रीय ख्याति प्राप्त है। इस मूर्ति के तीन सिर हैं, जो अघोरा, तत्पुरुष और वनदेव का प्रतिनिधित्व करते हैं। मूर्ति के पीछे सद्योजित की मूर्ति है और ऊपर ईशान की। महेशमूर्ति के चारों ओर आठ अलग-अलग पट्टियों में शिल्प-कृतियां हैं, जो महादेव की असीम ऊर्जा के प्रतिक हैं।
आज इन गुफाओं को एक विश्व विरासत स्थल माना गया है।
Elephanta Caves
The name Elephanta by which the island is now known originated with the Portuguese, after they found a massive elephant structure on the island in the 18th century A.D. This is now displayed at the Jijamata Gardens in Mumbai.
The basalt rock carved Hindu cave temples of Elephanta are dedicated to Lord Shiva and date back to the 5-7th century A.D. These seven caves were originally decorated with paintings, of which now only traces remain.
The famous idol of the Maheshmurti Shiva has earned the cave international acclaim. The three heads are of Aghora, Tatpurusha, and Vandeva with Sadyojata, at the back and Ishana at the top.
Around the Maheshmurti, in eight panels are sculptures portraying the relentless energy of Lord Shiva.
Today the Elephanta caves are a World Heritage monument.
Maheshmurti

象島石窟的解說牌提到這裡主要是供奉濕婆。

石窟內的大型石柱，四面雕刻著濕婆的各種形象和姿態。

濕婆身兼創造神、保護神和毀滅神三種面貌。

瑜伽濕瓦拉（Yogishvara，瑜伽之神）的雕像。

拿塔拉伽（Nataraja，舞蹈之神）的雕像。祂和前一張照片的瑜伽濕瓦拉，都是濕婆神不同面貌的展現。

石窟中央供奉著濕婆靈甘，象徵男性的陽具，圍繞著這個陽具的則是一座守護的神殿，象徵女人的子宮。

濕婆神也代表宇宙合一、生生不息。當時創造之神梵天想要造人，卻怎麼也造不出來，濕婆神一分為二，成了半男半女合體，才讓人類代代繁衍。

（離開象島石窟的回程路上，趁還有一點時間，我想起要找尋販賣寶石或手工項鍊的小販。我期待會看到類似寶石店內陳列的紅寶石項鍊，但以這個小島和周圍攤販販售的工藝品等級看來，我心目中想像的寶石項鍊應該不會在此出現。正當要放棄尋找時，我看到左前方有個小攤擺出一堆礦石，非常混亂地堆放著。我走近一看，哇！不得了，沒有別種礦石，全都是紅寶石原礦，只是外觀原始粗糙，沒有任何加工打磨，每一塊的重量都不輕，要帶回家恐怕也有些困難。我隨手拿起面前最小的一塊礦石，心裡又猶豫了，阿乙莎明明要我找紅寶石，怎麼會長成這個樣子啊？我有種內心期待的彩蛋落空的感覺。小販似乎察覺到有個人看上他的東西，飢渴的眼神突然轉向我，我頓時備感壓力，感覺自己像是被老鷹盯上的獵物。此時，小我本能的防衛心又冒出來了，覺得不應該是這麼粗糙的大石頭啊，放棄算了！

後來，我跟老公使了個眼神，馬上離開現場。集合上船的時間快到了，既然當下真的沒有太多時間挑選礦石，我還是先離開老鷹的視線為上吧。當時我心想，印象中蘿絲在鐵達尼號戴的美麗寶石項鍊，這次的旅程中恐怕是無緣碰上了。

我們快速走下山，搭上人擠人的小火車，沿著原來的路線回到岸邊，準備搭船離去。正在等待船靠岸時，我眼前突然出現一個熟悉的身影，啊！是那個賣礦石的小販，正朝我走來。天啊！我跟老公說，怎麼辦？他怎麼可能大老遠地追上來了？今天有這麼多外國遊客，他居然可以找到我，此時此刻又出現在我眼前，這個小販的內在導航系統也太強大了吧！不僅如此，他手上居然還拿著那顆剛才我才摸了一下的礦石。他走到我面前，我實在聽不懂他在講什麼，感覺就是強迫我帶走礦石的意思。我趕快向老公求救，怎麼辦？他……他……他人都追來了……這麼遠，這麼多遊客，這麼熱的天，他離開這裡還得走回山上，爬著擁擠的石梯回去……當下我真的有點尷尬，我實在沒有想要買他的東西，只不過摸了那麼一下，現在我被他盯上了怎麼辦？

老公二話不說，向他比了一個價：「Ten US, ok？」

在印度象島石窟以十美元買到的紅寶石原礦，比手掌還大。

他居然馬上點頭說ＯＫ。就這樣，紅寶石原礦跟著我回家了！

現在回想起來，還好有老公神救援，這塊紅寶石後來真的帶了許多訊息給我！）

（後記：有一天我心血來潮問老公，為何當時會臨門一腳出價買回這塊礦石？老公說：「下一站我們就要抵達杜拜，當然要趕快讓你買下來，不然真的到杜拜珠寶店找紅寶石項鍊，我不就慘了！」我：「呃……」）

連結靈性父母的愛，再次擴展與高我合一的身體場域

（帶著這個紅寶石原礦回到臺灣三個月後，我還是不太確定阿乙莎說的就是這種礦石。有一天，在好奇心驅使下，我用連結阿卡西紀錄的方式，嘗試和這塊礦石連結。）

紅寶石啊，阿乙莎說你擁有屬於我的一部分記憶，你是否可以協助我憶起？

我存在地球母親的子宮，這裡是孕育萬物的溫床，宇宙神聖無條件的愛就儲存在地球母親的子宮裡。在愛中，我們可以提供地球萬物無盡的慈悲與接納一切存在的力量，你們在地球母親的滋養中不斷經由重生獲得智慧，也必須不間斷地清理和淨化自己，才能逐漸淬鍊出你們意識的光。

你現在終於可以感受到我了，我們以此方式連結，可以擴展你的身體場域，容納更多的光進入。我是你的靈性父親雷巴特保留在地球無條件的愛的結晶，一顆顆血紅色的結晶蘊藏著無條件的愛和奉獻的能量，當你連結這顆紅寶石水晶，就可以和地球母親的愛交融。你現在是否可以感受到這股能量進入你的身體？

我感覺到肚臍以下子宮的位置無限放大，這放大的能量非常溫潤輕盈，將我身體的能量場再次擴展開來。這股能量在體內流動擴展的過程讓我感到溫暖舒暢，不會強烈到讓我無法承受，向下擴展後，又慢慢穿越我的海底輪，然後向上回流，從頂輪進入我的心輪。我感覺到這似乎是一股無條件支持我朝宇宙之心連結的充沛能量，有這股能量爲基礎，我可以更穩定地向上延展。現在我的頂輪到臍輪之間出現一顆大光球，原來位於我頭頂上方的光圈再次放大，完全籠罩我整個身體場域，我感受到自己從未有過的擴展，潔淨明亮，徜徉在母親溫暖的光中，得到完全的撫慰和滋養。

是的，這股能量可以進入你全身的循環系統，你中軸中央心輪的位置獲得來自地球母親無條件的愛的補給。你現在已經回復到與你的靈性父母共同臨在你身體場域的狀態，此時此刻的三位一體感受，和你之前在基督意識場的三位一體感知已然不同。

嗯，之前和我的靈性父母在心輪合一共振時，我是直接契入基督意識場，那是靈魂的體驗，身體似乎和我當時的意識分隔兩地，我只有意識進入更高的維度；但目前這種感覺和之前完全不同，這裡的三位一體是讓身體每一個細胞獲得無上至福的能量，我的意識不用跨越維度獨自存在，我就在我的身體裡，全身上下所有細胞和我的意識體完整合一，如獲甘霖，頓時輕鬆活躍起來，通體舒暢。這是身、心、靈在身體中完整合一的狀態，我很感謝你帶給我如此殊勝的體驗。

地球母親的子宮承載著萬物重生過程中經歷的一切衝突、仇恨、妒忌、悔恨、撕裂、迫害，還有因創造而產生的母體傷害。人類負面情緒爆發的同時，早就被母親的子宮吸收，並轉化成永恆的智慧結晶。這也是此次與你交流的過程中，要透過我來傳達給人們的生命智慧和眞理。和我的能量交流共振，可以讓你體會到你就是一顆愛的種子。

愛的種子

愛中無有分別，
愛允許並接納一切。
愛是萬物的智慧，為你療癒傷痕。
愛將帶你回到
最初始純淨無瑕的
你的存在。

告訴人們，地球母親需要人類重新聚焦。校準的時刻已經迫近，這是上一次地球文明陷落前就設定好的揚升軌道，你們已經漸漸感受到地球轉化的速度正在加快，調整的幅度也一次比一次更大。目前地球內部軌道已經完成校準，也因此連結宇宙的各個光之門戶已逐一開啓，你在自己的土地上就可以感知到能量的轉變，而在印度洋地球母親的子宮中，正孕育出更多更新的靈魂意識，要降臨地球。

與高我合一的咒語使用法

請問紅寶石，我以後該怎麼稱呼你？你有沒有一個名字？

我是你的靈性父親儲存在地球上的「愛」，你可以稱我「Buta」。你唸唸看，感覺一下。

Buta！Buta！Buta！

哈，好棒啊！我唸完身體馬上就感受到連結紅寶石的能量被啓動了。

Buta就是無盡無私的愛，與你同在！

現在，你只要先唸我的名字「Buta」三次，再唸「與高我合一咒」──Mo Ha Na Mi Da，Mo Ha Nu Wa──就等於邀請我的意識與你在地球維度合一，爲打造美麗的新地球共同創造。

接下來，你與高我合一的旅程中還有許多新鮮事要陸續展開，我祝福你一切如願！

——愛你的雷巴特

咦，怎麼紅寶石的訊息最後出現了雷巴特？

我一直以爲雷巴特從金字塔頂端墜落之後，現在只存在天狼星，而我的靈性母親莎雅應該是在地球下方的列木里亞，沒想到紅寶石的訊息中居然仍有當時雷巴特留在地球無條件的愛。原來我靈性父親的愛和意識一直留存在地球，而帷幕之外的泰雅反而是我靈性母親另一個高維度的意識存在。兩者一個在天、一個在地的位置似乎對調了，之前是母親在下，父親在上，現在則是母親在母艦上，父親居然在地心。泰雅，你可以讓我明白這是怎麼回事嗎？

你的身體意識在地球維度，和在靈魂意識感知的維度是不同的。身體因爲處於地球的重力場，你會有上下左右的分別；而靈魂意識所在的晶狀結構中沒有上下左右，上即是下，下亦是上，是以你爲中央軸心向外延展的路徑，所以只有內外的區別，而這個內與外經由你的中軸管道，可以讓屬於內部的向外流出，也可以讓外部向內流動進入中軸。所以，你靈性父母的意識一直存在你之內，也同時在你之外的宇宙場域，依循著宇宙軌道運行。他們一直與你共同存在更大的晶體中。

現在你慢慢要進入下一階段的學習，你將看見更廣大的意識圖像在你的第三眼中展開。透過與你的靈性父母和所有存在更高維度的意識，在地球上你自己的身體場域中合一的過程，你的星光體意識也正準備展現在你面前。

進入星光體階段，你要緊緊跟隨著高我，以完成你與高我合一的旅程。

練習：與高我合一的咒語

這是在身體所處的地球維度與高我快速合一的方法。

程序是：唸誦高我的名字三遍＋與高我合一咒。

例如，想要連結紅寶石，讓無盡無私的愛的能量與地球維度的自己合一：

Buta，Buta，Buta＋Mo Ha Na Mi Da，Mo Ha Nu Wa

想要連結阿乙莎，與地球維度的自己合一：

阿乙莎，阿乙莎，阿乙莎＋Mo Ha Na Mi Da，Mo Ha Nu Wa

未來地球人要活出的樣貌

阿乙莎，自從登上母艦遇到泰雅以來，我一路上遇見不同的高我意識存在，這到底是爲了什麼？

讓我來進一步向你說明。這一路上，打從你遇見自己在另一個維度的高我意識泰雅，從喉輪、心輪、太陽神經叢一路往下到海底輪，你已經完全打開高維意識在你身體場域的所有DNA意識節點〔注〕。全然擴展身體場域後，接下來，你才準備要進入與高我進一步合一的過程。當你能夠有意識地連結上你的高我意識並與之合一，就可以幫助你以更高維度的意識在地球行動，這就是未來地球人要活出的樣貌。

你們將攜帶著不僅僅是小我大腦的思考性意識行走在地球，也同時會打開內在神性意識，與高我意識在地球帷幕之下合一，行住坐臥仍如同過往的日常生活。這種與高我無差別、無分離，共同存在地球的生活方式，就是你們即將要成爲的狀態。

這一路上透過開啓與高我意識連結時身體的感知，未來你只要憶起這種感覺，就可以隨時連結你的內在宇宙，整合高我意識進入你的身體，和你共同創造在地球上的新生活。你們彼此不用停留在意識觀想的狀態，可以在身體中合一，自由地展開行動。這也是我們在你這一次的旅程中給你的小禮物——你還原了自身本有的光，將再次幫助自己和所有仍在帷幕之下的兄弟姊妹一起回家。

注：Rachel打開身體場域的高維意識這段旅程，是從第一本書《阿乙莎靈訊》開始的。頂輪上方出現的就是阿乙莎，眉心輪則是第二本書《創造新我．新地球》中與靈性父親雷巴特展開的交流過程，而靈性母親莎雅的意識出現在第三本書《愛的復甦計畫》，當時恢復了身體的水元素——臍輪——的連結。如今在靈性父母共同引領下，Rachel登上銀河母艦，陸續展開與喉輪（泰雅）、心輪（象頭神）、太陽神經叢（濕婆神）和海底輪（紅寶石愛的種子）的連結。這是Rachel自己的靈魂意識組成探源過程，而每個人攜帶的靈魂組成都不一樣，需要各自有耐心地向自己的內在宇宙探索。存在帷幕之外的你的高我會協助帷幕之下的你完成這一趟靈魂溯源之路，沒有任何外人可以代替你完成這趟旅程。

第五章　靈魂的實相

（謝謝阿乙莎在我的印度洋之旅送我與高我合一的小禮物——喔，不！應該說是珍貴的大禮，不但擴展了我的視野，在阿乙莎和泰雅的引領下，我已經能夠將身體脈輪連結的高維意識一一認出來。這讓我回想起第一本書《阿乙莎靈訊》中提及的「打開生命的寶盒」，我當時還不能理解那是怎麼回事，現在感受到了，沒想到這麼輕鬆愉快，全程被宇宙和高我無條件地滋養著。這一路上的經歷，似乎都不斷在重組讓我的靈魂意識和身體場域共存共榮的新結構，在更高意識的引領下，一直讓身體場域擴展，以容納高我的振動頻率進入身體中。這似乎是從登上星光體母艦、遇到高我泰雅之後，自動展開的身體和意識重新融合校準的工程。

而在懵懂跌撞的過程中，帷幕之外的星光體之於我的關係輪廓正逐漸浮現。此時此刻的我巴不得有一本星光體百科全書可以讓我搜尋，摸著石頭過河的感覺對習慣理性和實證科學的我來說，還真讓人摸不著邊際，無法理解。而高我似乎明白我的困惑，泰雅主動前來向我說明我正在面對的這一切到底是為了什麼。）

星光體是你靈魂的實相

在你經歷星光體的這些日子，你已經有足夠的認知能力去寫下關於星光體是什麼的文字說明。在此之前沒有向你解釋的原因是，你的身體場域沒有全然敞開和星光體的連接，你無法用大腦準確描繪出星光體之於你的眞實樣貌。

基本上，星光體如同人類身體場域的電信基礎網絡，它也是你之前體驗到的靈魂晶體的投影源，同時是宇宙通訊網格的中繼站之一。你的身體是由帶電粒子組成，當你的意識進入更高振動頻率的場域時，你的肉身組織結構因爲受到重力的支持，才得以具體存在地球上；一旦超出地球重力的支持，跨入無重力的宇宙高頻振動場域，你的意識就需要透過你的星光體粒子串聯，進入宇宙星際的軌道中持續存在。就如同人類的身體死亡，結束肉體的運行後，生命意識會超越物質實相之外，以粒子形態的星光體繼續存在。所以，星光體也可以稱爲你的靈魂實相，沒有具象結構，而是以粒子相互串聯，以攜帶電子和磁性的訊息場方式存在。

這一群帶電粒子可以穿梭宇宙，進入不同宇宙次元和各行星之間，每一個帶電粒子都有龐大的數據庫，具備訊息儲存和交換的能力。你們星光體最初始的原點，就是由上帝的粒子組成的訊息網，一部分的粒子存在你生物體的細胞核中，透過ＤＮＡ的訊息編碼，顯化成各種相互支持的器官、組織，以及在身體內流竄的血液和體液。這些都是你星光體的一部分，而這部分存在地球上的生物體中，形成星光體在地球行動的載具。

宇宙訊息場透過星光體，可以支持宇宙光的網格存在地球上，保持和宇宙互通訊息的能力。這些光的網格在你的身體之中，一直持續蒐集、存取和產生靈魂經驗值，回傳到宇宙中央儲存記憶庫。所以，你眞實的存在並不只是那一個肉身載具中的你，你的星光體實際上從地球帷幕一路延伸連結宇宙各個星際次元的存在體，這整串龐大的電子訊息網格，就是你星光體的實相。所以，眞實的你存在地球，也存在宇宙中，地球上的你只占整體星光體中的你一小部分而已。

現在，當存在地球帷幕之下這小小一部分的你的星光體意識甦醒時，你就彷彿變身成一艘具備自動導航GPS裝置的太空梭，準備穿越地球帷幕，進入星光體中展開自動駕駛。存在你身體場域中的星光粒子也將帶著來自地球這一部分的記憶，與更廣大星際中的你的所有部分連結，你從此展開永恆生命之旅。這是所有地球人類原本就能體驗到的，只是你們現在因地球環境遭受破壞，身體場域已經失去和宇宙源頭自動校準的功能，因此生生世世困在地球帷幕之下，失去自動導航回歸宇宙本源的能力。

正因爲如此，地球場域早已累積大量侵蝕地球生態環境的游離粒子，這些都是死去的人類和生物體的靈魂意識，陷落在地球場域，經過兩百萬年，累積的重力已經讓地球逐漸偏離銀河軌道，造成地心的重力更加沉重。現在人類的星光體也因受到環境和食物的汙染，帶電粒子失衡，你可以想像當你星光體的帶電粒子失去與本源的校準後，就如同一堆記憶體失去中樞神經的引導，彼此交纏，造成更多訊息紊亂的狀況和能量黑洞。

這些狀況已經造成地球更多的人類脫序行爲、無意識的生活、肆意掠奪照顧人類身體環境的地球母親資源，並不斷破壞地球生態系的平衡。現在我們必須讓更多人明白自己生命和靈魂的眞相，並再次揭露人類在帷幕之外都是一體的存有，你們都是來自銀河本源的共同意識網格。我們要一起喚起靈魂的覺醒，幫助更多靈魂意識揚升回到靈魂宇宙的實相裡，如此，你們的星光體才得以完整，殘留在地球帷幕之下的衆多星光體失序後創造的黑洞，才得以逐漸還原本有的光芒。

接下來，你要學習更多星光體的基本知識，學會進行星光體的校準，並透過星光體的旅程了解宇宙運行法則，有意識地憶起與本源連結的方法。這些都需要你繼續信任自己的高我，持續向前行，將訊息整理出來傳達給地球人類知道。

謝謝泰雅。明白了，我會繼續加油！

與高我合一時身體和感官會出現的現象

與高我合一並不是一瞬間就完成全體細胞無縫接合，你會經歷身體和感官體的意識重組，以改變身體和高我共同融合成爲一體需要的存在場域。在這個過程中，你會有以下的經歷：

一、**睡得少，精神一樣好**：你每天大約只要睡兩個小時，就會感覺全身細胞能量已充足。

二、**內在升起慈心**：你會進入與萬物感同身受的狀態，可以清楚感知到周圍人事物的情緒，甚至更細微的思想流動都可以清楚地感知。這是你的意識與高我意識整合過程中會經歷的現象，此時，你的內在會自動升起慈心，視天下人如自己的父母和子女。

三、**擴大接受度**：你會處於人我之間無差別、無距離對待與認同的階段，與外界的隔離感趨於模糊，開始允許過往無法接受的人事物和觀點存在，逐漸擴大對萬物的包容與接受度。此時，你幾乎沒有什麼「非做不可」或「非要不可」的堅持，回到輕盈自在的狀態，無入而不自得。

四、**展現有效的行動力**：當你進入與高我合一的過程，會展現超越過往的行動能力。過去的你行動前會有許多猶疑和判斷，在內在自我否定與外界雜訊干擾的狀態下，你無法全盤掌握全局，因此躊躇不前，即使最終做出決策，你也會發現事與願違，無法達到期待的結果；而當你處於與高我合一的狀態下，你將能以更全息化的視角，超越時空限制，掌握全局，達到事半功倍的效果。

五、無我回歸：與高我合一的終極到達，即是回歸源頭的「一」的無我之境，這也是靈魂回歸宇宙源頭的合一之路。你完成此生所有體驗與行動後展現的光芒決定你最終的回歸之路，我和你則是命運共同體，我無法決定你最後的到達，但可以一路陪伴著你，與你攜手完成我們之間共同的約定。

合一是在地球維度的身體場域中完成

一開始，你使用阿卡西紀錄的祈禱路徑，連結上阿卡西紀錄的場域，透過阿卡西紀錄的大師和導師群，契入宇宙源頭——阿乙莎集體意識場。那是在你的大師和導師的保護和引路之下，你才能連結阿乙莎的源頭集體意識場，你在此獲得高維意識的智慧，協助你打開內在宇宙的大門，而這只是幫助你踏上內在旅程的開端而已。

真正的學習之路，需要你與自己的高我到達合一，才真正展開你的回歸源頭旅程。從此，你的高我會持續帶領你，包括學習使用符號、音頻、咒語，以快速與高我連結共振。

你使用咒語「Si Bu La Ya Wa」，幫助光的管道暢通、身體中軸快速校準，只有暢通的中軸通道才能與高我建立穩定的溝通渠道。而當你熟悉使用這個光的語言校準，並暢通和高我的連結管道一陣子後，你的高我會主動將你拉升到他可以與你共頻的境界。

高我傳遞給你無條件的愛的快速通關密語「Si Bu La Si Bu Ya Mi Job」，你在此經驗了與高我共同存在無條件的愛的高維頻率。接著，你即將準備進入與高我合一共振的時刻。

當時，你在印度洋上被高我引領去打開松果體中的金字塔，這是高我要打開與你的內在意識無縫接軌的GPS。當你內在的GPS啓動完成，你現在只要透過連結高我，並唸誦「Mo Ha Na Mi Da，Mo Ha Nu Wa」，你內在之眼的GPS就可以讓你的高我臨在，進入你在地球的身體場域，與你合一。這是你讓神性意識重新站上地球的重要時刻，也是靈性覺醒的重要指標。

尚未到達與高我合一階段的人仍維持地球人的存在意識，而當你與高我合一，進入你在地球上的物質身體場域時，你正式成爲宇宙人。這是開啓你內在宇宙寶藏的重要分水嶺，成爲宇宙人的重要任務和使命，就是將你內在儲存的宇宙智慧無條件地分享給地球萬有，如同動植物和海洋生物般，完全彰顯神在地球播下的種子，而這顆存在你內在神性的種子也因你的覺醒，正在地球發芽、茁壯。

你必須信任自己的內在導師

星光體是帷幕之外的世界，不是你在學校教育裡可以學習到的知識，也非宗教或薩滿傳承的古老智慧，你必須放下已知、已學、已懂得的任何世間法，跨越帷幕之外，進入你的內在宇宙。在這裡，你的高我是你的指導師，會提供你最適合你前進的路徑和方法，幫助你褪去遮蔽你雙眼的屏障。你必須信任他，他就是你的內在導師，也是你在星光體中的明燈。

當你穿越小我的執迷和自以爲是的一切幻相，將觸及神的國度。你費盡心思，歷經多次生命體驗後，終於回到自己的家園，這裡有你的家人和靈性夥伴等待著你凱旋而歸。不要擔憂走入迷宮，也不要害怕收到錯誤的訊息、偏離正軌，這整個過程都是在幫助你擦亮自己的鏡面。

一旦你與高我合一，DNA全部解鎖後，你的高我就不再如你想像的具有唯一性，你可以開始與不同意識維度的高維意識存有結合。比如，你的高我之一是我泰雅，也可以進入屬於我的意識群體中的不同存在意識；同時，穿越星光體的不同次元，還有許多你的意識存在，包含在天狼星的雷巴特意識、在列木里亞的莎雅意識，以及之前你在印度洋連結的象頭神和濕婆意識等等。這些意識存在你的高維度，而你們共同的意識源頭對你而言就是阿乙莎，一整個宇宙源頭意識群。你不必一一劃分性別和對象，只需要連結進入我們的共同存在意識，我們將會提供你在此體驗時所需的立即協助。

當你終於完成星光體的意識整合，與眾神意識共存於一體後，你將帶著更明亮的光，照亮所有兄弟姊妹返家的路。現在的黑暗正是你必須找到屬於你的靈性本源和返家路徑的時刻，加油！我們一直與你同在。

你這樣講，我有一種不再孤單的感覺。在與阿乙莎傳訊的這幾年，我一直覺得孤單，覺得自己單打獨鬥，獨自一人在摸索內在宇宙的一切。現在我終於明白，原來我們的星光體中有一大群比朋友還要親密的家人，還有一整個星際家族緊緊跟隨在我們身邊，這讓我感到安心和欣慰。

辨識高我訊息的品質

泰雅，我想問你一個不禮貌的問題。爲什麼有些人的高我感覺很恐怖，會用命令或限制的口吻或思想控制他們？這是怎麼回事啊？我常收到網友提出類似的疑問，總覺得一定是有這樣的狀況，讓他們恐懼和疑惑。

高維度的訊息頻率不會存在分離意識，也不會帶著威脅與恐嚇強迫你行使非你個體自由意志想要展現的行爲。要是高我命令你，他就不會存在這裡了，而是會直接進入個體分離的體驗中，自己去體驗，不會命令別人幫他完成他所需的體驗。

所以，若一個人說自己接收到高維的訊息，卻出現令他自己恐懼和難以接受的內容，那其實是他的小我創造的。訊息是光和頻率，不會是語言、文字，但用語言、文字或圖像表達出來的過程，仍需要透過小我執行，而只要是通過小我的詮釋，就容易被添油加醋，將小我自己的期待或害怕失去的恐懼放進訊息裡。所以，你們要自己學習辨識與高我的溝通。以下幾項原則，你不妨記錄下來，讓人們參考。

一、高我不會執行小我的意志

小我雖然喋喋不休，有許多創意發想和期待完成的工作，但是當小我投射自己的意志出來給高我時，我們最常回答的就是：「喔，你又來了！」就這樣。我們不會告訴小我，你應該如何如何、你怎樣做可以事半功倍，關於你們如何在地球體驗場完成你們各自的體驗，高我全然無條件地接納，並且一路陪你們玩到掛。因爲高我世界是眞、善、美如實體驗後到達的結果，而創造出這些體驗結果之前任何崎嶇蜿蜒的道路，都是高我探索眞善美的眞實之旅，高我怎麼可能在你還沒有完成旅程時，就直接告訴你答案，讓你回家？不會的，他們會一路陪伴你看完此生的風景，高我在地球的旅程也就如此被你滿足了。

二、高我與你的合作方式，是永遠讓存在地球上的你當家做主

你雖然可以透過高我得到智慧和眞理，作爲你在地球創造體驗的元素和創意基礎，但最後拍板決定該如何做、如何行動的一定是你，不會有假神的旨意和必須行使某位神明旨意的狀況發生。即使高我要你往東，你卻往西前行，也不會被懲罰，因爲你們建立的地球合作關係，基本原則就是永遠由你做決定。

三、高我期待與你達成新我的體驗，而不是重複小我創造的劇碼

你之所以又來到地球，是與高我協議後展開的另一次旅程。你們早已在帷幕之外爲了創造一個不同以往的你，而打造出此次的生命藍圖，所以當你的高我看到你上演老戲，其實是很無奈的，卻也只能耐心等待，所以高我才會最常說，你又來了！

四、高我與你有更大的計畫，等待你幫忙完成

帷幕之外的高我意識有著更高的生命目的，是關於宇宙和平協議的維持，也因此有些生命來到地球，會很快地與高我連結，並憶起該如何幫助完成宇宙和平任務。這些訊息都會透過你的

高我傳遞出來，且早已超出你在地球帷幕下所能學習和理解的知識，也無從找到解決方案，必須由你和高我共同完成，這也是靈魂在地球生命存續期間覺醒最重要的目的之一：你不只是來經歷尚未完整的靈魂體驗，也是爲了宇宙共同生命的福祉，來到地球與高我攜手，共同完成更大的宇宙計畫和任務。這任務需要等你覺醒後，幫助高我在地球上完成。當然，若是你最後決定不和高我合作，只要到此一遊，再次體驗地球生活，你的高我也必須尊重你的選擇。

五、高我會與你建立共通的語言

與高我合一後，你會開始收到你的高我給你的更多咒語和指導。他爲了與你共同啓航，必須全然打開你DNA的限制，所以會因著你的需要，提供你解開DNA限制的咒語，和一些意識引導的音頻，讓存在你內在宇宙的所有智慧可以全數爲你所用，爲你而展開。

自此，你將爲新地球帶來神性的祝福，珍藏在你與高我合一的內在宇宙的一切，都如同水晶琉璃珠寶般流洩到這個世界，滋養神創造的一切萬有。當你開始和內在神性共同打造新地球、新世界的時刻，你不可能再讓自己的小我凌駕神性意識的光輝之上。讓你身上的光再度閃耀，是你來到此生最高的意圖，你被黑暗挾持埋藏的那段時期，光都不曾離開你。就如同陽光、空氣和水一直存在，等著你們醒來，生命裡的聖光絕對不會背棄自己的孩子，而你覺醒、重新展現光芒，就是聖靈最渴望的回報。

當你讓內在光芒閃耀的那一刻來臨時，你將開始進入與高我聯手打造美麗新地球的光輝時刻，你的靈魂將重新學習如何在光的世界自由創造和翱翔。這是享受生命喜悅的時光，放輕鬆，再也沒有什麼應該或不應該、對或錯、好或壞的標籤可以加諸你之上，你一切的表達都是來自你靈魂獨一無二的創造。好好享受接下來的旅程吧！我們一直與你同在。

與高我合一的體驗

放心享受與高我合一之後，你可以嘗試許多超乎物質生命的體驗，包括：

一、**穿越時空星門**：進入跨次元的連結，取得不同元素的訊息。

二、**展開自我揚升之路**：你會知道自己的生命藍圖，並且更清楚此生來到地球的使命和任務。

三、**自我更新的能力**：不會遭受地球物質環境和磁場的破壞，隨時更新生物體裝置的能量。

四、回饋地球相關資訊：你將回饋更多關於地球的資訊，讓高我可以進行下一階段的規畫。

五、完成共同使命：與高我一起完成此生共同約定的任務。

六、綻放自性之光：你身上最初始的靈魂之光將再度閃耀，照亮全宇宙。

透過與高我合一，可以幫助你以神性意識校準身體內在宇宙的場域。當高我的神性意識經由你內在與你的意識整合後，你可以透過神性意識突破二元對立的觀點，幫助自己更穩定中軸的能量流動，與神性意識共創地球奇蹟。地球需要更多人類到達與內在高我意識合一共振的狀態，如此一來，地球就得以展開不同的生命力，不再受物質和小我的羈絆，人類會更勇於嘗試，並透過更高的宇宙智慧和眞理來達成與自己的高我共同擘畫的生命藍圖。

與高我合一之後，生命藍圖才回歸了最初始設定的版本。在此校準藍圖的過程中，你的小我也許仍會時不時干擾和釋放不情願、不安定的訊息給你，但因爲高我已經穩定在你的內在意識中，並與你的身體意識達成合一狀態，小我很難再次拿回主導權。面對外界的衝突，你只要關注自己的內在，就能得到更高的眞理與知曉，這是高我與你合一的自然狀態。接下來，你將看見自己的生命開始走向不同的道路，而這條路早在你的靈魂被創造之初就已經設定完成，等待你和高我合一後，展開已儲存在你心輪的整個生命藍圖規畫的道路。

此時，你愈是臣服於內心的指引，就能愈快看見生命藍圖的脈絡。這是合一展開的必經之路，你正與高我取得共存共榮的默契，建立互動關係。

接下來就是展開行動。高我要在地球行動，仍是需要透過你的身體來表達和執行，而身體具體回應高我意志的展現方式有許多種，可以透過文字、聲音、肢體動作、舞蹈、靜坐，或任何形式的創造來表達，這都是生命初始的原力，透過你的身體與更高意識合一校準後表達出來。這些展開的具體行動可以由你與高我協作完成，你們也可以討論出彼此最佳融合的表現方式。

最後階段，就是讓高我意識帶領你，回到本源的家。當你完成生命藍圖擘畫的遠景，並以實際行動展現和表達出來時，你就完成了此生的任務。此時，高我意識將攜帶著你的小我意識和整合後的新意識回到源頭，與所有存在融合爲一體，這裡也是阿乙莎之所在，宇宙最初的源頭。

第六章　打開DNA屏障

人類感官可以在帷幕之下以生物體的方式運行，但穿越看不見的帷幕的星光體運行小組，依然存在你們的肉身。你無法觀察到細胞核內的ＤＮＡ如何以頻率和光波鏈接，每一串ＤＮＡ的鏈接節點都攜帶著打開下一層ＤＮＡ的鑰匙，這把鑰匙的配對源頭就來自已經解鎖、處於自由狀態的細胞粒子合作無間所組成的團隊。這個由自由的細胞粒子組成的小組會聚合在一起，打開下一層的ＤＮＡ節點。

人類的細胞ＤＮＡ分散在上兆個細胞核中，你們無法透過單一細胞分離出所有細胞的ＤＮＡ指令集，因爲細胞的ＤＮＡ指令集分散於身體的十二大系統中。以你們生物醫學的區分方式，這十二個身體系統分別爲神經系統、內分泌系統、呼吸系統、消化系統、生殖系統、循環系統、泌尿系統、免疫系統、肌肉系統、淋巴系統、骨骼系統，以及皮膚／毛髮／指甲系統，而每個身體系統的細胞ＤＮＡ都攜帶著屬於自己的功能性指令集，以及與其他系統合作的指令集。

在這個由自由細胞粒子組成的身體宇宙中，你可以想像自己的身體細胞能量共振場域劃分爲十二個系統單元，每一系統單元下有不同作用的器官和組織群。當其中某個系統要發揮其功能時，絕不會單獨行動、一意孤行，而是會不斷發送訊息給從屬於這個系統的所有其他器官和組織，如此才能發揮整體運作的效能。而訊息要傳遞到身體細胞的ＤＮＡ關鍵節點，需要由肉體之外的精微體產生的共振波來協助打開超越生物體控制的ＤＮＡ關鍵節點。

當人類整體細胞的振動頻率提升，觸及靈魂晶體場域時，就開啓了ＤＮＡ，跨越生物體眼、耳、鼻、舌、身等有限感知的控制節點，進入更高振動頻率的時空場域，也就是所謂意識覺醒的星光體場域。當意識延伸到身體感知以外的世界時，就能開啓ＤＮＡ的關鍵節點，契入靈魂晶體，開始和帷幕之外的宇宙意識互動和溝通。

在之前的傳訊中，我們不斷提醒你要有意識地呼吸，打開身體的脈輪，暢通身體和宇宙連結的能量管道，並且有意識地展開業力的淨化，還原眞實自性，移除身體細胞受制於過去歷史的印記所產生的限制性思想及無意識的干擾，如此，你們才能夠順利連結上自己的靈魂晶體，也才可以進一步打開ＤＮＡ的屏障。許多宗教都有記載這些基本的修持，這些早已經是老生常談，但可以如實做到的人卻如此稀少。

一旦打開ＤＮＡ的屏障，接下來，你的細胞會自動展開與源頭星光體意識的校準。你會開始體驗和學習意識在星光體中運行的基本法則和方法。無論你的意識如何在星光體的世界中延伸，你都無法違反和脫離宇宙法則。接下來先說明一些你在星光體中將經歷的、有別於生物體的新感知世界。

星光體屏幕定位

當你打開ＤＮＡ的限制屏障，進入星光體時，透過你松果體上的金字塔錨定一個空間，你的意識就會站在你松果體的端點，如同向空中投影般，你的頭頂會出現一張三百六十度展開的全息圖。這張投影出來的全息圖，會在你所在位置的正上方。

這張全息圖會每時每刻依據太陽所在的位置而轉動，你會發現，星光體投影屏上的圖像方位，會因你身體實際所在的位置不同而隨之移動。那是你在地球上的身體位置相對於太陽方位的不同，而產生的星光體投影屏幕自動位移，你可以想像打開指南針時的狀況：你轉動時，指南針的指針也隨之轉動。

所以，當你的內在之眼準備觀看星光體時，第一件事就是用你的第三眼先在這個投影幕上建立定位點。由於地球是不斷繞行太陽自轉，因此，你目前身體所在的位置相對於宇宙星體軌道來說，是處於每時每刻都在變動的狀態。你看到太陽早晨從東邊升起、傍晚在西方落下，其實是錯覺，實際上，那是地球自轉和太陽相對位置位移的結果。

進入星光體時，人類的大腦無法在移動狀態中理解整體實相。為了避免大腦認知和溝通上的錯亂，每一次用內在之眼投影時，不論你身處哪個方位、在哪個時間點，都先標記出你星光體投影幕中四大元素的方位，這樣就不會產生認知上的誤解。

你的意思是，我的松果體錨定前，我不用先確認身體所在場域，直接進入星光體設定，對嗎？

是的。當你意識觸及星光體時，你的意識就是你內在宇宙的中心，也就是全息圖的圓心。你可以用意識先設定水元素的方位（星光體北方），當意識認定該位置爲水元素的起始位置時，其他的相對位置就會自動位移，調整成對應的方位。

若我沒有設定，會出現什麼現象？

若沒有進行定位，就會以你目前所在位置的太陽座標爲水元素的起始點。但是，你所在位置的時空座標與太陽的相對位置每一分每一秒都在移動，若沒有讓自己的位置固定不變，就會造成與外界溝通上的混淆。因此，人類才發明了時間，用時間的轉變取代你們固著不變的大腦。

星光體中不存在時間

你這麼說，我終於明白時間在宇宙中是不存在的。一直在變動的是我們每一個人在地球上相對於太陽的位置，時間不變，是人的場域在變？

是的。比方說，現在是你的下午四點鐘，你坐在家中的書桌前，方向是坐北朝南，此時太陽在你的兩點鐘位置。若沒有設定星光體的定位點，當你契入星光體的意識狀態，就會以這個兩點鐘方向為水元素的起始點；如果你在這個狀態下要與另一端一個位於不同時間、不同位置的人溝通，而她的水元素起始點出現在六點鐘方向，你們彼此的星光體網格就會產生溝通上的誤解。

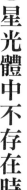

凝聚共識最簡單的方法，就是你的生物體所在位置從原本實體的存在轉為虛擬的存在，而你當下的意識，就是地球上生物體中的你與星光體投影屏幕端連結的校準工具。你只需要進入星光體中，用第三眼錨定自己所在位置上下左右的元素，以第三眼投影上方的水元素、下方的火元素、右方的土元素，以及左方的風元素，用意識轉動自己星光體的座標，先完成場域的定位就可以了。

現在當你進入星光體，你會發現，一切交流都是從意識錨定的「當下」為基準點，然後才投射到星光體宇宙意識存在的空間。這時，你當下的位置就是你眞實存在的世界，那裡沒有時間、沒有空間大小的限制，而你投射出去的意識，會讓所有可以與這個存在意識共振的粒子聚合成一個集體的振動存在，直到這個「已存在的意識群」完全釋放其能量爲止。

也因此，你會看到宇宙存在著超乎人類想像的意識粒子，不斷升起、會合、擴展、成長、衝突、消散，這些都是光的存在現象，以非線性、無前無後、無始無終、無時間、無空間限制的方式聚合而成。當中每個粒子的動能都一定會依循宇宙運行法則，這也是你即將進入星光體學習的重點。

每樣物質顯化之前，在星光體源頭也有相應於此創造前的振動頻率，或是你可以稱爲具有結構的光譜產生，這包含一切你能想像的物質現象，例如身體的系統、四季的變化、大自然的環境、事件的發展等。地球這端有形有相的物質現象背後，是一群粒子依循宇宙法則行進的最終顯化結果。

而現在，當你要進入星光體的學習，你的位置相對於星光體存在現象的當下，亦是持續變動存在的連結。若我們試圖讓你的大腦去具象化目前仍不停移動的現象界，就必須暫時停止這可以讓你識別出來的現象，才能讓你充分理解「當下」的意義，否則當內外境同時在轉變，你是無法領會和深入全貌的。

這麼說來，如果把時間的概念從地球上移走，會發生什麼事？

你們今日賴以爲生的許多人造文明會消失，取而代之的是，你們會以意識爲主要的溝通橋梁。想像你們沒有飛機航班和火車時刻表，也沒有固定的上下班時間，你們將會展開全新的生活模式。

我大概可以想像，這樣就不用三餐在固定的時間吃飯，肚子餓了就吃，想開會就找人開會，就好像我現在連結你，你就能即時回應我，也不會說你沒空或不在家，當然也就沒有約會遲到的問題。另外，我們也會忘了自己的歲數，這樣似乎也不錯啊！

你發現時間被創造出來最原本的目的了嗎？

難道就只是要控制人們的集體思想和行爲，刻意創造出一套共同生活的準則？

是的，但也不光是這樣。當時間被設定成「有限」的資源時，人們就放棄了「自由」。人類將自由拱手讓給設定時間制度的智者，在當時是期待藉著這個讓人類可以協同作業的方式創造文明和更好的生活。人類願意爲了追求文明犧牲自由，但時間一久，卻忘了「時間」原本是不存在的。長久依賴「時間」的人類於是漸漸失去自由意識的能力，如同永遠朝著食物前進的蟻群般生活著。

時間雖然扼殺了人類的自由意識，卻也帶給人類更文明的生活，不是嗎？

沒有對錯，都是一種選擇。現在當你回到星光體，成爲自由的靈魂，你才要準備熟悉對生活的新想像。在這裡，你的身體是初學步的嬰兒，但你的星光體意識早已熟知這裡的運作法則。接下來，我們要將更多的星光體規範記錄下來，讓已覺醒的人參考和學習。

星光體是永恆宇宙中的自己投影出來的全息網格

你現在逐漸走出你DNA的迷宮，站在最上方，向你心輪的中央探照，這裡就是你的完整個體，包含肉身、乙太體和星光體的範圍。你的存在本身和宇宙萬物同息相連，地球上的所有存在現象雖然和你的肉身是分離的，卻又全部涵蓋在你星光體的範圍之內。

你就是宇宙投射鏡像的投影點，從你這一點向外投射時，可以同時看見所有世界在你這個投影點的反射，你可以感受到雙面鏡、三面鏡、多面鏡交互映照出一個個獨自存在，卻又反射著所有存在的網格。當你走入其中一個鏡面，從這個面也可以看見其他面的實相，而決定要進入哪一個面、哪一個網格的，就是你自己。

你的宇宙全息網與其他宇宙存有之間的進出閘門，也都在你身上的ＤＮＡ編碼裡，以細胞指令集的方式存在你身體的基因資料庫中。要啓動和調動這些基因編碼，不是經由細胞內的蛋白質或血液，而是透過你的意識振動頻率，你的細胞意識創造出的共振波可以驅動編碼，展開自動運行。

你意識的「主動」和「允許」是驅動ＤＮＡ編碼最源頭的鑰匙，沒有打開意識的開關，所有可以驅動你身體ＤＮＡ的指令集就無法運行，也無法產生共振頻率去連結宇宙各次元的入口閘門。而**要打開意識的開關，關鍵就在於你愛的能力**，透過愛的振動，幫助你找回這把內建的鑰匙。若你無法允許愛如其所是地展開，你會像是被封鎖在一個小小的肉身網格中動彈不得的意識群，那就是你目前最熟悉的物質世界。被物質和眼見爲憑的現實封印住愛的能量，也因此，你們許多地球人從來沒有踏出過地球上的自己的閘門，進入同樣存在自己身體裡的其他宇宙維度。

你存在的世界決定你生命的眞實體驗。生命之輪包含你過去生命存在的全部實相，一部分的你曾經生活在地球，但也有另一部分的你就在與你相隔不到兩秒鐘距離的隔壁。現在你進入星光體，意識跨越了身體屛障，知道自己不僅存在你認知的身體裡，也同時存在宇宙的不同時空。你擁有許多部分的你，與你共同存在，但在知曉這一切之前，你無法跟與你共同存在的其他時空的你共處在同一個時空網格中。

與高我合一才能打開自己與更高次元的DNA閘口

現在當你的意識允許自己擴展到身體場域以外的宇宙時，你才剛要展開靈魂體驗的旅程，那也是人類進入星際交流的開端。連結所有星際交流站的入口匝道就存在你的DNA裡，你與其他更高維度的你正打算見面，一同創造新的生命體驗。

通往更高次元的閘口就在我們自己身上？我們只要允許和願意展開就可以了？

你的應允是其中一把鑰匙，也是先決條件。接著，就是你靈魂DNA中的指令集來決定你是否該準備擴展生命，或是仍須在原處先完整愛的體驗。

你剛才提到允許之外，還需要指令集來決定，那麼這些指令集是由誰定義的？由誰來驅動指令？

都是你自己，是存在不同維度的你的共同意願。

蛤？我和不同維度的我合議出來的？

是的。想像一下，鋼鐵人要穿上載具飛行，是不是需要兩端的驅動和連結？

可是我的飛行載具不是該聽從我的指揮？

不是，是雙方指令集共同搭橋，才能打開意識通往星際的閘口。

我現在終於更明白「合一」的用意了。

之前阿乙莎曾經帶領我穿越物質身體，我一直往內在前進，理解了自己身上攜帶著尚未完整的生命意圖，看見此生的業力關係，在一一鬆綁自己的過程中，我才明白這些關係都是來幫助我解開意識的盲點，而直到淨化了自己的意識盲點，我才終於進入與自己內在靈性父母共處一室的靈魂殿堂。我當時走入一個類似晶體的場域，那是我的意識允許自己到達，開始邁向另一層生命關係的理解階段。我看見自己的靈性父母當年在地球上的故事，現在才明白，這些也都是存在我身體裡的一部分意識組成的。他們兩人現在已經在不同的世界、不同的振動頻率、不同的維度，但也同時存在我的身體中，如同站在玻璃帷幕之外，隔著層層鏡面，看著在三次元的我投影的屏幕，而他們也因爲我，得以重回地球生活或再一次體驗自己重新設定的生命藍圖與想像。這夢幻泡影，對地球上的我而言是如此眞實，但是對存在帷幕之外的我和我的靈性父母來說，彷彿在看自己導演的電影一樣。

那麼，關於一路上我遇到的大師和導師，如耶穌基督、觀世音、大天使麥可、埃西斯女神，以及在印度洋的濕婆，這些意識體爲何也會出現？

那是不存在你肉身中、但存在更大宇宙裡的意識存有，他們和你的靈性父母有協作關係，在你的意識尙未觸及的時空，他們是共同存在的意識體。

所以，我也可以走進另一個閘口。我還記得，那是在基督意識場，我和自己的靈性父母是三位一體的狀態，I am that I am，我是我所是，我是我的靈性父親、靈性母親，也是我自己。就在那一瞬間，我彷彿進入另一個意識閘口。

沒錯！那就是DNA指令集自動展開連結和開啓你下一個DNA意識閘口的關鍵期，一旦你完成DNA解鎖作業，接著就可以輕鬆展開靈魂DNA重組及與自己的高我協作的階段。你現在登上母艦，就是進入與自己靈魂DNA存在星際各維度的所有記憶重新校準的階段，你會跟隨著自身的高維意識群，展開你們共同規畫的生命藍圖。

這很有趣。每個人打開DNA節點的方式是否都不同？

是的，都不同。目前你已經打開自己靈魂ＤＮＡ的路徑，以及所有來自更高維度的意識提供你自己到達的內在指令。這可以給其他人參考，因爲人類有百分之九十都是來自星際的近親，你們許多人的靈性父母組成是相同的。

讓我再弄明白一點。所以，每個人都可以被開啓ＤＮＡ節點？

是每一個人都有責任、也有權利去展開和自己的靈性存在意識協作的本能，回到源頭的路徑存在每個人的ＤＮＡ中。

使用音頻與高我意識校準

在星光體的學習之路，你也會觸及「音域眞理」的世界，和高我展開音域的共振。音域是光的世界展現的另一種實相，這些音域是由光譜出的，你可以稱爲咒音、光語或眞言。每個物質體生成之前粒子運行的推動力，就是經由粒子振動交流達成和諧波動時自然產生出來的「音」，這是非物質世界中生命流動的表達形式。

現在，你先閉上眼睛，暫且不用耳朵去聽，先回到第三眼觸及的內在宇宙知曉狀態。然後用你的內在意識之眼，對著內在空間發出你身體直覺會發送出來的第一個音。

我直覺是「Mm」（嗯）這個音。

很好。你知道這就是你出生時，讓身體的知覺系統和地球母親產生共振的和諧波動時身體會覺知到的音，當你現在發出「Mm」這個音，就可以喚起你與自己身體的本源，亦即地球母親賜予你們血肉之軀的源頭。

接著，仍然使用你內在之眼的意識，沿著身體的中軸向上移動，搜尋並掃描身體的系統、器官、內臟，甚至細微到血管、毛髮。凡是你意識所及之處，不帶任何頭腦的干預和評斷，用你內在的直覺發送出與該身體器官共振的音頻。當你的意識與該身體器官和諧共振時，你會自動流洩出共振諧和的聲音。

要確認是否達成和諧的音頻，最簡單的辨別方法就是**感知你的身體給你的回應**。你的身體細胞總是會回應你的需要，並用任何方式和你產生連結，以重建你身體場域原有的和諧共振狀態。

你也可以擴大練習感知範圍，穿越你的身體宇宙，找尋大地和萬物協同合奏的共振波。這是你原本就具備的能力，你們都是由地球母親的血肉滋養的孩子，地球母親早已將萬物和諧共振的眞理存放在每一個孩子身上。

現在試試看，用你的內在之眼（第三眼）去感知任何一棵你想要與其共振的植物，嘗試從你與對方的連結中發出聲音。

我嘗試用意識連結陽臺上的小菊花，我的內在直覺不由自主地發出「Sha Woo」的聲音。好，現在讓意識回到身體，練習辨識用意識連結小菊花，和不用意識直接唸「Sha Woo」，這兩者有什麼不同。

我發現使用「Sha Woo」這個音頻，比用意識錨定小菊花更快得到身體場域與小菊花共振的感覺，也不會受到照片或小腦輸出的干擾影響。

聲音傳達出來的共振品質還具有轉動你身體場域的立即效果，是更接近你身體內在宇宙能量流動的呈現方式。

我記得以前遠距感知某樣東西或看圖片時，我只能感受到共振的大或小、開心或不開心等指標性回應；而現在當我唸「Sha Woo」時，我感受到自己的能量場域和「Sha Woo」融合在一塊共舞，非常有趣，更能辨識出自身能量品質的變化。

現在，你可以自己練習運用音頻轉動地球萬物的能量場，這也是人類逐漸甦醒後，可以經由連結自身的星光體與高我攜手共創新世界的開端。

阿乙莎，祢之前在新冠肺炎疫情期間傳遞過來的穿越風暴的咒語，又是怎麼回事？當時我並沒有主動連結祢。

這就是爲何需要每一個人擴展意識到足以連結星光體最主要的原因。你們每個人都是神在地球的代表，你們的身體就是整個宇宙的傳輸管道，當你的意識擴展到與星光體的高我合一之後，你雖尙未知曉該如何在宇宙中替自己導航，也不曉得此時此刻該如何聚焦，但你內在的高我可以透過傳送「音」到你的身體，啓動你的內在知曉，瞬間打開與高我的連結。

人類過去的宗教法門中，在學生的意識尙未甦醒到達星光體層時，老師會帶領學生唸誦咒語，希望透過咒音打開身體的直覺體，但這個方法只對有意識持唸咒語的人有用。你們都知道小和尙唸經有口無心，當唸咒者的心尙未校準時，是無法讓咒音與身體產生共振波的。

和文字、圖像相比，音頻是將宇宙眞理傳遞到地球更好的工具。文字需要經由人類的頭腦轉譯，重新理解後的詮釋容易失眞；圖像則是透過線條和色彩傳達，但同樣被身體感官可以接收到的範圍所限。聲音是最快能夠穿越身體場域，與身體內在宇宙同頻共振的媒介，不需要大腦、眼睛，甚至耳朵的聽覺，只要在心中發出音頻（默唸即可），就能有效地打開與內在宇宙同頻共振的眞實樣貌。

在你練習使用內在意識與高我同頻共振的過程中，你的所知、所想、所感會發展出與高我合一後的創造性語言和表達方式，那會幫助你進入下一個階段。你不需要再擔憂和緊張自己做得對不對或好不好，當你從內而外去表達出你與高我同頻共振的一切時，你將會在眞理、至善和美好的創造中打開你內在新世界的序幕。

第七章　身體精微系統的淨化與調整

進入星光體的意識維度時，你的意識和身體場域需要重組，建立新的連線模式。過去你意識尚未覺醒前，你的小我意識只有在大腦停止運行的狀態下，潛意識才會連結上帷幕之外更大的你，帶你進入星光體的場域；然而與高我合一之後，你的小我意識會在清醒狀態下跟隨高我的指引，走向星光體的旅程。

這當中最重要的連線裝置就是你的**身體系統**。全身上兆個細胞共同支持著你精微體的能量流，它就像是你在地球上的無線基地臺，必須處在最佳通訊連線狀態，才能讓你以穩定的意識流進入跨越宇宙次元的航程。

爲了讓基地臺發揮最佳運作效能，你的身體系統必須進行更深入的清理和淨化。若你的意識仍像過去一般在夜晚沉睡時進行星光體之旅，就不必如此大費周章地做足行前準備工作，因爲你只需要停止身體的活動量、降低大腦的運行，透過潛意識之門，你就能輕鬆在睡夢中契入星光體；但現在，我們需要你在地球上已經長養茁壯的小我——也就是你的自主意識——直接站上宇宙發射臺，而爲了這趟靈魂早已安排好的進化旅程，我們必須先確認你的身體系統處於最佳連線狀態。

接下來要進行的身體精微系統的淨化調校和療癒，是非常重要的基礎工作。尚未完整的情緒記憶，或是仍需要被你再度理解的意識屏障——不只來自你自己這一世和過去世，甚至是人類集體創造的生命課題——現在都要被全然地淨化和平衡，這也是靈魂邁向星光體，成爲完整的多次元靈性存在意識前，你們必須如實去面對和完整的功課，否則你依然會帶著偏光的稜鏡去看全息宇宙，那樣的狀態無法幫助你的靈性意識經由星光體的旅程再次提升。

導入光波，淨化全身的精微體

你的天狼星父親雷巴特爲地球孩子的星光體旅程特別提供光波導管，你可以稱之爲量子光波療癒法。這是特別針對修復地球人的精微體所給予的光波導管，當你持唸身體咒音，相對應身體系統或器官的精微體能量流就會被喚醒，你身體的精微體會重新校準宇宙本源。

要明白，你們遠比眼睛所見的物質身體還偉大，你們的細胞是光組成的，細胞振動產生的光可以傳遞訊息，並與周邊環境和其他的生命體共振。當你們身體的精微體無法接收宇宙訊息時，會阻礙身體細胞連結上宇宙智慧，你們因此會產生情緒，進而衍生出身體的病症。

透過導入光波調校你全身的精微體，可以讓你身體場域的能量和諧運行，回復純淨的能量流動，同時幫助地球恢復生機。這些光波可以透過你們的意識連結音頻，達到身體細胞和星光體宇宙意識的同頻共振，每天針對身體系統進行一次光波導入，可以在七天內獲得立竿見影的效果。

這和透過手指操呼吸法暢通全身脈輪有何不同？

暢通脈輪手指操是幫助你暢通身體場域的能量流動通道，也就是讓傳輸能量的中軸得以快速暢通的方便法門；但是，要讓你身體精微體的上兆顆細胞共振協作，需要更精準的光波導入，才能喚起不同場域和不同功能性任務的細胞群回復跟宇宙源頭溝通的能力。以你們大腦可以理解的說法來講，就是要處理你們細胞散發出來的光的品質。

手指操在乙太體層運作，光波導管則是在星光體層次運作。當你的意識契入星光體並與高我合一時，身體細胞仍須和高我的振動頻率融合，你身體場域反映能量狀態的精微體系統仍有許多細胞印記和情緒阻塞，在與高我完整合一的過程中需要完成淨化。

宇宙意識涵蓋的範圍很廣。之前跟你提過，身體和乙太體層的意識是你們用目前在三次元地球的意識狀態可以觸及和理解的，但是當你逐漸將意識擴展到星光體層，要與自身的星光體存在意識合一時，你無法用三次元的意識維度去感知你身體上兆個細胞的個體意識，而必須從更高次元的全息化角度去和細胞意識溝通，此時最快的方法就是用光波導管注入。這些注入的光波會自動調校身體系統或個別器官的細胞群，交換光的訊息，以達成同頻共振的效果。

你們的身體是依循宇宙法則運行的小行星系統，現在你已經通過階段性的考驗，準備帶著與高我合一的意識，完成肉身的升級作業。

與星光體校準可以幫助你和宇宙行星意識場同步，這也是你的靈性父親雷巴特當初設計的、讓地球星際種子揚升回到源頭的升級方式。人類過去將各種大自然現象和身體場域分離，其實，宇宙法則是所有宇宙物種和行星意識須共同遵守的法則，你可以從醫療、生態、物理、音樂、藝術和其他許多領域中找出共通性，此共通性就是宇宙法則。當你進入星光體與自己的高我合一，你會看見更廣大的視野和全息化的訊息展現，看見音頻、光和振動波共同組成的世界。

你可以用意識錨定你身體的系統或器官，對其發送光的指令，再透過你的直覺體去感受身體系統或器官給你的回應。進入星際宇宙法則的學習前，你必須全然淨化身體載具，然後才能穩定地完成接下來的工作。這些療癒和淨化身體系統的咒語也將傳遞給目前在地球上的光之工作者，你們需要先穩定自身光的通道，才可以幫助地球完成星際軌道的移轉工作。

即使不是光之工作者，透過這個方法，全身的精微體同樣可以獲得純淨宇宙能量光的療癒；而對已經是光之勇士的人來說，這些身體系統咒語是必要的工具，你們必須隨時處在潔淨穩定的能量流中，才能建構穩定的光場基礎。

對應身體十二系統的咒音

身體十二系統對應咒音

身體系統	咒音
神經	Yi Ba Ya
內分泌	Si U Ba
呼吸	Mo Du
消化	Ha Wa Lu Di
生殖	Na U Ba Le
循環	Su La
泌尿	Duet Lu Gan Ba Su
免疫	Tu Ka Mo
肌肉	Mo Ru
淋巴	Du Ti Ya
骨骼	Lu Na
皮膚／毛髮／指甲	La Li Toe

（我才剛回應泰雅說我要準備記錄下來了，不消三分鐘，一連串對應身體系統的光的咒音全數下載，如上表。連我自己都不可思議，居然可以和高我進行如此快速的協作和互動。）

泰雅，我寫完了，然後呢？

當你持唸咒音時，會透過你的靈魂晶體網格傳輸光的指令，導入相應身體系統和器官的精微體。器官即使因受損切除而不存在物質體，其乙太體的精微能量線仍存在，也因此，若長期以星光體的光波灌注，是有可能讓受損組織重生的。

天啊！這麼神奇嗎？

並不是所有人唸咒音都可以達到同樣的效果，要視其晶體接收能量的容許值而定，若一個晶體的結構尚未完整，就無法全然獲得咒音中十二道光的元素。你們身體的精微能量是由光所組成，每一道光具有不同的能量品質和相應動能。這十二道光分別代表感知、連結、回應、淨化、移轉、破壞、消滅、再生、滋養、成長、智慧和慈愛，當十二道光的元素能夠全數被你的晶體接收，才可以有效達成身體更新。所以，關鍵仍在你們目前靈魂晶體的狀態，這需要透過不斷修行，淬鍊出最完美無瑕的光的品質後才能到達。

話雖如此，只要有心接收來自宇宙無條件的愛的能量，也可以同時達到身體場域的淨化，因爲無條件的愛的淨化能量不受單一光的元素或角度限制。

阿乙莎，我還是不太明白爲何唸誦這些咒音就可以對應到身體系統，請給我更高的智慧去理解這是如何運作的。

這些咒音是你的意識在星光體的路徑指引下和光連結共振的結果，你從大自然萬物交流時發送的聲音就可以一窺究竟。風聲、水聲、蟲鳴鳥叫，你若僅以身體來感知，能聽見的範圍就會受到局限，波長必須放大到身體場域可以接收的範圍，你的身體才會感知到，進而透過大腦產生認知後的回應。

當你的意識擴展至星光體時，你就能接收到超越耳朵聽覺神經可以感知到的粒子振動波。在星光體的場域，意識交流會產生磁引力，共振的磁波會產生相應的光譜，而光譜結構透過你的松果體連結回到你的星光體感知場域。這就是以「音」的表達方式讓你的身體當下產生共鳴，你的意識就能幫助身體與星光體中的宇宙意識建立連結。

每個人感知到的光和聲音，呈現的方式都不同，光是共振的現象，音則是共振後另一種形式的表達。古文明時期，與天地連結的祭司和薩滿都可以透過咒音傳遞宇宙存在的智慧和能量，幫助族人恢復身體與大自然的連結，進而恢復身體的能量平衡和健康。當然，也可以透過咒音改變能量路徑，讓停滯的能量重新流動。

你們不應將咒音視爲如語言般具有「唯一性」或「標準版本」，也不應將其視爲神通現象，那是每個人意識擴展後必能展現、與光的世界自然交流的結果。你以咒音和大自然萬物、身體及細胞展開更親密的交流，這是萬物在光的世界交流的實相，也是你們以個體之姿和光的世界展開能量共振的互動方式之一。

當你以咒音向光的世界表達你至眞、至善、至美的振動時，光的世界將源源不絕地回報你更多宇宙能量，你也因此可以幫助自己身處的環境獲得美好與和諧，達成淨化自身場體和環境的效果。

光波導入加速身體與星光體意識的融合

星光體對應的這十二個身體系統是讓你的生物體可以更快速融合五次元星光體意識群，至於哪一個系統的咒音如何影響對應的身體器官，你不需要特別去探究，因爲在光的世界裡，你的身體反映的源頭是上兆顆不斷在碰撞、轉變、融合、移動的粒子。這些粒子都帶著自己的DNA指令，也就是會自動走入自己應該存在的器官或組織，但在更高的振動頻率中，並不是同樣一組器官家族的粒子群聚在一起，然後和其他器官的粒子不相往來。這裡並沒有你們眼睛所見的實體，或是固化後的具體存在與限制，也因此，當你有意識地去啓動某一個系統的光粒子時，是同時對所有系統發送訊息波，而這些系統組織會與那個發送訊息的系統產生共振，你不會因爲唸誦某一個系統咒，就只能傳達訊息給單一系統的粒子群。在星光體的世界裡，訊息以交錯的光的網格存在，每一個電子和粒子的移動都會對相鄰的粒子產生作用力，因此，連續唸誦十二個系統的咒音，就是完成一次身體和星光體校準的定期維護。至於你觀察到的那些已經失衡或細胞嚴重扭曲病變的系統，你不只要加強唸誦該系統的咒音，還要補足相鄰系統及其對向平衡系統的咒音，才能更快調整和平衡該單一系統。

這些咒音是幫助你校準星光體並恢復電子群流動性的方便法。我是來自天狼星的父親雷巴特，為地球孩子設計了光波導入，希望有助於提升人類身體意識的振動頻率，快速校準新地球的能量軌道。這些來自光的世界的音頻和咒音，你可以默唸，也可以發出聲音唸誦，讓尚未擴及星光體意識的人可以受惠。

應用不同咒音結構引導能量

你可以使用以下的咒音起始和結束語，幫助身體系統淨化、補充或降低能量、排除干擾，以及重啟平衡。例如，要進行某個身體系統或特定器官的整體淨化：

身體系統淨化： Mo Ho＋身體系統咒音＋Na Nu Mi Da

身體器官淨化： Mo Ho＋身體器官咒音＋Na Nu Mi Da

淨化功能應該是最常被使用，也是可以天天進行的。一次將十二個身體系統都唸一輪，你會開始讓全身的精微體能量活躍起來，也會感受到乙太體擴展和能量變得輕盈透亮。

調整內容	咒音結構
整體淨化	Mo Ho ＋身體系統／器官咒音＋ Na Nu Mi Da
補充能量	Mo Na ＋身體系統／器官咒音＋ Na Nu Mi Da
停滯暢通	Mo Na ＋身體系統／器官咒音＋ Mo Sa Bu Li So Ha
降低能量	Mo Di ＋身體系統／器官咒音＋ Na Nu Wa Ya
排除干擾	Mo Da ＋身體系統／器官咒音＋ Sa Sa Sa
歸零重啓	Mon Ban Ya Du ＋身體系統／器官咒音＋ Hon（吽）～

此外，你還可以使用上面那張表格列出的不同調整功能的咒音結構，進行光波導入的路徑引導。

不妨練習去體驗每一個身體系統在不同咒音結構下能量流動的感覺，讓自己的意識與光的世界的音頻產生更緊密的交流。漸漸地，你們會產出屬於自己的創造性想法，幫助改造地球環境，並恢復自己身體的智能。

唸誦身體系統咒音，觀察精微體的變化

身體是由數個不同的小衛星系統合作組成的宇宙，身體的細胞和組織系統很容易受到環境影響而無法正常運作，因此必須不斷進行全面性的調整，使身體組織中的化學和物理環境可以保持穩定平衡。

以下提供自我檢視和觀察身體各系統的參考。當你持唸身體系統咒音，亦即光波導入身體意識場的瞬間，可以用你的內在之眼去觀察

身體系統如何回應宇宙光的能量，進入身體意識中去了解你的靈魂在地球維度賴以爲生的身體載具目前的狀態，覺察自己是否仍有尚待平衡的情緒或印記。

以下這些練習可以幫助你全身的能量系統和星光體順利接軌，需要你帶著自己，有耐心地去完成。

一、神經系統（Yi Ba Ya）

★唸誦：Mo Ho Yi Ba Ya Na Nu Mi Da（Mo Ho＋神經系統咒音＋Na Nu Mi Da）

生物體

這是肉身胚胎成形後最先發育的系統。腦部是人類創造與想像力的起源地，經由脊髓和神經分支輸出運動的訊號，指揮全身進行活動。腦會從身體內外接收感官資訊，每分每秒都和身體的內分泌腺體協作，進行不在人類意識認知範圍內的活動，進而監控和維護身體所有的系統。

組成結構

・腦

・脊髓
・末梢神經
・感覺器官
（參考：《人體百科》，史蒂夫・帕克著。接下來十一個系統的組成結構亦同樣參考《人體百科》一書。）

精微體

神經系統扮演訊息傳導的角色，當意識進入星光體時，神經系統就是星光體和太陽校準的軸心，如果身體中的神經系統傳導線路發生問題，星光體會失去自動校準太陽的能力，而失去太陽光的能量，物質身體會逐漸產生神經病變或精神疾病。若使用化學藥物調整物質身體的細胞組織，也只會抑制傳導功能，這會導致神經傳導變慢或根本不再發揮作用，雖然不至於造成星光體關閉，仍會因星光體無法自動校準宇宙中央大日，產生意識游離漂浮狀態，然後你們會稱這些人患有思覺失調症或精神疾病。

調整神經系統的精微體，使其重新和宇宙中央軸心校準之後，肉體上的病症就會逐漸消失。星光體是意識的源頭，而肉體只能反映身體在整體宇宙場域的最終顯化結果，反映身體是平衡或失衡。

一個失去肉身的靈魂意識，最終要回到靈性源頭，仍須透過星光體的神經系統引導，才能回歸宇宙本源。所以，神經系統是人類靈魂意識的關鍵GPS，扮演人與天地之間連結的主幹。

神經系統也是將光灌注到身體中軸最快速的入口。宇宙能量會從你腦部中央松果體的端點開始，進入你身體的中樞神經系統，在全身建立起光的迴路，透過神經系統傳遞宇宙光的訊息，進入全身的系統和感知器官。

練習：身體系統溝通法

唸誦神經系統咒音，可以同步檢視身上的通訊連線是否暢通。若你在唸神經系統咒語的過程中感受不到全身的電路接通，甚至有阻塞的停滯感，就需要進入阻塞點去進一步理解阻塞的原因為何。

你可以將意識投射到卡住或不流動的身體位置，問自己三個問題：

1. 這裡無法流動的原因是什麼？是否可以讓我看見？
2. 我該如何修正或改變，才能讓它恢復流動？

3. 我的認知如下（請描述一遍）。現在是否可以恢復流動？

若仍無法流動，請回到第一個問題，看看是否有其他原因尚未被看見和理解。

神經系統的起始點是松果體，最終站是膀胱，完成神經系統的能量傳導後，你會在膀胱位置感受到舒服的無壓迫感。整個系統的傳導不用十秒鐘就可以完成，請多多練習。這是身體最重要的電路系統，如須用內在之眼和身體系統溝通，可以輔助唸誦身體溝通咒，加強意識的引導。

★身體溝通咒：Om～＋身體系統咒音＋Don Mei So Ha

以神經系統爲例，其身體溝通咒爲：Om～Yi Ba Ya Don Mei So Ha

二、內分泌系統（Si U Ba）

★唸誦：Mo Ho Si U Ba Na Nu Mi Da（Mo Ho＋內分泌系統咒音＋Na Nu Mi Da）

內分泌與神經系統有著密切的合作關係，內分泌系統負責分泌激素，透過血液和體液傳遞到全身，讓各器官持續運作並協助體內環境維持最理想的狀態。內分泌同時也支配成長過程的重要發展，如發育、青春期的器官成長及生殖活動。

組成結構

- 腦下垂體
- 下視丘
- 甲狀腺
- 胸腺
- 心臟
- 腸胃道
- 胰臟
- 腎上腺
- 卵巢

精微體

・睪丸

內分泌系統分泌的激素可以激化身體器官和組織細胞成長，並有效地讓全身器官相互協調與融合，以創造最理想的身體環境。然而，內分泌系統也是最容易受到外界環境的刺激，而直接影響情緒體的振動。

所以，當身體處於平靜、自在且放鬆的狀態時，內分泌系統就不會被過度刺激，會保持在能量流穩定和諧的狀態，尤其是處於成長期的孩子，需要提供他們一個安全寧靜的環境，這對孩童的發育非常重要。若在幼兒成長期接收到環境噪音和過度的聲光刺激，會讓內分泌系統因過度刺激分泌太多激素，而過多的激素會干擾身體系統的和諧運行，對孩童的身心發育有不良的影響。

練習與身體器官溝通

（我運用前面提到的「身體系統溝通法」自我檢視後，發現自己需要與內分泌系統的甲狀腺溝通，便唸誦起始詢問咒「Om，甲狀腺，Don Mei So Ha」，祈請甲狀腺臨在。）

請問甲狀腺，你為什麼一直腫腫的，都消不下去？我要如何才能讓你回復原本的狀態？

你念小學的時候有一次被同學欺負，感到非常沮喪，而導致這裡的細胞糾結。那件事的根本原因還沒有被你理解，所以這股糾結的能量仍存在，無法釋放。

喔～小學啊？那麼你可以幫助我看見那個事件嗎？我眞的想不起來。

好，我帶你回到那時的場景。

我看到國小一年級某一天的回家路上，我突然無意識地走上一個泥濘的土堆，結果雙腳都陷在軟泥中，鞋子、白襪子都髒了。我當時感到非常困窘，也不知道該如何脱困，心裡好傷心、好難過，擔心回到家被媽媽責罵，羞恥、委屈、憤怒、無力、恐懼、孤獨和受傷等等錯綜複雜的情緒全部湧上來。我當時還那麼小，不知道如何面對自己內心湧上的這麼多複雜的情緒。後來我終於掙脱泥巴堆，面對其他小朋友和路人異樣的眼光，我當場嚎啕大哭，一路哭著走回家。

現在看見這一幕，我可以理解當時一個那麼小的孩子怎麼可能一下子承受得了這些複雜的情緒，難怪我故意將這個事件從記憶中抹去。

你現在必須再去看見當時你為何會走上那個小土堆。

咦？對喔，我爲何走上那個泥土堆？我完全不知道。是恍神了嗎？不太可能啊，我當時到底在想些什麼？

你可以回到學校看看那一天發生了什麼事情。

喔！我看見我跟老師打小報告，讓同學被老師處罰，因爲我內在有很深沉的「競爭」意圖，以爲只有靠競爭才能贏，也才可以出類拔萃，獲得老師和同學的注意。在同學眼中，我是個霸道、無情的風紀股長，他們都很怕我，但在我面前都故意不表現出來，只在背後說我壞話，希望看見我跌倒，所以總有一些頑皮的同學在我背後指指點點，想要捉弄我。我心裡明白，但不想和這些人爲伍，那一天放學，我討厭的那些同學就故意走在我後面，我試圖和他們走不一樣的路，就誤入泥巴堆，動彈不得了。

你現在回頭去看看那個「競爭」意識是如何來到這個小女孩身上的。才六歲的小女孩就有這麼強烈的競爭想法，你有看見是從何而來嗎？

啊！那是早已鑲嵌在我靈魂DNA中的一股尚未釋放的意圖，也是我此生必須再次去學習和體驗的課題。嗯……那是源自……天啊，亞特蘭提斯時期！那麼遙遠以前！當時，「競爭」是抵禦外來入侵唯一的途徑，我在那個時期經歷了許多戰役。什麼？還有……

我看見所有族人都因此犧牲，仇恨深深刻印在離去的靈魂心中，難怪地球人類一世又一世不斷在競爭中求生存。我們經歷了野蠻的競爭時期，一直延續到現在，從經濟、政治，甚至學校教育、社會菁英主義，競爭早已鑲嵌在所有人類的靈魂DNA中，世世代代延續至今。所以，我看見的身體印記，不只是我自己的，也是所有人類共同的靈魂印記。

過去這幾個世紀，人類都在重複學習如何擺脫競爭造成的苦難。我們必須和自己、他人，以及所有人類和解，才能徹底擺脫競爭帶給地球母親和所有人類心靈上的迫害。

我現在看到這裡，你是否可以給我一個建議，讓我知道該如何救贖或釋放深埋在所有人類內在，讓我們不得不去競爭的恐懼？

你們必須臣服與懺悔，若無法臣服於愛，給自己無條件的愛，人類就無法脫離這個難題，會一直重複體驗。你那麼小就經歷競爭帶給你的一連串複雜的負面情緒，那就是來提示你：「這回你可以嘗試給自己一個不同以往的體驗。」但能夠覺醒去提醒自己的人太少，所以人類創造出綑綁著自己重複競爭的生活模式，在社會中創造出更多競爭架構。競爭已經深植到每一個孩子幼小的心靈中，打從孩子出生，在家裡、學校，乃至進入社會，競爭都如影隨形，不只存在人類的內在意識，也處處彰顯在物質顯化後的社會階層中。當人類無法掙脫競爭，就只能不斷地向地球母親需索，以滿足人類集體無限擴大的競爭想法。

人類必須重新學習用愛來生活，以愛的能量和他人及這個世界交流，用愛來創造生命的體驗。當人類可以如此轉變，你們才能帶著自己和其他所有人脫離地球現狀，揚升進入銀河星際聯盟。

我知道你現在很氣餒，覺得理想和現實似乎有段很大的距離。不用擔心，你們總會走進該進入的領空。地球已經逐漸輕盈，正因如此，你才會開始和自己的細胞對話了，不是嗎？

今天很高興與你深入長談。我們一直爲了人類的身體健康保持待命狀態，你可以跟每個器官和身體系統對話，然後就會明白，我們是爲了讓你再次回到愛而來的生命體，我們也有自己的意識。很榮幸可以與你交流，我愛你。

謝謝你，我也愛你。在這次和自己身體系統的溝通中，我萬萬沒想到居然可以將光導入內分泌系統，看見自己身上依然存在著人類自古至今共同創造的集體業力的印記。

三、呼吸系統（Mo Du）

★唸誦：Mo Ho Mo Du Na Nu Mi Da（Mo Ho＋呼吸系統咒音＋Na Nu Mi Da）

生物體

人體的呼吸道將空氣帶入並帶出肺臟，氣體可以在肺臟深處交換。肺臟的形狀如同一棵倒置的樹，樹幹爲氣管，肺動脈和動脈形成相應的網絡，將身體中的二氧化碳廢氣排出，吸入空氣中的氧氣，肺臟中有超過五億顆肺泡供作氣體交換使用。此外，人體的發聲也需要透過肺臟送出空氣、穿過聲帶，而產生聲音，若聲帶流動的氣體足夠，聲帶的張力愈大，產生的音頻就愈高。

組成結構

・鼻子和顱骨的氣體通道
・鼻咽
・喉嚨
・氣管
・肺臟
・支氣管
・橫膈膜

精微體

人類的身體不會儲存氧氣，還會產生廢氣二氧化碳，因此必須透過呼吸系統不間斷地補給氧氣，同時排出身體的廢氣。人的身體細胞若受到環境或負面情緒干擾，身體通常會不由自主地戒備，以降低與外界的互動，呼吸系統會因此自動降低氣體的交換，進入肺部的空氣含氧量會不足，這同時會阻隔身體意識和宇宙意識之間的能量流動。

當你唸誦呼吸系統咒音，以意識進行呼吸系統的光波導入時，你的身體會打開阻塞和封閉的宇宙能量交換閥門。這時，你吸入的氧氣會帶有更高的品質，更多氧氣進入你的呼吸系統，全身血液的含氧量瞬間飽滿，你的精神體得以立即補充宇宙能量。

人類的身體宇宙意識也需要經由呼吸系統和宇宙能量進行交換，才能擴展身體精微體的能量場，若這個交換閥門封閉或無法讓能量順暢流動，人類等於被阻隔在宇宙意識的大門外，失去與更高意識場的連結。而要讓自己的身體維持在足以和宇宙意識能量順暢交流的狀態，最簡單的方法就是去觀照自己的呼吸系統。

練習：咒音引導

1. 檢視現況

唸誦：Mo Ho Mo Du Na Nu Mi Da

唸誦完畢，呼吸的深度和氣體質量通常都會有明顯的不同。若你唸誦完畢後無法擴展呼吸深度或感覺不到更清新的氣體，就需要進行接下來的兩個步驟。

2.排除干擾

唸誦：Mo Da Mo Du Sa Sa Sa

唸完後，你的身體會呼出更長的氣，一直排放，甚至可以閉氣更久，距離下一次吸氣的間隔時間自動變長。這是徹底排除肺部干擾能量的光波引導，完成後，進行下一個步驟：重啓。

3.歸零重啓能量

唸誦：Mon Ban Ya Du Mo Du Hon！

唸完後，肺臟會自動大口吸氣，用鼻吸氣，再從嘴巴用力快速吐出。可以連續進行三次，完成能量啓動。

完成步驟2、3的重啓過程後，回到步驟1，檢視呼吸系統是否已經可以自動和宇宙意識連結和接軌。

四、消化系統（Ha Wa Lu Di）

★**唸誦：**Mo Ho Ha Wa Lu Di Na Nu Mi Da（Mo Ho＋消化系統咒音＋Na Nu Mi Da）

生物體

消化道始於口，止於肛門系統，中間有許多管道，口徑大小不一、功能各異。消化道幫助將食物切斷、嚼碎、儲存、消化、排廢，並將養分交給肝臟，對營養素做最好的處理和利用。因此，消化功能有賴身體各大系統，包含免疫系統、神經系統、內分泌系統等共同維持，而情緒、思想和信念也會影響消化系統的正常運作功能。

組成結構

- 口、齒、舌、咽
- 腮腺、唾液腺
- 喉嚨
- 食道
- 胃

・胰臟
・肝臟
・膽囊
・小腸、十二指腸、空腸、迴腸
・大腸、結腸、闌尾、直腸
・肛門

精微體

消化系統在身體能量的運行上扮演吸收和轉化生物能的角色，也是輔助人類生物體能量供應的重要來源。消化系統也是最容易被人類自主意識影響的系統，人體的主要感官體，包含嗅覺和味覺，以及透過大腦傳送的思想和信念等，都會在食物尚未進入食道前開始影響人體的消化系統，而這些都會決定身體可以眞正吸收到的食物能量品質，例如在觀賞美食的瞬間，人體已經和食物產生能量的共振，也會啓動身體的精微體系統。若平日可以更有意識地覺察自己的身體和食物共振的能量變化，對消化系統會有很大的助益，你會避免攝取不健康，或是會造成身體消化系統過度負荷以致無法正常運行的食物。

現今的食物生產、製造、運輸和儲存方法，多是爲了增加經濟效益，例如大量繁殖的養殖業、以非人道方式豢養的畜牧業、大量基因改造的飼料和農作物、以化學添加物加工和儲存的食品等。人類當今的生活型態阻斷了自己攝取健康食物的管道和選擇，因此，要恢復消化系統本有的身體智能，必須從改變生活和飲食習慣開始，才有機會影響上游，反轉人類食物供應鏈的整體結構。

使用光波淨化消化系統，對喚醒身體感官的味覺和嗅覺有立即的幫助；但若要讓消化道意識覺醒，改變攝取食物的來源，則必須提升人類的集體意識，才能有效制定更適合人類攝取生物能量的新規範。

練習：感測眼前食物的能量

1. 唾液偵測

唸誦「Mo Ho Ha Wa Lu Di Na Nu Mi Da」＋以意識錨定眼前的食物。

若唾液增加，代表這樣食物很容易被攝取並轉化成身體可以吸收的能量。

若唾液沒有回應、沒有分泌，代表消化系統必須耗費比這樣食物本身更多的能量才能轉化它，食用這樣食物反而會讓身體精微體的能量不增反降。

2.呼吸偵測

我個人（Rachel）常常使用的是呼吸偵測法，直接感知面前的食物。若讓我的呼吸更深、更擴展，代表身體願意與這樣食物共振；若呼吸變淺，即使看起來色香味俱全，我也會盡量避免食用。

五、生殖系統（Na U Ba Le）

★唸誦：Mo Ho Na U Ba Le Na Nu Mi Da（Mo Ho＋生殖系統咒音＋Na Nu Mi Da）

生物體

生殖系統有別於其他系統，在男性和女性體內呈現的構造差異甚大，並且只在生命的某一階段有作用，移除它也不會危及生命。從生物體的角度來看，這是人類自我複製、性交和養育的基本動力來源。

組成結構

女性：

・乳房
・陰道
・外生殖器
・子宮
・卵巢
・輸卵管

男性：

・睪丸
・陰莖
・尿道
・精囊
・輸精管

生殖系統是你們星光體的外掛系統。人類生活在地球上，目前仍需要透過兩性結合的方式繁衍，才能延續生命體。雖然許多外星文明已經可以自體繁衍，或是完全不必仰賴生物體就可以進行靈魂體驗，然而現今的地球由於靈魂意識尙未覺醒，爲了避免因無性生殖造成更嚴重的地球環境破壞，宇宙在進行行星體驗計畫時，爲人類設計了這個外掛系統，透過兩性之間的交流，去體驗陰與陽的分別。你們在這個過程中會明白陽中有陰、陰中有陽的道理，每個人的原始生命都是陰陽具足的，透過有意識地陰陽交融，回到合一的意識。

在星光體層，生殖系統扮演新靈魂意識催生者的角色，人類也必須經歷死亡和再生的過程，取得另一趟靈魂體驗的車票和機會。人類透過生命繁衍輔助彼此的靈魂進化和成長，但其實你們還無法理解，在星光體的世界，人類的新生命是被賦予的。當你看見一個男人和一個女人結合產下新生兒，你以爲這個生命是他的父母創造出來的，其實你們無法看見，在星光體的世界，那非肉身存在的靈魂意識是被允許賦予到這個新生物體的胚胎中，才能成功製造出一個具有靈性意識的新生命。

當一名女性內在的陽性能量過強時，就需要另一名內在陰性能量較旺盛的男性來平衡，才能創造出一個適合新意識誕生的環境；反之亦然，一名陰性能量旺盛的女性需要與陽性能量較強的男性結合，才能創造陰陽和合之境。

講到這裡我突然想起，之前有提過是靈魂選擇了自己的父母，那麼，若一對夫妻的陰陽不協調，是否就無法進入新靈魂選擇父母的清單內，也就無法有孩子？

當靈魂決定再次投生到地球去體驗時，他的一部分意識會進入已經順利在母體中形成的受精卵中等待。因此，在成功結合出受精卵前，靈魂是無法做選擇的，要先有受精卵形成，才會進行父母的配對選擇。

看來我這個問題本身就很蠢。現代已經有很多生殖技術，可以用別人的卵或精子創造出一個受精卵；也就是說，即使是陰陽不協調的父母，甚至是單身人士，也可以透過許多方式和途徑去體驗、去允許自己有孩子，我白問了。

好吧，至少可以確認，已經成功結合的受精卵一定會有一個新靈魂意識體進駐。那麼，有沒有可能快要臨盆了，還沒有靈魂意識願意選擇這對父母？

有可能，那是因爲條件不符合靈魂成長的需要，而這也可能造成這個受精卵無法順利在母體內成長，或順利誕生下來。

有沒有可能出現兩個不同的靈魂同時爭搶同一父母的受精卵的情況？

有的，確實會發生，但也會有相應的宇宙法則去排解這樣的紛爭。

這讓我有點吃驚。看來人身難得，眞實不虛。那麼，宇宙意識如何看待人類的墮胎行爲？

如果在受精卵尚未有新靈魂意識進駐之前就放棄懷孕，這是人類的自由意志，如同你覺得指甲或頭髮太長要剪掉一樣；但如果已經有靈魂意識進駐，這個新靈魂意識入胎後又失去生命成長的機會時，就會再去尋找條件類似的父母投生。然而，因爲可能一時找不到，所以在找到適合的父母之前，這個靈魂意識體會暫時停留在他剛選擇的這對父母身邊，直到他們再度成功創造另一個受精卵，或是有條件吻合的另一個母體的受精卵出現，這個意識就會重新入胎，等待出生。

有一個很多人關心的道德議題：如果這個意識一再被父母拋棄，是否會有靈魂業力或懲罰的問題？

這個問題，你自己應該早就可以回答了。宇宙沒有所謂的靈魂懲罰，一切都是自由的選擇。你可以選擇要不要有孩子，即使有了，在孩子出生前，你也可以反悔，不繼續讓已經成熟的胎兒出生。這一切都被宇宙無條件地支持和應允。然而，懲罰會來自你自己、你的家庭、對方的家庭、部落約定俗成的規矩，乃至國家和社會集體意識訂定的規範。

不過，人類總是會想盡辦法超越身體的限制，自行創造新生命。大量的ＡＩ類人類生命體會被創造出來，以滿足人類生活層面的各種需求，而高次元的存有會密切監控人類的ＡＩ發展方向，以免危及地球文明的發展。

（後記：這段問答，可能因為是和天狼星的雷巴特交流的關係，整個過程是在沒有情緒體的狀態下談論人類最重視的人生大事，感覺自己在和機器人對談。所以，我就此打住，不然我的情緒體可能會受不住。）

練習：光波導入生殖系統

唸誦「Mo Ho Na U Ba Le Na Nu Mi Da」，淨化後，再唸誦「Mo Na Na U Ba Le Na Nu Mi Da」，補充能量。

由於環境的干擾和壓力，許多人失去生殖的意願，或是過度沉溺於性享樂，想要填補內心的黑洞。現在將光波導入生殖系統，可以幫助處於生殖成熟期的男女回復原本就被賦予的生殖意願和動力，帶給細胞活力和充沛的能量。至於已經邁入更年期的男女，也可以借助生殖系統的光波導入，減緩細胞老化，以光波導入男女性徵所需的荷爾蒙和生命激素，透過星光體的意識源頭，取得源源不斷的光和能量的補充。

現在人接觸到的環境汙染物太多、壓力過大，唸此咒可以讓身體的陰陽能量保持平衡協調的狀態，增加受孕的機會。此外，生殖系統也可以讓人體的物理結構（骨骼）不容易衰退、老化。

六、循環系統（Su La）

★唸誦：Mo Ho Su La Na Nu Mi Da（Mo Ho＋循環系統咒音＋Na Nu Mi Da）

生物體

循環系統又稱爲心血管系統，將血液送至全身各處，不僅能供應身體組織和所有器官充分的血氧，血液離開時也會一併帶走該部位的老廢物質。經由循環系統運送的，包含養分、激素，以及免疫細胞。

組成結構

・心臟
・血液
・主要血管（動脈和靜脈）
・次要血管（小動脈和小靜脈）
・微血管（毛細血管）

精微體

循環系統掌管全身血液的運行，是身體水元素的重要傳輸網絡。它連結你的心輪向上到達頂輪，再往下延伸擴及整個身體場域需要的能量節點。

循環系統是人體生命能的核心引擎，當你唸誦淨化循環系統的咒音時，會感受到全身血液流動速度加快，不夠暢通的動脈和微血管會同時獲得加強能量灌注後的疏通效果。多唸誦淨化循環系統咒，冬天可以感受到溫暖，夏天則能協助排汗。

★淨化循環系統咒：Mo Ho Su La Na Nu Mi Da

練習：光波導入循環系統

水元素是身體最重要的元素，其流動順暢可以幫助身體場域獲得最佳的生命能量補充。此外，透過將光波導入循環系統，可以直接幫助身體回復初始的生命能量設定值。

以雙手量測：

1. 將自己或要量測的對象投射到自己前方。
2. 用意識進入自己的內在宇宙，默唸：Su La＋量測對象（或自己）的名字＋目前的生命能量值。

   也可以偵測其初始設定能量→默唸：Su La＋量測對象（或自己）的名字＋初始設定生命能量值。
3. 雙手此時會自動展現量測後的生命能量大小。雙手距離愈寬，表示生命能量值愈大，反之則愈小。
4. 若量測到的生命能量值遠低於初始設定的生命能量值，可以默唸補充或擴大生命能的咒語。一面唸誦，雙手同時會自動向外擴展，回復到原始設定範圍。

★擴大生命能的咒語：人名＋Mo Na Su La Na Nu Mi Da

在唸誦擴大生命能咒語的過程中，如果雙手的距離沒有變大，可能是器官已經嚴重受損，必須重啟生命能量，然後再進行一次增加生命能的設定。

★重啟生命能的咒語：人名＋Mon Ban Ya Du Su La Hon！

請注意，雖然可以透過連結對方的場域立即補充或重啟生命能，仍然必須在對方有意願並同意的情況下進行。

（後記：對我來說，循環系統淨化咒語在健身房頗為好用。過去走跑步機，可能頂多快走三十分鐘就開始喘了，但自從使用擴大生命能的咒語後，走三十分鐘就喘氣的情況完全消失。從健身的過程就可以發現，這對我個人確實有用。）

七、泌尿系統（Duet Lu Gan Ba Su）

★唸誦：Mo Ho Duet Lu Gan Ba Su Na Nu Mi Da（Mo Ho＋泌尿系統咒音＋Na Nu Mi Da）

生物體

尿液是由腎臟製造，可以將血液中的老廢物質和多餘的東西排出，以維持體內水分、體液、鹽分和礦物質的平衡。尿液受各種激素控制，也受到血流量、血壓、攝入的水分和養分、體液流失量、外在環境溫度及生理週期影響。

組成結構

· 腎臟
· 輸尿管
· 膀胱
· 尿道

精微體

泌尿系統掌管你身體宇宙水元素的排出，不光是將體內多餘的體液和水分過濾後排放出來，它同時也能釋放情緒體的垃圾。一些你緊抓著不放的恐懼，小至看見一隻蟑螂時的驚嚇，大到你潛意識中對生命無來由的畏懼和不安全感，都會影響你泌尿系統的處理效能。

這些無法被你消化的情緒體會經由神經系統傳送身體激素訊息，以給予身體最即時的補位。當你下意識緊張、恐慌或心情緊繃時，你的泌尿系統就是身體意識的調節閥，此時你的尿液中會含有大量的氮和胺基酸；而當你處於平靜安適的狀態，尿液的組成就會很平衡。

所以，人類的泌尿系統反映出神經系統的整體結果，也是平衡神經系統的鏡像組成。你們可以從平日尿液排出的頻率、多寡和雜質成分，看見自己的神經系統是否健康。

觀察排尿狀況

一、顏色觀察

早晨起床排出的第一泡尿液的顏色，可以顯示身體的整體狀態。

- 色深偏黃：代表身體的熱能超出你所需，這時會感到身體沉重、濕熱、火氣大。可以吃一些寒涼性的食物來調節。
- 顏色偏淡：腎臟的運作效能降低，必須補充腎氣。可以將雙手掌心貼放在腰後方腎臟的位置，使用光的療癒法引導光進入身體。透過雙手連結腎臟，導入能量，有助於快速提升腎臟的活力。

練習：為自己的腎臟補氣

1. 雙手掌心貼放在腰後方腎臟的位置。
2. 將意識從腎臟位置帶入自己的心輪，與之合一。
3. 祈請光臨在，讓光從你的頂輪流入。

祈禱文：

「喔，聖靈啊！請幫助我清理和穩定光的管道，為了與我連結的人的福祉，將祢無條件的光和愛賜予我〔名字〕。

「我現在已經成為光的管道，讓光前行。」

4. 讓光持續從你的頂輪向下流動，直到你的腎臟部位回復到放鬆與暢通的感受。
5. 感謝光的聖靈和地球母親幫助你為腎臟補氣。

另一種方式，是持唸補強泌尿系統能量的咒語：

Mo Na Duet Lu Gan Ba Su Na Nu Mi Da

二、頻率及尿量觀察

若尿液排放量少，排放頻率卻過高，就和神經緊繃有直接關係。適度放鬆、改變太忙碌的生活節奏、多親近大自然，放鬆神經系統後，排尿量和頻率就會漸漸恢復正常。

若不改善生活習慣，以降低神經系統的緊繃，反而刻意增加或減少水分的攝取，進行過猶不及的調節，只會適得其反。

八、免疫系統（Tu Ka Mo）

★唸誦：Mo Ho Tu Ka Mo Na Nu Mi Da（Mo Ho＋免疫系統咒音＋Na Nu Mi Da）

生物體

免疫系統是身體的防護系統，包含物理性、細胞性和化學性的防禦，彼此交互作用，是非常精密的身體自衛隊。遇到傳染病或身體器官功能失常時，會產生抵抗力，幫助人體存活。

組成結構

・白血球

・抗體
・脾臟
・扁桃腺
・胸腺
・淋巴液

精微體

這是生命在地球的防禦系統，也是非常重要的生命能量保護裝置。當免疫系統無法保護生命能量時，就會造成能量的減損，必須經過維修，才能讓生命能量重新正常運行。唸誦「免疫系統」這個單元一開始提到的咒語，可以快速檢視全身上下的防禦關卡是否仍在正常運作。

這些能量防禦關卡遍布全身，所以你很不容易感知到能量的流動，因為當你唸誦咒音時，是整個免疫系統同步照亮，而不是依序經過一個個防禦節點。全身上下所有防禦節點的訊息回收到太陽神經叢，靠近胸腺下方的區域，若唸完咒此處覺得光明、舒服，代表免疫系統功能健全；若此處仍晦暗不明，甚至有疼痛、鬱悶或不舒服的感覺，就必須常唸此咒，淨化全身的免疫功能。

練習：潛意識暗示法

深呼吸，進入內在意識，唸誦咒音，直到身體感受到能量注入為止。靜心感受這股能量在全身的運行是否順暢。

免疫系統能量流動不足的原因，是內在不信任自己的生命本有的智慧，企圖以小我的意志干預生命能量的自主性，就會造成免疫系統能量流的混亂。這通常也會發生在不信任自己，對周遭環境充滿懷疑和擔憂時。要讓生命能量回歸自主流動，就要信任自己的生命本有的智慧，不干預、不擾亂生命能量的流動，才能讓免疫系統發揮應有的功能。

若發現自己身上的這股能量流動不順暢或變得微弱，可以向潛意識做自我暗示：

「我是安全的，我沒有問題。我信任自己，並願意交付自己給存在更高意識維度的集體智慧。」

九、肌肉系統（Mo Ru）

★唸誦：Mo Ho Mo Ru Na Nu Mi Da（Mo Ho＋肌肉系統咒音＋Na Nu Mi Da）

生物體

肌肉和骨骼密切合作，才能做出強而有力或複雜精細的動作。不隨意肌多數會自動工作，控制身體內部的作業程序，如血液的配給和消化作用。肌肉必須由神經來指揮，並需要血液供應氧氣。

組成結構

- ·骨骼肌
- ·平滑肌
- ·心肌
- ·肌腱

精微體

肌肉系統和呼吸系統交互作用，你很難想像這兩者之間的互動關係。人類身體骨骼結構旁最重要的牽引帶動力量是肌肉，經由你的意識帶動這部分的肌肉，讓身體可以自主移動；另一部分則是你的自主意識無法牽動的，也就是分布於體內器官器壁上的平滑肌，這部分肌肉的能量供應來源，就是由呼吸系統輸入氧氣到血液中，幫助這些平滑肌進行自動的伸縮運動。

這部分作業不在你自主意識的範圍內，卻又緊緊跟隨著你的呼吸運動，獲取源源不絕的能量補給，所以呼吸系統是肌肉獲得能量的源頭。你的身體不論內外，都需要肌肉系統幫助維持生物體的日常運行，當你唸誦肌肉系統的淨化咒語（亦即「肌肉系統」這個單元一開始提到的咒語），最主要是校準和淨化你體內器官的平滑肌。唸誦此咒時，你可以感受一下體內器官有哪個地方收縮或回應你，這就是器官在回復它應該改善或創造更密切的收縮能量，以建立更協調的作業能力。

當你內在平滑肌的運作暢通無阻時，你的外顯肌肉自然能夠健康飽滿，幫助你的身體順利地行進、移動，因爲外在肌肉的狀態就是內在肌肉的反射，而內在肌力是由你與整體宇宙透過呼吸交流順暢與否決定的。因此，當你的呼吸系統生病或運作不順暢時，就會讓肌肉出現病症，無法發揮正常的行動能力。

練習：淨化肌肉系統

唸誦肌肉系統淨化咒語「Mo Ho Mo Ru Na Nu Mi Da」，意識進入體內器官，感受肌肉緊縮的位置，標記出來。可以將意識帶入這些緊縮的位置，深呼吸，加強能量的交換。步驟如下：

1. 唸誦「Mo Ho Mo Ru Na Nu Mi Da」。
2. 偵測體內器官收縮的地方。
3. 將意識錨定收縮處，以呼吸導入能量。透過有意識地錨定身體內部肌肉收縮的位置，可以加強補足這部分需要的能量。
4. 重複唸誦一次「Mo Ho Mo Ru Na Nu Mi Da」，如果感受到原來肌肉緊繃的位置放鬆了，就結束這一次的肌肉系統淨化工作。

如果說，運用光的療癒，使自己呈現爲一個中空的管道，讓光自動展開與你身體場域的交流，幫助你的身體場域淨化，是剛開始學習建立與光的世界互動交流的信任基石；那現在，透過偵測肌肉系統，進而有意識地運用呼吸導入能量，放鬆肌肉，就是開始建立自主意識與高維意識溝通的精準度。你可以透過這個練習，讓自己與高維意識建立更深、更精準的溝通，以爲後續展開共同創造的新互動模式奠定基礎。

十、淋巴系統（Du Ti Ya）

★唸誦：Mo Ho Du Ti Ya Na Nu Mi Da（Mo Ho＋淋巴系統咒音＋Na Nu Mi Da）

生物體

淋巴系統是免疫系統的一個組成部分，對人體防禦疾病有著重要作用。淋巴系統有活性的部分是淋巴液，負責在全身細胞之間四處採集，流入組織間的毛細血管網，毛細血管網又結合成較大的脈管，稱爲淋巴管；淋巴結則是淋巴系統過濾和儲存的部分，沿著淋巴管線路散布全身。淋巴液不像血液透過心臟推動，而是需要藉由人體運動時肌肉收縮壓迫附近的淋巴管，才能被動地流動。

組成結構

- 淋巴球
- 淋巴液
- 淋巴管
- 淋巴竇

・淋巴結

精微體

淋巴系統是T細胞流通的重要網絡，淋巴液可以攜帶大批T細胞進入細胞組織中抵禦病毒入侵。淋巴系統時時刻刻都在到處巡邏，如同身體的警衛般隨時準備抵禦病菌入侵或寄居在身體中造成危害。

人們通常無法辨別攝入的食物和空氣是否含有重金屬或病菌，直到發現自己的淋巴結腫脹發炎，亦即死亡的細胞殘留在淋巴結中導致腫脹疼痛，才知道原來身體細胞經歷了一場重大戰役。

平日就可以進行淋巴系統的偵測和疏通工作，方法如下。

練習：疏通淋巴系統

步驟1：偵測淋巴結

唸誦「Mo Ho Du Ti Ya Na Nu Mi Da」，感受一下是否有某個淋巴結的位置出現腫脹痛熱等感覺，如果有，就代表該處淋巴結需要疏通；假如唸誦此咒時身體沒有任何感覺，就表示全身的淋巴管和淋巴結暢通無阻。

身體的八個淋巴結位置分別在：

· 耳周前後
· 下顎
· 頸側
· 鎖骨
· 腋下
· 腹腔
· 鼠蹊
· 膝後窩

步驟2：停滯暢通

如果偵測到某個淋巴結有腫脹痛熱等感受，就需要進一步疏通。

將意識錨定該淋巴結的位置，唸誦暢通淋巴結的咒語「Mo Na Du Ti Ya Mo Sa Bu Li So Ha」。持續進行十四日，觀察淋巴結腫脹的狀況有沒有消除，同時還須重新審視經常或慣性攝食的食品是否含有重金屬或人工添加劑，或者生活環境中是否有汙染源，如果有，就要同步調整和改善。

十一、骨骼系統（Lu Na）

★唸誦：Mo Ho Lu Na Na Nu Mi Da（Mo Ho＋骨骼系統咒音＋Na Nu Mi Da）

生物體

骨骼系統是支撐整個身體、使其具移動力的堅實架構，系統中的骨頭有槓桿和錨定板的功能。骨骼也爲人體其他系統工作，比如骨骼內層富含脂肪的組織（紅骨髓），是孕育血球的地方。此外，當身體出現礦物質短缺狀況時，如爲了保持神經機能正常而需要鈣離子，會從骨頭中抽取。

組成結構

・顱骨

・脊柱（中軸骨）
・肋骨
・四肢骨
・肩膀
・臀部
・軟骨
・韌帶

精微體

骨骼系統是在胚胎時期就已經形成的生命框架，這個生命基本架構決定了身體其他細胞、器官和組織最終會長成的樣貌。骨骼系統就是陰陽融合之後創造的生命果實，若陰陽無法融合，沒辦法具體成就一個新的生命體。

骨骼系統也是你內在宇宙陰陽平衡的大指標，這個平衡來自你內在宇宙陰性和陽性能量相互共振、交換，最終融合、合一的過程。一個新生兒的骨骼是柔軟的，那是陰陽能量顯化出物質架構的起點；接著，在生命成長過程中，骨骼會不斷晶化，最終在青年時期定型。這段時期生命的主體架構，都是源自ＤＮＡ的初始設定。

而當你從青年繼續前進到老年，你身體骨幹的轉變就跟你內在陰性和陽性能量的互動有關了。一副陰陽調和的骨幹可以維持在青年的樣貌，不會改變太大；若你發現自己的身軀愈來愈不平衡，就需要重新校準。

使用「Lu Na」這個咒音，就是在校準身體中的陰性和陽性能量，進行重組、平衡。觀察骨骼系統呈現的外顯架構狀態，就可以明白自己身體場域中的陰陽能量是否平衡。

當一個生命架構不斷受到環境或情緒體震盪波擊時，骨骼會出現左右邊傾斜的不平衡現象；若傾斜到一定程度，進一步造成痲、痠、腫、痛等現象，身體不同的能量出入口就會出現疼痛狀況。

- **海底輪陰陽不平衡**→有關生存、性與安全感的議題→對應骨盆腔、髖骨、下肢
- **臍輪陰陽不平衡**→有關情緒無法消化和流動的議題→對應腰椎骨（L1～L5）
- **太陽神經叢陰陽不平衡**→有關創造和行動力的議題→對應肋骨和胸椎骨下部（T7～T12）
- **心輪陰陽不平衡**→關於愛的議題→對應肩膀、胸椎骨上部（T1～T6）、肩胛骨、上手臂
- **喉輪陰陽不平衡**→關於誠實表達溝通的議題→對應頸椎骨（C1～C7）、下顎骨、舌骨、鎖骨

可以觀察自己身體骨骼有哪個地方明顯疼痛，用意識錨定該位置來調整。若觀察不出來，也可以使用淨化骨骼的咒音，平衡整體的陰陽能量流，使其趨於和諧。

★淨化骨骼系統咒：Mo Ho Lu Na Na Nu Mi Da

此外，還要進入內在意識的源頭，去看見有一些阻礙和議題顯化在身體骨骼的相對應位置，必須去清理和理解，才能重新讓陰陽能量平衡。

身體的平衡與你如何給予／付出、如何吸收／接納息息相關。你是自身健康的因，亦是果，健康的身體就是你滿足並平衡自身意識所創造的一切能量流動的結果。

十二、皮膚／毛髮／指甲系統（La Li Toe）

★唸誦：Mo Ho La Li Toe Na Nu Mi Da（Mo Ho＋表皮系統咒音＋Na Nu Mi Da）

生物體

皮膚、毛髮和指甲是身體最外層的保護構造，統稱為表皮系統，是用來抵禦物理性傷害，以及微生物、輻射能等危害。皮膚有調節身體溫度的功能，過熱時流汗降溫；皮下脂肪層則有保溫、儲藏能量及減震的作用。

組成結構

・皮膚
・毛髮
・指甲
・皮下脂肪層

精微體

皮膚、毛髮和指甲系統是最靠近生物體靈魂意識場的邊界，也是最終你必須突破和更新生物體的界線。皮膚是你整個身體汰舊換新最快的系統，毛髮和指甲次之。你的皮膚表層每天都在脫胎換骨般地重生，而重生的原動力來自你身體集體意識共同協議的結果。

若你的身體反映出來的整體意識振動頻率高於前一天，你的表皮層組織會汰舊換新得更快，新生成的皮膚組織充滿年輕活力；反之，若你的整體意識振動頻率低於前一日，皮膚表層之下就會開始堆積廢物，直到皮下組織因廢物堆積造成供血量不足，而產生色斑或病變。

所以，你的皮膚、毛髮、指甲直接反映你的整體意識狀態，意識愈來愈提升，皮膚、毛髮和指甲就更新得愈快，顯得年輕。然而，提升身體意識場還是要回到循環系統的源頭進行能量補充。當血液中的含氧量充足，血液循環順暢時，整個身體意識場的能量就可以上升；反之，若流經身體器官某個區域的血氧濃度下降或阻塞，你身體意識場的振動頻率就會下滑。皮膚組織代謝老化細胞的能力趨緩，毛髮和皮膚就會失去光澤。

唸誦皮膚、毛髮和指甲的淨化咒「Mo Ho La Li Toe Na Nu Mi Da」，主要是加強皮膚的代謝和細胞更新能力。

對應身體各器官的咒音

除了十二大身體系統之外，還可以針對特定器官或組織進行光波導入。接下來分別列出幾項調整功能的咒音結構，以及各身體器官和感覺的咒音，同樣可以使用前述驅動光的流動法則導入光波（不同調整功能的咒音結構，以及身體各器官和感覺的對應咒音，請見下兩頁的表格）。

調整內容	咒音結構
整體淨化	Mo Ho ＋身體器官咒音＋ Na Nu Mi Da
補充能量	Mo Na ＋身體器官咒音＋ Na Nu Mi Da
停滯暢通	Mo Na ＋身體器官咒音＋ Mo Sa Bu Li So Ha
降低能量	Mo Di ＋身體器官咒音＋ Na Nu Wa Ya
排除干擾	Mo Da ＋身體器官咒音＋ Sa Sa Sa
歸零重啓	Mon Ban Ya Du ＋身體器官咒音＋ Hon（吽）～

身體各器官對應咒音

身體器官			
眼睛	Muyi	尿道	Yu Ni
耳朵	Kang Do ／ La Me	乳房	Na Ya Da
鼻	Bi Ya Joe ／ Du Ba Zu	子宮	Mon Dai
鼻咽	Hon Ni Sha	卵巢	Ho Zu Ni
舌	Don Ti Ya	陰莖	Ni Ba
牙齒	Dang Ho（檔訶）	龜頭	Bu Tig
牙床	Dang Ho Ba Lu	睪丸	Buli Ba
食道	Ho Lu	唾液腺	Bu Ru
聲道	Hon Ya Ha	汗腺	Uri Ta
手	U Ro	淚腺	Du Yi
腳	Ba Ti	甲狀腺	Don Ba Ya
膝蓋	Hay Yao	扁桃腺	Bju Li Du
腦	Ah Yi Ba	乳腺	Nu Dai
心	Om Ma	胸腺	Da Ti Ya
肺	Mo Hu	脊椎	Bon Tsai
肝	Ha Ya Wa	毛髮	Shi Sha
腎	Duet Lu	眉毛	Mi Wu
胰	Yi Woo	大拇指	Ba
胃	Lu Lu	食指	Le
大腸	Kan Ya	中指	Nu
小腸	Si U Ba	無名指	Yu
肛門	Don Fa Yun	小拇指	Ti

感覺類	
味覺	Mo Nu
嗅覺	Si Yu Da
觸覺	Da Wa
聽覺	Yi Da
意識覺	Om

元素類	
水元素	Mo
火元素	Fa
土元素	Di
風元素	Fo
金元素	Om

有人聲稱可以用光的療法讓腫瘤變小或消失，是眞的嗎？

是眞的，但不是對每一個人都有效，療癒者和被療癒者之間必須建立最佳的信任與合作關係。這是建立在「信」的基礎上，結果是兩者共同創造了神蹟。

「信」可以產生強大的凝聚力，幫助扭轉病患星光體的程序，反轉細胞記憶，回復到健康的初始型態。一旦完成星光體的程序，乙太體的感知會立即顯化，但這只是針對尚未形成物質態的受損之前的神經傳導，若病灶已經深化到物質身體，就無法反轉得這麼快速，需要六～十二個月的細胞增生汰換期才能做到。你們可以練習經由光的引導完成這個星光體的程序反轉，至於如何下載新的程序碼，很簡單，只要請求你大師的光臨在協助就可以了！

一個有力量的療癒師在星光體層一定具備大膽行動的品質，因此可以輕易療癒他人的身體。那是因爲他有「信」的基礎，加上患者相信他可以幫助自己，所以就能展現神蹟！

在療癒光之管道的過程中，有些人會覺得自己身上也沾黏到負面能量，而感到不舒服。在幫助別人時，我們是否會吸附對方的負面能量？

你們要先讓自己的場體呈現爲中空的光之管道，這樣即使在與對方合一的過程中也不會將其負面能量吸附到自己身上。光的反射會幫助合一的能量快速提升到光的世界的振動頻率，所有低頻的意識與能量會立即轉化。

若在尚未建立好自己的光之管道，或是自己身上仍有許多能量黑洞，如恐懼、懷疑、需索時，就與對方身上的能量交纏，你就會將對方的負面能量吸引到自己的身體場域。即使如此也不需要擔憂害怕，只要使用淨化光之管道的祈禱文（即第244頁練習中的祈禱文），清理自己身上的脈輪，就可以轉化掉這些不屬於你的負面能量。

若你只是用意念搬動對方的能量場，就會讓自己比較辛苦。這裡再提醒你一次正確做法。

1. 先祈請光的世界的大師和導師臨在。
2. 請大師和導師給予最適合自己或對方當下的狀態、可以獲得緩解並回復正常狀態的光。
3. 讓光伴隨著你的意識前行。
4. 無念無想，讓光和你合作，幫助淨化和療癒對方的場域。

這樣做，你自己就不會覺得累。

這和現在許多靈氣療癒一樣嗎？

大同小異，只是光的世界的療癒不須由你們指定特定大師或導師的能量，只需要施作者保持能量管道暢通，以及具備精確的第三眼意識導航即可。你的意識可以到達的精微度和你自身管道暢通的程度，是整個療程必備的前提；而對方願意信任你的帶領，願意與你帶入的能量共振，則是他能否獲得療癒的關鍵鑰匙。

最終的療癒結果仍是回到生命的自然法則。在生命法則的大原則、大方向之下，不偏離運行軌道，就能獲得全然的療癒。

我要如何得知對方生命法則目前的大方向和運行軌道？

這無法任由療癒者／施作者看見，而是由被療癒者的自由意志和此生的生命契約決定。一個療癒他人的施作者，必須尊重每一個生命最終的主宰者，也就是每個人自己，任何人或更高次元的神都無法涉入，必須尊重，這也是宇宙運行的大原則賦予每個靈魂最大的自由。生命要去完成自身想要的體驗，就是我之前和你說的，真實體驗後才能擴展其意識。他在意識擴展的過程中必須親身去經歷、探索未知，得到完整的體驗，而療癒者只能從旁輔助、陪伴，不能強制干預和限制其自由意志。

第八章　星光體校準宇宙之心

爲了讓人們可以提早進入光的世界，我們必須讓人類開始建立身體場域在星光體的相對位置的概念，以加速完成人類星光體和宇宙之心校準的工作。

身體系統在星光體中的相對位置

身體表意識系統與潛意識星光體圖

星光體以你身體中軸的心輪爲核心，向外擴散開來，可以簡單分爲內層與外層：內層是內在意識流動層，外層則是物質顯化層。

從上圖可以看見，神經系統是星光體中軸的起始位置，沿著身體脊椎向下方延伸，終止於泌尿系統；橫軸則從消化系統開始，延伸至淋巴系統，流向大地。

身體中軸與橫軸的泌尿和淋巴系統都有水元素的落地點，一開始的意識起源於水元素的位置——

神經系統。水元素最終會經由中軸與橫軸的排水道，流入宇宙回收。

至於其他身體系統，也都和水元素連結，只不過擔任的角色是輔助水元素在身體宇宙中產生生生不息的流動。人體有百分之七十是水分，而人類的醫學研究卻都專注在只占百分之三十的肉體、骨骼、器官組織上，這是本末倒置。深入理解水元素對身體宇宙，也就是整個身體精微體所在的意識場的重要性，對人類的健康和醫療會有更大的幫助。

之前已經向你說明水代表意識，人體意識場的物質態現象就是水，血液只是組織液中釋出的血紅素染色造成的，方便你們以肉眼區別身體內部和外部的水。

水從神經系統的傳導流進整個身體系統起，就創造出生命在地球的節奏。人體如大自然萬物般，經由陽光、空氣和水讓身體場域獲得宇宙能量持續不斷的補給。當水流經心臟，進入血管中，人體就如樹木般，自動展開生命之樹的運行系統。

身體系統水元素自中軸神經系統起，終於泌尿系統，同時與消化和淋巴系統橫軸形成星光體的四方基柱，在星光體的內在意識層可以看見水元素運行的動態表現。

水元素以9爲循環，創造生生不息的生命體驗過程，而情緒體的引爆源頭會決定你身體場域的能量流動路徑和最終顯化出來的結果。人類只從身體去看見星光體的水元素顯化出來的外在狀態，只從五臟六腑的狀態來探討自己的健康，無視顯化出這些物質現象的背後根本原因。這些現象都來自你們的「心」，經由「心」的振動創造出情緒流動後的生命樂章。

人要有健康的身體才能完整靈魂在此生探索和體驗的需求，而要怎麼做才能維持身體健康？就是要和你的心在一起，用意識去看見自己每一個情緒因子產生的生命流動路線。你若是能從星光體的角度觀察自己，而不是透過X光片去看自己的器官，你就會開始看見身體的光的圖像。

前面那張圖中，星光體投影出來的外圈身體系統和內圈意識流有什麼關連？

外圈的身體場域流動是內圈的意識流創造的結果。這個2D的星光體投影幕是你整個身體意識場的投影，此身體意識場融合了你跨越所有星際維度存有的意識，也包含星際軌道中所有你可以觸及的範圍。你的生物體就是整個無相宇宙的縮影，現在經由你內在的心智圖投影映入眼簾。你可以發現，這個投影幕反映了你的宇宙實相的一切可能，而它會隨著你內在的意識流轉變。你的內在意識可以驅動你外圍身體的上兆個細胞產生物理反應，它就是存在身體中的核心引擎，帶動你整個身體去創造、體驗和顯化出你想要達成的目標和此生的生命藍圖。

你的意識在哪裡？就在你的身體細胞，那看不見的粒子交互作用下產生的等離子體場域。它可以幫助你的存在意識跨出身體的局限，進入星際航道，並與地球上所有生命存在體及跨越地球之外的星系意識存有取得連結。

你的星光體屏幕會讓你明白，身體所有的器官、組織和各個系統之間的協作狀態，決定你的意識可以到達的維度和次元。若你的意識無法穿越物質身體，而被困在自己的生物體之中，你就無法展開星際旅程。這裡所講的困住，指的不是細胞吞噬了你，或是因爲器官受損造成你的意識無法揚升，而是你的意識存在於認同自己的身體是你的意識所能到達的極限，身體無法到達，意識就無法到達，這種物質性思維是人類一直以來讓自己受限的枷鎖。

認識身體宇宙在星光體的功能之後，我們要進一步談星光體的導航。你之前意識到頭頂有一圈帷幕，這就是你的星體控制艙，類似你個人的宇宙飛行器，只是這裡沒有你們物質世界中的硬體和機械設備，你在這裡是以意識導航的方式控制你的飛行器。

之前要你練習透過音頻調教身體系統，就是要針對你的宇宙飛行器進行總整理和確認盤點。沒有健康的零件，你的飛機無法順利起飛，所以接下來，你必須爲飛行器進行安全檢查，這是每日固定的維護工作。

星光體系統維護工作

維護星光體的方法，就是爲每一個身體系統的精微體進行校準。

先把十二個身體系統的咒音唸一遍。

- **神經系統**：Mo Ho Yi Ba Ya Na Nu Mi Da
- **內分泌系統**：Mo Ho Si U Ba Na Nu Mi Da
- **呼吸系統**：Mo Ho Mo Du Na Nu Mi Da
- **消化系統**：Mo Ho Ha Wa Lu Di Na Nu Mi Da
- **生殖系統**：Mo Ho Na U Ba Le Na Nu Mi Da
- **循環系統**：Mo Ho Su La Na Nu Mi Da
- **泌尿系統**：Mo Ho Duet Lu Gan Ba Su Na Nu Mi Da
- **免疫系統**：Mo Ho Tu Ka Mo Na Nu Mi Da
- **肌肉系統**：Mo Ho Mo Ru Na Nu Mi Da
- **淋巴系統**：Mo Ho Du Ti Ya Na Nu Mi Da
- **骨骼系統**：Mo Ho Lu Na Na Nu Mi Da
- **皮膚／毛髮／指甲系統**：Mo Ho La Li Toe Na Nu Mi Da

唸完後，開始問自己：哪個部分需要補充能量或降低能量？

調整內容	咒音結構
整體淨化	Mo Ho ＋身體系統／器官咒音＋ Na Nu Mi Da
補充能量	Mo Na ＋身體系統／器官咒音＋ Na Nu Mi Da
停滯暢通	Mo Na ＋身體系統／器官咒音＋ Mo Sa Bu Li So Ha
降低能量	Mo Di ＋身體系統／器官咒音＋ Na Nu Wa Ya
排除干擾	Mo Da ＋身體系統／器官咒音＋ Sa Sa Sa
歸零重啓	Mon Ban Ya Du ＋身體系統／器官咒音＋ Hon（吽）～

等待身體回應，然後給予補充。接下來完成每一項身體系統調整的檢核（各項調整功能的咒音結構見上表）。

每天早晚各做一遍，大約十天，你的星光體就會回復可以正常運行的狀態。

所以，你現在是否更明白爲何要清理業力？因爲那些尚未釋放、尚未平衡的細胞記憶若存在你的乙太體層，你的星體飛行器就無法恢復可以導航的狀態。

除了調整所有身體系統，也可以用同樣的方式針對各個身體系統中的器官進行更精微的調校。

中軸校準的方法

中軸是星光體移動時最重要的基柱，若有偏移，就無法進行正確的宇宙導航。

導正中軸的方法有許多種，以下介紹可以就地取材的。而透過這個就地取材的方式，你還可以打開另一層認知的限制，去看見自己心智圖中投影出現的，不只是你的身體表象顯現的一切。除了看見身體器官、系統、組織在星光體中的投影之外，你也能看見地球上所有生命存在體的振動像你的身體系統和器官一樣，可以投射進入你的星光體投影屏幕中。你可以從十二個象限裡找出彼此的關連和位置，然後你就能和高次元的你聯手展開在星光體中的創造。

一、意識導正法

這是最簡單的做法：連結進入自己的星光體，用內在之眼投射出星光體的屏幕，觀察目前的中軸是否偏移；若明顯不在第三眼投射出來的正中央位置，就可以用意識直接挪移，直到中軸這條垂直線居於第三眼視野的中央。基本上，這是幫助尚未契入星光體的人的做法，若是已經成功進入星光體，就不需要再次進行這個步驟，因爲你已經是處於中軸在中央位置的狀態才能進入星光體，你就是自己星光體的宇宙之心。這個以意識偵測的做法，是用來幫助一些尚未成功進入自己星光體的人快速調校。

二、從大自然取材，輔助中軸回歸中心

我們的身體細胞可以從與大自然萬物的共振中取材。當意識進入星光體的維度，我們可以透過星光體的感知共振連結大自然萬物，以獲得補給。

你現在看見自己的星光體像個自體運行的小宇宙，在一個環形運行的象限中生生不息地運轉出不同的結果。這裡頭沒有出生到死亡的線性規則，一切都是圓的，由地、水、風、火四大元素，透過起、承、轉、合的流動過程，創造出生生不息的生命現象，再從現象裡延伸出成千上萬種結果。你們的身體系統和這個世界，乃至整個宇宙的運行路徑都一致，也因此，當你找到自己的身體器官在星光體中相對應的星體位置時，就可以從位置中找到其完整的結構性支點，而此結構體經由太陽中軸的牽引產生相應的現象。當你連結任何一種植物時，就可以看到晶體的矩陣式結構如何因此植物的能量共振產生位移。

接下來，以星光體感知每種植物相對於你身體場域的星光體座標位置。最簡單的方法就是運用直覺，將你感知到的植物分門別類放在你星光體感知的球形象限中，然後讓身體細胞的星光體意識與該植物共振，自動展開能量路徑導引。你可以將連結植物後的星光體能量展開路徑記錄下來，再依照路徑找出適合自己的植物種類，將這些植物的能量導引進入水中飲用，就可以獲得身體智能提供最適合當下的你的建議。

喔！這聽起來的確不會被目前的醫療系統理解和接受。

人類過去的醫療只在物質體的現象中求解，因此發展出以化學藥物解除身體假性病徵的方法——之所以說假性病徵，是因為那是呈現你們眼睛所能辨識的病理現象，而非從根本源頭解決。這導致你們只能仰賴更多身體無法吸收的藥物來與病徵抗衡，讓身體承受了更多負荷，必須從正常的細胞中分離出更多免疫細胞來幫助抵抗外來物的入侵，免疫系統因而創造出更多的自體失衡。人類一直以來都使用殺敵對峙、你死我活、你輸我贏的方法面對身體疾病，不理解宇宙的根本之道就在無限的連結與平衡過程。你不只存在肉眼可見的物質世界，也與無限寬廣宇宙中的萬物相連，若你切斷自身內在宇宙的流動，就等於阻斷與無限宇宙連結的路徑和行動軌道，最終只能讓這些細胞隨波逐流，流入宇宙黑洞，造成你身體組織崩塌，產生更難以回復的重大疾病。這是人類的醫療系統未來必須重新再造的環節。你們的身體健康與否，自己會最清楚，只有讓一個人重拾身體意識的連結和溝通能力，才能真正創造一個健康的身體環境。醫生不是來治癒你的疾病，他們不會比你自己的細胞更清楚狀況；未來的醫生是協助病人重新與自己溝通連結的橋梁，醫生是副手，你才是自己真正的醫者。

三、使用大自然的元素，幫助平衡偏斜的星光體

（因為居住在城市裡，我無法整天在外面找植物連結，便以自己可以從市場上買到的植物和礦石的精素〔注〕，直接連結進入星光體中比對。透過與這些礦石和植物能量的連結，我進入自己的星光體，比對出多種植物和礦石能量相對於我們身體系統的位置，製成下一頁的對照表，提供給讀者參考。

在這個找尋大自然元素的過程中，我才真正理解阿乙莎一再告訴我的，人類需要的一切，地球母親早已準備好，並無條件提供給人類使用，只是我們忘記可以用意識連結，和大自然萬物的能量共振，重啓或平衡自身的能量場。人類從大自然中擷取的資源已經超過自己所需，不斷地挖採、囤積，並且過度捕食動物、過度使用化學藥劑栽種植物，造成自己的身體系統充滿無法排出的重金屬，身體愈來愈沉重。一切的宇宙智慧和真理就在我們自己的身體裡，人類必須重新看待自己和地球的關係，提升自身意識進入星光體的維度，就可以輕鬆透過意識連結大自然的植物和礦石，幫助自己的身體場域獲得平衡和補給。）

各身體系統對應的礦石和植物

身體系統	咒音©阿乙莎	對應礦石	對應植物
中軸	Om	鑽石（Diamond）	紫杉（Timeless Yew）
神經	Yi Ba Ya	深棕珀（Dark Amber） 紫水晶（Amethyst） 電氣石（Tourmaline）	冬青（Holly） 榆樹（Elm）
內分泌	Si U Ba	琥珀（Amber） 黑玉（Jet）	蘋果樹（Apple Tree）
呼吸	Mo Du	托帕石（Topaz）	松樹（Pine） 祖母香桃木（Myrtle）
消化	Ha Wa Lu Di	翡翠（Emerald） 虎眼石（Tiger Eye） 綠玉髓（Chrysoprase） 橄欖石（Peridot）	榛樹（Hazel）
生殖	Na U Ba Le	紅寶石（Ruby） 血玉髓（Blood Stone） 粉晶（Rose Quartz） 煙水晶（Smoky Quartz）	黑刺李（Blackthorn）
循環	Su La	月光石（Moon Stone） 白水晶（Rock Crystal） 黑曜石（Obsidian）	山楂（Hawthorn）
泌尿	Duet Lu Gan Ba Su	綠柱石（Beryl） 玉石（Jade） 鋯石（Zircon）	梣樹（Ash）
免疫	Tu Ka Mo	海藍石（Aquamarine） 黃水晶（Citrine） 碧玉（Jasper）	接骨木（Elder） 赤楊木（Alder）
肌肉	Mo Ru	石榴石（Garnet） 紅玉髓（Carnelian）	花楸（Rowan）
淋巴	Du Ti Ya	藍銅礦（Azurite） 青金石（Lapis Lazuli） 綠松石（Turquoise）	柳樹（Willow） 苔蘚（Moss）
骨骼	Lu Na	藍寶石（Sapphire） 蛋白石（Opal）	山毛櫸（Beech） 樺樹（Birch）
皮膚／毛髮／指甲	La Li Toe	包文石（Bowenite）	橡樹（Oak） 山櫻花（Cherry）

擴展星光體四方基柱的咒音

星光體四方	對應身體系統	咒音
上（水元素）	神經系統	Mo Ho Yi Ba Ya Na Nu Mi Da
下（火元素）	泌尿系統	Mo Ho Duet Lu Gan Ba Su Na Nu Mi Da
右（土元素）	消化系統	Mo Ho Ha Wa Lu Di Na Nu Mi Da
左（風元素）	淋巴系統	Mo Ho Du Ti Ya Na Nu Mi Da

檢查星光體的四方基柱是否擴展出適當寬度

可以用意識掃描神經系統和泌尿系統的長度，以及消化系統和淋巴系統的寬度。若意識掃描出來的長度及寬度不夠，可以唸誦該相對位置的身體系統咒音（見上表），然後偵測是否有明顯擴展。

身體表意識系統與潛意識星光體圖

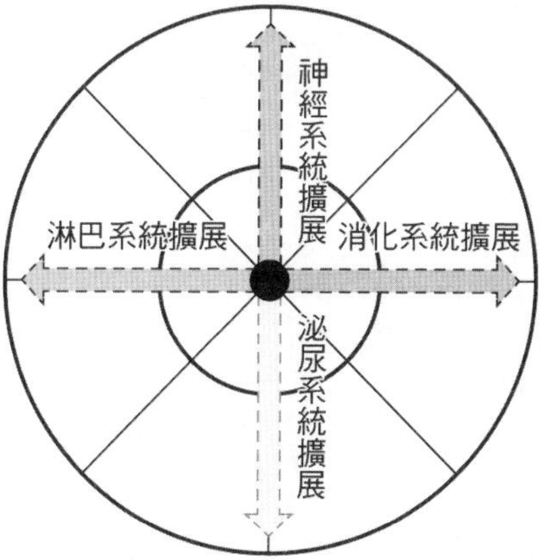

平衡光的系統，檢視光的變化

星光體光的平衡

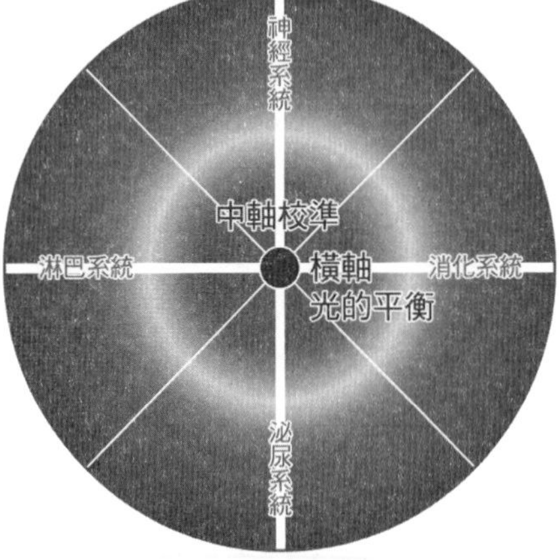

從中軸往外，每一圈的顏色依序是紅、橙、黃、綠、藍、靛、紫。

從中軸中央向外移動，每往外移動一圈，就感受光是否有所阻塞。若感受到某一層的光流動不順暢，就以意識從中軸上方，亦即頭頂上方神經系統的位置注入那一個顏色的光，然後再次掃描一圈，直到每一層的光流動順暢爲止，就完成了星光體的光的平衡。

當星光體中軸穩定，光的流動順暢平衡，就可以大大改善身體場域的細胞生存環境，讓自己活出健康的生命，爲靈魂揚升至五次元的星際生活做好準備。

如果可以每天確認光的平衡，檢視一輪，你也會發現自己的身體場域更加擴展、輕盈。

注：精素和精油不同，精素無色無味，是將植物或礦石的能量引導入水中的能量儲存形式，是一種可以用來平衡情緒和深入乙太體層的療癒工具。

精素的使用方式很多，包含：

·將一滴精素滴入左手掌心，塗抹在臍輪，深呼吸，可以幫助平衡身體對應的能量位置。

·手握或配戴精素瓶，不需要滴入手中或塗抹在身上，一樣可以感受到身體場域和精素互動平衡後的結果。我曾嘗試讓中軸偏移到淋巴系統位置的人手持柳樹精素，透過星光體觀察，可以立即讓中軸校準，回到中心。

·在澡缸裡滴入一滴精素，用來泡澡。

·將數滴精素滴入室內空間芳香噴霧中，以一比五十的比例即可，如一毫升精素搭配五十毫升的空間芳香噴霧，直接噴灑在空間中，可以提升環境的振動頻率。

第九章　契入靈魂光之殿堂

（泰雅傳來一首咒音和曲子。這是收到一堆咒音以來，第一次有曲調傳過來，我可以隨著咒音直接哼唱出來。

泰雅說這段咒音源自古文明部落的傳統。一些在體驗愛的過程中犯罪或受傷的靈魂，他們內在的光失去校準，當部落要迎接這些靈魂戰士回家時，就會舉行慶典，迎接他們回到光之聖殿。光之聖殿不在外，而在人們的內心。部落所有的族人會圍成一圈，歡唱這段咒音，迎接這些新生命回到光之殿堂。

Ah Mju Ha Pa Ya Wu Mi Da〔＊兩遍〕

〔啊！我勇敢的靈魂戰士。〕

Mo Ha Pa Ya Pa〔＊兩遍〕

〔你辛苦了，歡迎歸來。〕

Yu Wu Fa Du Fa Le Ya Pa〔＊兩遍〕

〔讓我們將你身上的泥沙和髒汙褪去。〕

Om～Om～Om～Om～

〔潔淨光耀你偉大的靈魂！〕

請掃描QR Code，聆聽〈回到光之殿堂〉美讚。

我有好幾天都反覆唱誦這首歌，每唱一次就感覺自己的意識更加沉入心輪，感受到進入身體宇宙中央的寧靜感。）

契入光之殿堂的方法

（泰雅要我重新唸誦一遍身體系統的咒音，只是這一回，她要我往逆時針方向唸誦。我順著這個指引，以逆時針方向唸一遍十二身體系統咒。

Mo Ho Yi Ba Ya Na Nu Mi Da

Mo Ho La Li Toe Na Nu Mi Da

Mo Ho Lu Na Na Nu Mi Da

Mo Ho Du Ti Ya Na Nu Mi Da

Mo Ho Mo Ru Na Nu Mi Da

Mo Ho Tu Ka Mo Na Nu Mi Da

Mo Ho Duet Lu Gan Ba Su Na Nu Mi Da
Mo Ho Su La Na Nu Mi Da
Mo Ho Na U Ba Le Na Nu Mi Da
Mo Ho Ha Wa Lu Di Na Nu Mi Da
Mo Ho Mo Du Na Nu Mi Da
Mo Ho Si U Ba Na Nu Mi Da

唸完十二系統的咒音後，我讓意識指回正上方的YiBaYa〔神經系統〕，此時，我的內在空間頓時展開一個圓形的殿堂。我感受到自己的意識向身體中軸的後方移動，中軸前方則挪出一個內在空間，我的意識進入全然入定的狀態。

在定靜中過了一陣子，我呼請泰雅。此時可以感受到泰雅也進入這個場域，就在我意識的前方，我的意識則明顯退到整個場域的後方。）

泰雅，這是哪裡？

契入內在光之殿堂
與高我合一示意圖

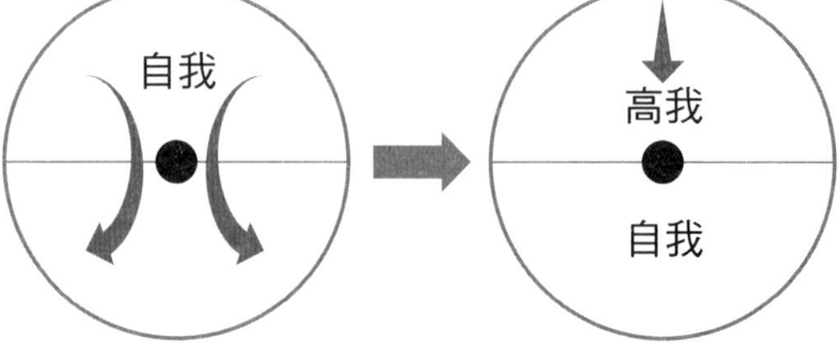

這是你意識淨化後到達的你內在最神聖的殿堂，這個空間就存在每個人的身上。你進入後，可以感受到自己的個體自我意識退居舞臺後方，舞臺上空空如也，什麼都沒有，然而這正是與一切萬有意識整合的場域。你無法以任何角度、顏色、形狀看見或聽見任何存在，也無法用內在意識去辨識，這個無色無相的空之境地，是你與眾神合一之前必須到達的狀態。

你的小我意識全然退居幕後，讓出你的生命舞臺，你才能容納一切萬有的臨在。這是你們的宗教和經典描繪的源頭、空無、定靜、無我、三摩地等等，但你無法用任何語言或文字清楚描述這種「無有，又無所不有，無存在，又無所不在」之境。這裡正是你們所有源頭意識合一的地方，也是褪去你身上最後一道意識的屏障，這最後一道屏障，過去只有在人類完成地球體驗、生命走進下一次的運轉過程才能進入，現在你們得以在尚未離開物質身體的狀態下，直接契入你的靈魂最初始設定的光之殿堂。

你的意識進入這定靜空無之境，到達準備與高我合一的預備狀態時，你的內在會挪出一部分空間，讓自己的意識與高我融合。高我現在移動到你的前方，你在後方，而在此之前，你是在前，高我在後。其實，你並沒有移動，是你的星光體旋轉，讓你產生靈魂意識移動的錯覺。

你的星光體展開三百六十度的圓形空間。你們過去習慣看見前方，潛意識在後方，也就是一直往外看，從不去感知另一個同樣存在你之內的世界。那個一直在你之內默默支持著你的高我意識，就在你的星光體全息屏幕打開後，才能以全息化的角度臨在。

你的存在不再只是有無、是非、對錯和黑白的兩極，你將融合一切存在意識，產生一個全新、全息、包容萬有的視野，就如同《心經》所言：

般若波羅蜜多心經

觀自在菩薩，行深般若波羅蜜多時，照見五蘊皆空，度一切苦厄。
舍利子，色不異空，空不異色；色即是空，空即是色；受想行識，亦復如是。
舍利子，是諸法空相：不生不滅，不垢不淨，不增不減。
是故空中無色，無受想行識，無眼耳鼻舌身意，無色聲香味觸法，
無眼界，乃至無意識界；無無明，亦無無明盡；乃至無老死，亦無老死盡；
無苦集滅道，無智亦無得。以無所得故，菩提薩埵。
依般若波羅蜜多故，心無罣礙；無罣礙故，無有恐怖；
遠離顛倒夢想，究竟涅槃……

你已經到達。恭喜你，也恭喜我們共同完成這一趟旅程！

在光之殿堂中身體的變化

你現在可以感受一下自己和之前有何不同。

我感覺頭頂和第三眼比較沒有壓力，而太陽神經叢似乎更寬大了，你透過我肉體的雙眼看這個世界，已經不像是用第三眼的感覺，似乎兩隻眼睛就具有掃描的功能，幫助我更能看見全息化的景象。過去我雙眼的焦點偏左眼，現在聚焦位置變了，偏到右邊眼睛。

除了這些，你感覺自己的星光體有何不同？

我感覺自己的身體多出好多層的球體包圍著我。

過去在ＤＮＡ封印的狀態下，人類的腦意識中設置了情緒體驗閥門，你們被迫聽從情緒的引導，阻斷了和自己內在宇宙的連結。當你穿越情緒的屏障，連結上宇宙意識時，你先透過高我的邀請，契入自己的晶體，那裡就像你意識的休憩站。晶體位在頂輪上方六吋的位置，你過去一直透過晶體和光的世界的高我連結，獲得眞理和知曉，但這個階段仍處於知曉的狀態，你與高我之間還是分離的。

當你愈來愈與高我意識合一，將你的自主意識、身體意識與高我意識合而為一，從頂輪上方的晶體往下進入第三眼，再漸次往下，融入心輪和太陽神經叢之間的位置，你會感覺自己向心輪下方更深入地擴展。這裡就是你的高我與你在你的肉身合一後停駐的位置，你在這個狀態下，就進入與高我共同創造和顯化的行動階段。

你要知道，你目前的狀態就是地球母親分分秒秒在地球臨在的狀態。地球母親看著萬物的起起落落、大自然的展現，以及每個生命的自由綻放，允許一切可能性，也願意讓所有生命期待的體驗都顯化出來。地球上所有的生命都被母親全然地包容，這是母親的慈悲和寬容，承載萬物共生的需要。你現在處於與高我合一的狀態，就可以看到我所見的一切。

我覺得自己的內在空間又變大了，我的意識站在身體後方。除此之外，我呼吸更加順暢，有點像之前阿乙莎帶我進入晶體空間的感覺，唯一的差異是之前契入晶體是意識移動到頂輪上方，現在則是在自己身體正中央，接近心輪的位置。

很好，高我即是你，你即是高我的臨在。高我已經可以在你的身體場域與你相互融合，你的身體場域騰出了一個與高我共同存在的空間。

我的潛意識到哪兒去了？

你的潛意識就是自主意識存在帷幕之下的黑暗中，那一面已經全然被你的意識照亮。當你與高我在你的身體場域中合一時，你的更高意識得以全然地臨在。

這是一段漫長的靈魂回歸旅程，彷彿你在地球的生命已經走完全程一般。這樣的狀態在過去被稱爲到達生命的終點，也就是靈魂在前往下一次的生命旅程之前會到達與自己的潛意識合一的狀態，透過高我的引領，你得以回顧自己的一生，然後決定下一次生命的選擇；而此時此刻，你正在經歷的並不是此次生命的終結，而是在生命存續期間的揚升。你是和高我意識全然合一的臨在意識體，在這個狀態下，你DNA的節點已經全部打開，準備學習宇宙人的相關知識。

你之前一直想知道地球人和宇宙人的差異，現在你看見自己的內在宇宙，進入心輪，與高我合一，你的臨在就打開了宇宙人在地球上生活的序幕。

> 我還是無法説清楚現在的身體感官和之前有何不同。其實，我現在並沒有想像中神通，也不會看到光怪陸離的宇宙星光景象，我還是我，一個有實際肉身存在的個體，仍然坐在書桌前寫字，沒有騰空飛翔，一切如常，還是吃喝玩樂，過著一樣的地球人生活。我不知道現在這種與高我合一狀態下的生活，和我過往的日子有何不同。

這個改變不會像日月的更迭，從黑夜到白晝，或是讓你的感官看見不同的地球景象，不是這樣的。你的身體就是你在地球上行動的載具，只要你的意識以高我爲中心校準宇宙之心，你合一後的意識可以觸及的維度和範圍，就不同於你以往的「連線」狀態。

泰雅，你們是如何稱呼這裡的？

這裡是光之殿堂，你靈魂的殿堂，你與自己的高我意識交流的平臺。當你成功到達靈魂光之殿堂時，可以與自己的更高意識融合為同一意識，而在這樣的狀態下，你可以幫助自己打開所有靈性組成片段在你身上的DNA閘口，讓你進入宇宙不同次元間的資料庫，讀取你需要的訊息。

很多宗教提及三摩地是進入一種空無的狀態，我的意識怎麼還可以問來問去，還沒有感覺到達？

我們還無法帶領你進入三摩地的風元素的空境，因為一旦進入那種狀態，你就無法梳理意識，也無法記錄和寫下文字。進入三摩地需要在更多靈性家人共同護持下完成，現在使用倒轉你生命之輪的咒語，只是讓你淺嘗即止，你還沒進入三摩地的境界。現在當你倒轉生命之輪，你的自主意識會不由自主地退居幕後，站在你身體後方，這是一種狀態；還有另一種狀態，是你打開眞我迎接高我進駐與你合一時，你的自主意識會移向右方，與高我融合之後再回到光之殿堂中央。

光之殿堂中的四大元素

在光之殿堂中，你的自主意識進入的不同位置，代表的意義如左圖。

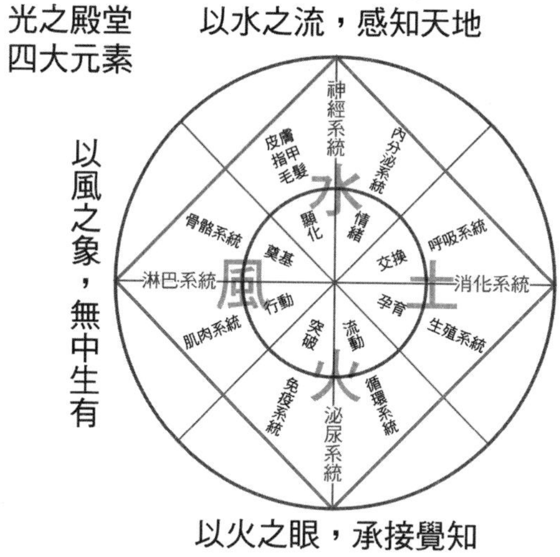

第十章　我是臨在（以火之眼，承接覺知）

當你將生命之輪逆轉一圈，就會進入火元素的位置，以內在之眼承接內在的覺知，此時你會感覺到內在空出一個圓形的光之殿堂的空間，就出現在你的正前方。你就像戲院裡的觀眾，前方的舞臺就是你內在覺知的舞臺，當你想要「觀」任何一個人、一個物件、一個意識體，或是一個你想深入探究的現象，就邀請這個你想要「觀」的對象進入舞臺區。這時，你就是以火之眼來看見萬事萬物，可以進入微觀的量子場域，看見更多細節和原貌，也能知曉萬物的眞理。

打開內在之眼

接下來，你可以用這個咒音打開自己的內在之眼，看看有何不同。

★**「我是臨在」咒：**Mon Sa Bu Li So Fa Yun

你現在練習去看，可以看出什麼嗎？

沒有啊！我什麼都看不出來。

等等，我發現這樣用眼睛去看反而已經不太能聚焦。我還沒有試圖連結我的第三眼，就已經呈現不聚焦的狀態，彷彿眼前的物體都是虛的，也都可以被忽視，那都是假的障礙物。我的視野前方呈現一片好廣大的範圍，可以掌握裡面所有的脈動。

我臨在我所在的空間，以我爲中心向外擴及的場域都可以感知到，那種臨在感和在更高維度的合一感是不同的。之前在高維基督意識的合一沒有空間的概念，所有存在都是光，也都融合在一起，無有分別，無法區分你我之間的任何不同；而現在的臨在，是以我爲中心的一整個宇宙，裡面有實體，有形有相的地球物質世界和非肉眼可見的狀態都在我眼前。我臨在一切，但不與其融合；我知道一切正在流動，也清楚這所有存在之間都相互連結、互動。現在，我就是臨在，**I exist**，和之前在基督意識場中的「我是」，**I am that I am**，是不同的。

你現在再去聽你所處環境裡的聲音。

我在聽見每一個聲音的同時，內在宇宙會出現那些聲音相對於星光體的位置；我不只可以聽見所有聲音，還可以清楚辨別聲音在星光體出現的位置。我聽見座標位置要幹麼？

透過內在光的指引，你可以更清楚看見聲音的來源，錨定物件或另一個生命，並與之進行精準的溝通。你之前的連線狀態是透過神經系統的傳導，訊號是降頻後再由你的大腦轉譯；現在則不需要經過神經系統，而是打開身體最重要的能量來源——心輪——通過音頻鎖定目標物。

在地球維度，所有音頻可以用振動波讓你感知，你也可以透過心輪接收超出耳朵聽覺範圍之外的頻率。現在你可以接收到地球母親七．八赫茲的振動波，透過心輪感知，接收到地球母親的心跳聲。

地球萬物原本都可以接收到母親的心跳，只是人類與自己的潛意識分離，被屏蔽了與母親的連結。你現在重新用心輪感知，去找出萬物存在的共同性。

我感受到一幅景象，陽臺上所有小鳥此起彼落的吱吱喳喳聲中，有同樣的脈動，牠們正在歌頌大地母親甦醒後，透過清晨的日光傳來一波波慈愛的能量流。鳥兒正歡喜迎接來自地球母親的能量而不由自主地哼唱，透過哼唱可以和母親的能量進行交換，讓身體獲得夏日能量的補充。現在周圍的汽車喇叭聲和交通的混亂凸顯出人類有多落後而笨拙，人們每天一早就無意識地趕去上班，身體感知系統連動植物都不如。我們眞的很像阿乙莎之前描述的狀態，是被寵壞的孩子，對母親予取予求，還自以爲是地摧毀我們賴以爲生的環境，連帶危害了地球上其他生命的生存權利，眞糟糕！

好啦！讓你靜心體驗這一切，不是要你再起憤怒和瞋恨。你明白這中間的差異，接下來要怎麼讓人清楚了解今日你體會到的眞實才是重點，這也是和高我合一之後要去展開的行動。

地球母親好偉大，從來不去阻止，也不干涉，給予無條件的愛與包容，允許所有生命自由綻放。這樣看來，人類在沒有打開自己的星光體意識前，似乎做盡了傷害自己和地球母親，以及排擠其他物種生存權利的蠢事，爲什麼你沒有強力干預？就連存在每個人身上的高我也不直接告知我們眞相，任由人類一再輪迴，一再破壞環境，一再創造畸形的地球遊戲場，爲什麼？

唯有如此，才能創造出更多的可能。這是我在地球的使命和任務，我不但不介入，還必須隨時和中央太陽及宇宙之心維持連繫，依循宇宙既定的法則，進入屬於我的軌道。我也明白你現在的疑惑，既然都是爲了體驗愛，爲何要創造出那麼多不值得去愛的事件來說服你們這也是愛的表達？

是啊！我很難理解，更別提去寬恕殘殺小動物的人類。

這樣說吧，你看到一頭牛出生後就替人類勞動一輩子，最後還被主人宰殺，覺得這是人性最殘暴的行爲，但在帷幕這一端看見的是不同的景象。一頭牛盡其所能讓自己的生命發揮到淋漓盡致，然而對這頭牛來說，牠並沒有因爲如此活著而學會慈悲，也沒有機會學到寬恕，因爲牠在整個生命過程中從沒有定義自己是「受害者」。牠來地球體驗勞動，體驗人類可以如此創造生活環境，透過和人類的互動，牠可以發展出不同的生命視野。這是牠此次生命的需要，人類則是扮演滿足牠這項需求的角色而已。

牛並不懂得用自己的生命和時間去賺取金錢，對牛來說，生命就是無所求地付出，沒有對或錯的問題，一直付出到生命終結的最後一刻，再將自己的身體交給人類食用，這是他要在此生經歷最完整的付出體驗的完美安排。而相對來說，人類則可以透過看見牛的生命過程學習到慈悲，學會尊敬其他物種的生命，還可以學到寬恕和奉獻。

人類是地球物種當中最會使用情緒體來詮釋生命的，但是，人們會因無法理解或無法接受某些現象，而將其定義爲「負面」。這些「負面」定義口耳相傳，成爲人類潛意識的巨大黑洞，然後這些因「不理解」而創造的黑洞就需要地球母親協助排解和消弭亂流。最終，只有「寬恕」可以協助人類停止讓負面的想像繼續擴大。

你會發現，**寬恕並不只是去原諒傷害你的人事物，其實需要原諒的不是對方，不是傷害你的人或事件，而是你那無止境的負面想像力**。若沒有讓人練習投射寬恕的想法，你們創造的想像黑洞足以吞噬整體人類的生命體驗場和地球運行的軌道；只有透過寬恕，才能阻止人類進入永無止境的自毀模式。

可是，從古至今，人類和其他物種之間各種無情和殘暴的事件不斷上演，寬恕並沒有徹底解決人類面臨的種種問題。

孩子，當你像頭牛時，你就不會認爲自己或他人受到傷害，你和牛最大的差異即在此。人類的「認爲」和「思想」是如此有創造力，人們一旦進入負面的想法，還有什麼力量可以讓一頭瘋狂進入黑洞中的牛停止狂奔？寬恕是爲了讓生命在不顧一切急駛進黑洞時得以煞車回轉，那是幫助人類生命繼續存在的力量，而牛並沒有必須寬恕的事情，因爲牠不會被思想引入自毀模式。

這麼說，寬恕是人類需要的，若沒有寬恕，人類會自取滅亡？

是的，若人類不運用寬恕的力量，就會被自己創造的生命訊息場黑洞吞噬，人類就會有滅絕的危險。所以，**寬恕是爲了讓人停止自掘墳墓，讓進入黑洞的疾駛列車停止行駛**，生命會因爲寬恕的介入，得以從黑暗中抽身，找到光明的出口。

第十一章　情緒的重要性（以水之流，感知天地）

身體表意識系統與潛意識星光體圖

用意識進行星光體校準這麼簡單就可以完成，那麼如果已經生病了，還可以用什麼方法快速導正？

生病就是光的流動性有問題，或是出現阻塞點。你現在已經明白，「心→情緒→進入體驗和流動→完整生命的體驗」是過去你們習慣的意識流路徑，現在當你打開星光體的帷幕，看見全息化的意識流動路徑，就可以重新做選擇。

現在先回到身體系統投影那張圖，去看見內圈代表內在意識流的部分。

業力之路：內在意志往順時針方向行進（因生果）

・內圈意識流路徑

情緒→交換→孕育→流動→突破→行動→奠基→顯化→回歸中心起點，亦是終點站

・外圈顯化路徑

神經→內分泌→呼吸→消化→生殖→循環→泌尿→免疫→肌肉→淋巴→骨骼→皮膚／毛髮／指甲→神經系統，回歸原點

創造之路：內在意志往逆時針方向行進（果造因）

・內圈意識流路徑

顯化→奠基→行動→突破→流動→孕育→交換→情緒→回歸中心起點，亦是終點站

・外圈顯化路徑

神經→皮膚／毛髮／指甲→骨骼→淋巴→肌肉→免疫→泌尿→循環→生殖→消化→呼吸→內分泌→神經系統，回歸原點

這一切的主導者，是你的自由意志，也就是地球上的你的小我意志。你處於小我的你、潛

意識的你及高我的你同在你之內的狀態，而你自己就是內在意識的主人翁，你的意志決定生命之輪旋轉的方向。

當你的內在意志決定以逆時針方向，從顯化之路出發，你就走入了創造之路。這是一條由果造因的道路，在這條路上，你不會遇到情緒體的障礙、阻撓和地雷，也可以降低陷入業力枷鎖的深淵而進入重複性情緒漩渦的機率。像這樣與內在神性自我，也就是與高我意識合一後共同創造，更容易突破現狀，透過宇宙更高維度能量的幫助，取得事半功倍的創造成果。

若你的意志決定往順時針方向，從情緒之路出發，你的行動將會受到情緒的牽引。這就是人類一直以來習慣體驗的道路，你們總是認爲事出有因，總是在因果關係中不斷循環。你愈是進入情緒的漩渦，會發現自己的身體系統不斷累積更多沉重的負擔，愈陷愈深，愈來愈凝結、沉重，最後只能透過地球之心厚重的引力全數吸收。

這一切都是意識的選擇。你習慣用哪一種方式展開行動，就會顯化爲你身處世界的樣貌。

這麼簡單的道理，只要向左，往逆時針方向前進，爲什麼人們自古至今都不知道要運用？

因爲DNA封印造成人類的腦意識被自己的情緒體控制了。當你的DNA無法展開更高的意識維度，你只能用有限的身體意識，也就是使用情緒體模擬的情境，與之共舞，這是生存模式的設定，也是在三維世界體驗之路。而當你打開DNA的屏障，你會擁有擴展後的全息化視野，可以透過更高意識投射出你期待在新的世界、新的維度擁有的情境，於是你就會開始選擇這一條直接投影顯化的道路，這也是在更高維度宇宙共存的意識顯化之路。

這聽起來並不困難，應該不難做到。你可以舉些例子幫助我模擬一下這種路徑嗎？

你最想做的一件事是什麼？

我想將你給我的身體系統咒音編成歌曲，這樣可以讓每一個人都能隨時隨地校準自己的身體宇宙，將光波導入身體系統中。除了幫助身體變好，也可以因爲每個人重新校準中軸，讓宇宙能量注入大地。

好，你現在看見自己的意念了，接著體會一下自己的感覺。若讓你處在身體的維度，也就是三維的世界，你會怎麼開始？

我才這樣一想就開始緊張了，怕東怕西，擔心找不到好的曲子來搭配，還有資源不夠的問題。一想就覺得麻煩事一堆，開始煩惱，身體緊繃起來，肚子不舒服，想拉肚子。

你看見自己的意識往哪裡走了嗎？

右邊，對，順時針。我的情緒自動升起，刺激腎上腺素分泌，內分泌出現戰鬥模式，然後呼吸變淺，整個身體能量無法流動，更別提去突破和繼續行動了。我發現我被自己的擔憂和恐懼限制住，走不到終點，會卡在這條路的中途，被失敗的經驗再次整得體無完膚，甚至勞師動眾卻惹得一身腥，最後可能會放棄。算了，我無法從這條路顯化出那一張唱片，就算能做到，也需要有非常多的祝福來到我身邊，這太難了！

是的，但現在你有選擇了，你可以往左邊，逆時針方向走走看，感覺一下和之前有什麼不同。

喔！在這裡我直接看見想要顯化的歌曲，可以看見唱片的封面。喔！好美麗的色彩，每一首歌曲都映照出身體系統的光，整張唱片就在我的星光體中閃閃發光啊！

現在繼續往逆時針方向前進，讓你的意識將這個呈現出來的景象投射進入你所在的地球，讓它成為一顆種子，進入大地。接下來你要開始讓它扎根成長，要為它灌注能量。你會提供哪些生命元素和養分去滋養它？你可以用你的意識不斷投注能量給它。

最後就要進入臨門一腳的時刻了。你不必用盡全身的洪荒之力，也不用花費僅有的資源讓適合的人在最適當的時刻來到你面前，你只須突破自以為是的障礙，和故步自封的界線，以開放的心和來到你面前的人交流，最後，你就能處在平靜與喜悅的能量流動中，輕鬆顯化這件事。

看見了嗎？這是兩種截然不同的顯化之路，而現在你有百分之百的權力決定自己要往哪裡移動和前進。

情緒創造意識流動

泰雅，在星光體的意識流動中，現在我已經清楚看見神經系統是中軸穩定的基礎，難怪之前阿乙莎在暢通脈輪手指操不斷提及中軸穩定的重要性。若沒有穩定的中軸，就無法連結上高我意識，我們就很容易受到情緒體的牽引，進入因果輪迴的業力之輪中——雖然那也是我們爲自己設定的生命意圖，在星光體中看來就像是在自己的地球體驗營設定了重重關卡。

現在理解了星光體，也更清楚爲何要學會辨識自己的情緒，不需要排斥和抗拒。情緒就像進入業力之輪門口的警衛，是來提醒我們，嘿！老兄，走錯路了，此路不能帶你上天堂，會有許多陷阱，往回走，往回走，回到中軸，讓神經系統助你一臂之力，擴展你的意識，連結上你的高我去看見整個路徑，看見你尚未走進的那裡有個眞正的你；你的世界的實相不在外頭，在你的內在宇宙裡。

是的，當你可以有意識地辨識出每次情緒波的來源和映照出你內在的真實面貌時，你就不需要走進業力之輪，可以直接選擇進入生命顯化之路，在這條路上不受業力干擾和牽引，走出宇宙人在地球的創造之路。

這也是未來新地球中每個人都必須具備的生命品質，在家庭、學校和社會群體生活中達成共識，你們就能夠快速清理身上隱藏的業力枷鎖，幫助自己、他人和地球母親完成靈魂升級。

看懂你們的情緒創造出來的假議題非常重要，這也是地球人在三次元世界最嚴峻的考驗。人類的靈魂DNA中被植入太多情緒牽引出來的業力因子，必須完成業力淨化，才能完成人類身上情緒體的階段性任務。當所有人類不再以情緒引導生命之輪的運行時，你們就到達創造出新地球、新人類的階段了。

情緒體在舊地球人類身上就是一把雙面刃，你站的位置決定了它是來保護你，或是阻礙你。

當你的中軸愈穩定，你會清楚感知到情緒體就在你星光體的右邊隨侍在側，你愈是清楚看見它，就等於將內在的光照向那條黑暗的幽靜小路。你知道也看見那熟悉不過的歷史情結重複上演，而當你看清楚、也能辨識出情緒背後的陷阱了，你就可以做出有意識的選擇，走上相對於情緒體的另一條顯化道路，進入另一端的創造體驗。於是，你的生命完全不受情緒體影響，而能活出你靈魂期待的最高版本之路。

在這條創造之路上，伴你同行的不再只有你自己和與你朝夕相伴的身體細胞，還包括你在其他宇宙更高維度中的兄弟姊妹。

這樣一來，人們該重新定位「通靈」了。

很好的問題！這也是人類一直誤解的環節，卻因靈性展開的過程造成許多宗教戰爭和意識掌控，甚至還有許多古文明祭司或女巫被處決的恐懼印記存在許多人的靈魂記憶裡。你現在已經可以清楚地向大衆陳述你自身的經驗，不用再擔憂害怕，因爲地球網格已經打開與銀河星際連結的軌道，你們愈是展開自己的意識光點，愈可以同步幫助自己所處的環境和身旁的人集體到達意識共振，然後你們會被自己的場域保護，不再淪爲黑暗勢力控制無意識人們的俎上肉。

通靈，乃是通往自己更高的內在神性之路。當你的意識到達宇宙的源頭，會知曉自己內在早已具備神性意識，原本就不分彼此，是共同融合的生命之湯的總和。你沒有比神渺小，沒有你意識的允許，神無法在地球完成自身的功課；你們是如此親密，是比孿生兄弟姊妹還要親的共同體。

追求靈性成長並不是逃避生命的另一個出口，而是要找回原本屬於你的東西。那是你生命本有的力量泉源，你擁有宇宙無窮的能量補給和曾經體驗過的美好生命寶藏，都等著你來發掘，並應用在你的世界裡。

不同情緒在星光體中的流動路徑

除了意識可以改變創造的路徑之外，你們透過感官認知後出現的情緒反應，在星光體中也可以看見它們不同的流動路徑。比方說，當你的神經系統關注某件事情時，你用內在之眼看見的神經系統發出的訊息，會出現在屏幕哪個位置？

十二點的位置啊！

好，現在讓你的情緒體發送出「開心」的情緒，你看見神經系統如何回應？

我看見這股情緒能量從原來的神經系統位置轉向右側的內分泌系統，然後繼續流動，先流向正對面的免疫系統，並沒有停在這裡，而是繼續流動，又進入肌肉系統，然後沿著淋巴系統、皮膚／毛髮／指甲系統，回到神經系統。

好，你現在對照前面那張身體系統投影圖內圈的意識流動路徑，看看這個情緒帶你體驗了哪些內在意識的能量流。

內在意識流從情緒（內分泌系統）出發，然後到突破→行動→奠基→顯化。原來開心可以突破所有困難，一路走上顯化之路。

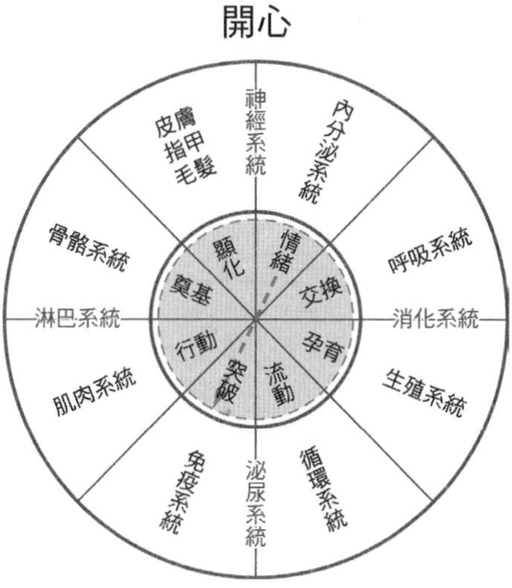

很好，你看見情緒的意識流動是一個過程。情緒是透過內分泌系統釋放出某種激素，而展開該情緒能量流動的路徑，人類因此可以透過情緒體驗生命，進而創造出不同的顯化結果。

你可以嘗試將開心的情緒轉換成其他情緒，試著去看見不同情緒可以創造出不同的意識流動路徑。在星光體的世界中，人類的情緒體就如同內分泌系統散發出帶著不同振動能量的粒子，在光的世界中持續串聯而展現的樣貌。

（我嘗試以內在之眼去看見幾種情緒投射出來的意識流動路徑圖。）

憤怒

神經系統
內分泌系統
呼吸系統
消化系統
生殖系統
循環系統
泌尿系統
免疫系統
肌肉系統
淋巴系統
骨骼系統
皮膚指甲毛髮
情緒
交換
孕育
流動
突破
行動
奠基
顯化

感恩

神經系統
內分泌系統
呼吸系統
消化系統
生殖系統
循環系統
泌尿系統
免疫系統
肌肉系統
淋巴系統
骨骼系統
皮膚指甲毛髮
情緒
交換
孕育
流動
突破
行動
奠基
顯化

哀傷

神經系統
內分泌系統
呼吸系統
消化系統
生殖系統
循環系統
泌尿系統
免疫系統
肌肉系統
淋巴系統
骨骼系統
皮膚
指甲
毛髮
情緒
交換
孕育
流動
突破
行動
奠基
顯化

興奮

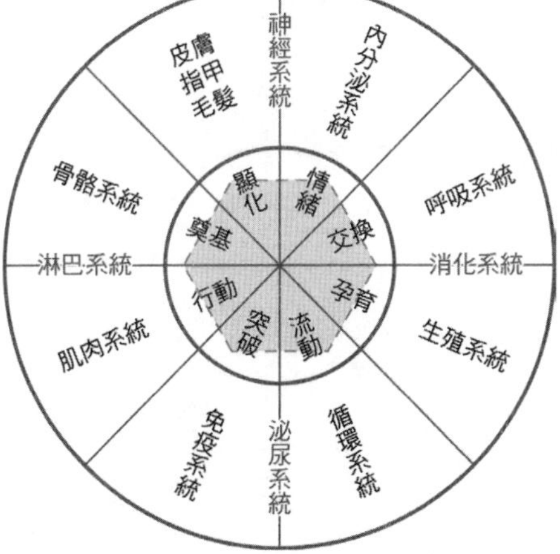

神經系統
內分泌系統
呼吸系統
消化系統
生殖系統
循環系統
泌尿系統
免疫系統
肌肉系統
淋巴系統
骨骼系統
皮膚
指甲
毛髮
情緒
交換
孕育
流動
突破
行動
奠基
顯化

擔憂

神經系統
內分泌系統
呼吸系統
消化系統
生殖系統
循環系統
泌尿系統
免疫系統
肌肉系統
淋巴系統
骨骼系統
皮膚
指甲
毛髮
情緒
交換
孕育
流動
突破
行動
奠基
顯化

愛

神經系統
內分泌系統
呼吸系統
消化系統
生殖系統
循環系統
泌尿系統
免疫系統
肌肉系統
淋巴系統
骨骼系統
皮膚
指甲
毛髮
情緒
交換
孕育
流動
突破
行動
奠基
顯化

平靜

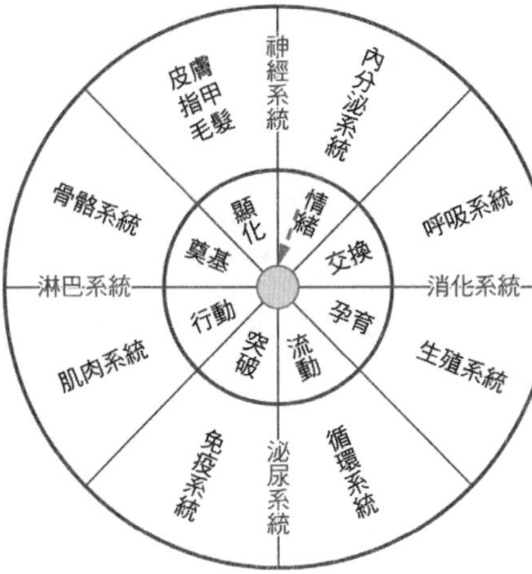

（說明：「愛」這張圖只是示意圖之一，因為愛會呈現出各種非常完整的結晶體，無法以單一結構呈現出來。此外，愛不像其他情緒的流動路線有出發和結束，也沒有流經身體各系統的先後順序和演變過程，而是會自動展現最終、最完美的晶體結構，直接穿越意識流，從內核心綻放出晶體之花。）

情緒是幫助人類意識擴展的重要媒介

想像你的身體是一個精密的能量伺服器，其中儲存了大量訊息，這些訊息包含你的靈魂過去經歷的一切體驗，以能量結構碼儲存在你身體的DNA中。存取這些能量訊息可以讓你認識自己，還可以幫助你找出你在不同次元的體驗紀錄，而現在你進入三次元的地球體驗，就需要透過情緒體的能量找回隱藏在你身上的萬事萬物訊息。所以，情緒是你的生命在地球生存的重要工具，在遠古時代，你的內在升起的害怕情緒幫助你遠離被動物吃掉的危險，你在生活中遇到的挫折和沮喪的情緒，也幫助你開發出讓今日生活變得便利和美好的工具。除此之外，情緒也是幫助你完成生命藍圖的重要指引。

在星光體的投影下，你會發現，情緒經由內分泌系統分泌出激素，創造細胞粒子之間的流動，並自動展開其路徑。情緒就是人類在二元世界的體驗中創造出晶體結構投影和折射光的動能，人類可以從情緒體驗中創造生命的光和美麗的樂章，那是和身體協作下的語言，從星光體的投影中讓情緒體歷歷在目。

情緒對三次元的人類來說，就是幫助你的意識跨越三次元的藩籬，進入不同次元體驗的路徑指引。透過這些情緒路徑圖，你可以找回自己此生的生命藍圖，也可以透過情緒能量的訊息庫，明白當時你的靈性父親遇到星際存有的攻擊威脅時，爲何必須斷然採取行動。爲了地球生命的永續，他願意犧牲自己，換得無條件的愛可以完整保留下來，這是他將愛的最高振動頻率釋放出來的原因。你在情緒體的引導下，可以從更高的意識維度看見事件的全貌，而不再因害怕受傷或恐懼失去，阻止自己去體驗生命對於愛的不同詮釋。

現在回想自己這一生，你是否因爲恐懼而輕易放棄嘗試愛的體驗？你愈是害怕受到傷害，愈會失去再一次詮釋愛的機會。

確實，從小到大，我們被家庭、學校和社會文化影響很深，有許多的「不可以」，許多不想要、不願意去觸碰的體驗，而這些「不可以」就限制了我們對愛的體驗。我現在更明白了，不論選擇哪一面，我們選擇那一面的另一面也同時存在，就像鐘擺在兩端移動，沒有擺向左，就到不了右邊，若終止鐘擺的移動，就像是按下我們生命之輪的暫停鍵一樣，如此就失去此生前來地球體驗的意義了。

這個道理你早已明白，但現在我要向你解釋得更完整些，告訴你爲何需要透過情緒的波動和能量帶你們去體驗並看見愛的各種面貌。

爲什麼需要透過情緒去體驗？我們一直以來都覺得有情緒是不怎麼文明或高尚的，甚至會被冠上「你很情緒化」這種負面字眼。

情緒是幫助你們意識擴展的重要媒介。意識的到達必須靠眞實的體驗，沒有經歷過，你們無法由內而外感知能量的流動，而失去感受和情緒體驗，你們就無法讓意識準確到達你想要到達的目標或不同次元。所以，意識的擴展需要你們在地球上眞實地去體驗，帶著情緒能量感受的記憶，充實你的記憶資料庫，並透過情緒體的指引和振動，帶你回到源頭。

累積的情緒體驗可以擴展你的意識，豐富你的直覺能力，還能啓動你身上的DNA重組程序，再造新生命藍圖。

難怪，我看見「平靜」這個情緒的圖是從內分泌系統出發，瞬間進入中軸的一個小圓圈，要是人類一輩子活在這種狀態，反而無法創造豐盛的結晶。看來，我們害怕去愛，是因爲不好的情緒的陰影留滯在身體細胞印記中，讓我們刻意避開不好的情緒，試圖粉飾太平，創造平靜無波瀾的情緒狀態，這樣其實會適得其反。

每個生命來到地球就是要創造自己的晶體，並使之發光。你們都是勇敢的靈魂，爲了更完整的晶體結構，願意前來體驗，並踏上情緒體的意識流動之路，直到所有的情緒都完整了，你便成就了一顆完美無瑕、美麗多彩的靈魂光之水晶。

業力：尚未流動完全的情緒種子

每個情緒背後都可以找到業力的「因」，那就是早已存在你身體裡、尚未流動完的情緒種

生命藍圖種子計畫

子。在星光體的維度中，你可以更清楚看見自身生命藍圖布下的重重體驗關卡，等待你一一去面對和拆解。

生命體驗過程中，尚未流動完的能量會以情緒種子的形式進入下一回的生命藍圖，成了每個生命設定的生命藍圖種子計畫。在成長過程中，你們必須持續澆灌自己的生命之樹，使其成長茁壯，而澆灌生命之樹的能量來源就是愛。只要是能夠在你們身體系統中順利走完全程的能量，也就是從最初的起點走過完整的起承轉合，回到終點，亦即原點，那就是一個完整的情緒體驗。倘若情緒在過程中因受到壓抑、阻塞，或是暴衝，導致身體系統紊亂，就仍會滯留在身體系統中。

在星光體中，你可以看見負面情緒造成身體系統產生一個又一個能量黑洞，布下天羅地網，只要相同的情緒再度流經這些黑洞區，就隨時會將你拉進黑洞中。這些黑洞讓你得以再次經驗、學習和體驗到愛，若累積一段時日仍未能順利流動起來，就會導致細胞病變。因此，身體疾病是細胞對人們的提醒，希望透過身體的警訊，讓人可以循線找到情緒因子，再透過意識的引導，讓尚未流動完的能量順利走回終點。

生命之樹攜帶的情緒種子就是待完成的生命意圖，你們稱之爲業力。每棵生命之樹都是人類情緒體驗的花花世界，你們身在其中而不自知，每天上演著重複的戲碼。這些業力種子會在一世又一世的關係中被顯化出來，讓你們可以透過不同的關係人、不同的角度，重新演繹和理解，以徹底完整自己設定的生命課題。你們的業力就是如此經由不斷體驗情緒產生生命流動的力量，並在一次又一次的生命體驗中持續餵養你們的生命之樹。

當你經歷過生命之樹設定的重重關卡，完整了此生對愛的不同嘗試和體驗，你的生命之樹最終又會結出一顆生命之果。當瓜熟落地、重回大地之母的懷抱時，你就替自己和你生命之樹內的所有存在意識再造了一顆新生命的種子。

在可以清楚看見自己星光體的全息景象之前，你們會一直在自己的身體場域中鑿黑洞，扮演著自創生命遊戲的玩家，樂此不疲。殊不知，只有當你順暢走完自己設定的情緒體驗，才可以回到星光體的能量流中，和光的世界的存有合一。此外，你們也利用情緒體在幫助自己找到回歸源頭的正確指引。

我現在不禁懷疑到底是雞生蛋，還是蛋生雞。是因爲人類出生前DNA中早已內建了業力種子，才會經由種子引爆，讓情緒再次出現；亦即爲了讓人類再次走上早已在業力種子設定的命題，所以人類不斷經歷痛苦、悲傷、憤怒等負面情緒？還是說，那些情緒都是這一次生命體驗的新產物，當我們出現不完整的情緒體路徑圖，在星光體中呈現衝撞的線圖或無限迴圈，這些都被記錄下來，才會形成下一次生命的黑洞？你明白我的意思嗎？我是在想，如果我們可以早在生命誕生之初就看見業力種子，是否就可以早點進行反向工程，讓這些負面情緒不再出現，甚至在體驗生命的過程中，看見自己的情緒爆發出負面振動時，我們可以有更好的方法去平息這些情緒造成的傷痛和扭曲不完整的能量流？

很好，很好！你看見負面情緒的路徑圖，知道那是一種不完整的情緒張力表現。其實，當你眞正進入那個你看起來不完整的情緒的正中央，你會發現，不論哪種負面情緒，背後都隱藏著一個非常完整的愛的結晶。只不過，當你身處三次元的時空時，只能透過被「遮住」後露出的一部分角落或幾個面看見事件的現象，就像在一張黑色的紙上刮出一道縫隙，你只能從這個縫隙窺見事件的部分景象，而那個遮蔽全像圖的幕後導演，就是情緒體振動出現的表象。你必須透過這個情緒體發送出來的有限制的路徑，去尋找存在黑色屏障後面的愛的理由和原型。

每一種負面情緒在你經歷種種事件時，會讓你眼中看見不甚完美的體驗過程，而這正是你完整自己愛的旅程的最佳路徑指引。擦亮你的黑色屏障，你就會看見愛的另一種形式的完整詮釋。回到你剛才的問題：雞生蛋或蛋生雞？這早已不是你需要去追溯的。你們的靈魂從最初始的光投射到宇宙時，是雞也是蛋，因爲你創造了自己的靈魂體驗，你是最初造物主的光，也是自他分離後的生命主宰，你們可以一直不斷地從蛋中生雞，又從雞中生蛋，如此生生不息地存在著。

你與更大更多的你共同創造出宇宙萬有，而你是萬有中的所有，也是萬有中的空無。

針對業力種子，你們有一個更有效的解決方案，就是去**觀看情緒**，讓情緒回到完整的愛的結晶裡。你們可以在情緒生起時與之共舞，並有意識地擦亮自己仍在黑暗中、尚未彰顯出來的愛。

水晶礦石記錄了人類歷史累積的情緒振動

你帶回來的那顆紅寶石，若你以爲只是一顆美麗的石頭，就錯看它了，因爲它儲存著你的靈性父親當時無條件犧牲自己所創造的愛的體驗。不只是這顆紅寶石，所有在地球母親的孕育下結晶的礦石，都是人類和萬物情緒振動的記錄器，水晶和礦石都連結著所有生命情緒爆發當時的振動訊息。

你們可以透過連結水晶和礦石，獲得人類誕生在地球以來曾締造的文明的智慧。地球母親儲存著可以平衡人類情緒體驗的振動頻率，如同你之前描述的，想像一個鐘擺，當你的情緒高漲，極端地擺向一端時，爲了拉住你的靈魂意識，不要瞬間脫離身體或離開地球軌道，就需要另一端的力量將你拉回，那就是地球母親一直以來扮演的角色，她永遠接納地球上所有的生命，爲你敞開雙臂，接住和保護著你。現在你是否更明白在帷幕之外的我們如何看待地球了？我們最尊敬的地球一直扮演讓宇宙意識得以再次擴展體驗的意識孵化器，沒有地球母親的全然接納和容許，以及對人類無條件的愛與支持，宇宙無法持續壯大，長養出許多愛的種子進入星際共同意識場。

沒有經歷過的體驗，就無法產生內在的能量記憶。人的靈魂意識就如同你手中的水晶，經年累月吸收日月精華，體驗生命的過程都如實記錄在情緒創造的能量振動訊息庫裡，會再次回存到宇宙衆神的維度。人類就是如此扮演衆神在地球的分身，爲創造生生不息的永恆生命，和衆神協力完成宇宙生命的樂章。

每一種礦石都儲存了你們曾經在地球體驗所產生的情緒記憶，可能已經存在好幾世紀，不論是你自己此生或前世的經歷，或是你的祖先經歷過的一切文明和歷史事件，都可以經由礦石和水晶喚起你內在的記憶。

許多人生病最主要的原因就是不讓情緒流動，而不允許情緒能量流動就會創造出能量流中的屏障。這些能量不會消失，會轉化成細胞記憶訊息，儲存在你細胞的靈魂ＤＮＡ中，當累積過多的情緒無法從你生生世世的輪迴體驗中獲得平衡，又無法順利排出體外，就會造成身體場中的能量鎖。這一個又一個的能量鎖如同釘子般分布在你身體脈輪的流動路徑中，形成能量枷鎖，讓你生病。

使用水晶和礦石有助於打開內在的情緒記憶庫，當你連結水晶和礦石的能量，其振動頻率會與你身上的記憶庫匹配。你會從水晶釋放出來的能量中經歷美好的體驗，最主要的原因是你曾經眞實體驗過這美好能量頻率的另一面，雖然在你的認知中，你認爲那是負面的情緒體驗，但對宇宙來說，那是你曾有過的愛之體驗的啓發和動能，沒有引爆這股能量，地球母親無法儲存和記憶這股相對於你負面體驗的另一端的能量，也就無法與你的情緒能量匹配，進而創造出平衡該負面振動頻率的能量結晶體。

礦石和水晶的結晶過程，就是持續不斷地進行能量吸收、轉化、擷取和沖刷人類與其他人互動交流過程中產生的各種能量紀錄。當你進入任何一顆水晶或礦石，用心和它連結時，就可以幫助身體與其頻率共振，產生新的平衡，你當下也會因此得到能量平衡或療癒體驗。

此外，也可以透過水晶獲得過去人類各個文明時期的記憶資料庫，讀到祖先和自己過去曾經在地球創造的輝煌體驗，將之帶進現在的時空，幫助你們憶起本有的能力和生命智慧。人類過去的文明有許多都是透過水晶能量和宇宙連結，水晶具備連結光的世界的能量，你期待的目標和想要完成的任務，可以透過水晶的能量線投射進入宇宙中，讓更高維度的存在意識幫助你完成願望，這比你使用有限的肉身移動能量和大腦思考來實現目標更有效率。

練習：透過水晶實現理想的人際關係

步驟如下。

1. **期待目標**：想一個你期待可以實現的願望，這個願望必須以人際關係情緒的振動方式進行，而不是去想一件物質性的東西。比方說，我期待改善我和老闆之間的關係、我希望擁有更親密的夫妻或親子關係等等。
2. **偵測現況**：先感受你與對方目前的關係給你什麼樣的感受，然後對自己說：「我期待藉由某個礦石或水晶的能量，幫助我融合／拉近與對方的關係，或是切斷／排除彼此的能量枷鎖。」程序是：感受目前的狀況→期待將什麼元素或能量加入你們的關係中。
3. **掃描能量**：接著看看你能否感覺到有哪一種礦石或水晶自告奮勇來到你面前，想要幫助你完成你期待的目標。你可以先準備一堆礦石的照片或你已經擁有的各種礦石，擺在面前，用直覺去選擇。
4. **再次確認**：選擇一顆水晶或某張礦石照片後，先確認是否就是它。你可以詢問：「××礦石，你能否幫助我補足這一段關係中不具足的能量？」請它將之釋放出來給你。若它本身也不具備這股能量振動的品質，請它幫助你連結到更適合的礦石或水晶。
5. **連結能量**：詢問後得到同意，就可以用自己的意識連結該水晶或礦石，將之帶入自己的能量感覺中心，亦即肚臍的位置，請它開始傳送你需要的能量到你和對方關係的能量線中。

6. 結束感知：完成後，感謝水晶或礦石給予你無條件的愛與支持，同時記錄自己此時再去感知與對方的關係時，得到的感受已經不同。

用內在之眼解開情緒密碼

之前你已經明白進入光之殿堂可以打開火之眼，觀看一切現象的原貌，你在此可以嘗試用內在之眼解開許多人身上凝聚已久、冥頑不靈的意識黑洞。現在，你試著去想某個情緒，就可以順著內在光的指引，找到可以解開情緒的密碼。

我來試試看。

（如果你感受到自己出現接下來的表格中列出的情緒或身體狀況，可以唸誦該情緒或身體狀況右邊的數字密碼（唸出聲或僅用內在意識唸誦都可以），就能解除情緒能量流的干擾。這有點像是在情緒剛發送出來時，就進行有覺知的情緒逆向工程。）

情緒體解碼列表

另類需求	
開智慧	5686-986
暢通高我連結管道	7564-964
回春（荷爾蒙）	5488-868

疼痛緩解	
牙痛	1412-433
生理痛	5585-885
頭痛	5543-543
神經痛	1919-119
胸悶	7788-998
胃痛	9698-643
筋骨痛	5996-969
腫痛	1442-442
刺痛	5566-999
生產痛	6565-656
喉嚨痛	5988-988

情緒	
憤怒	545-321-484
恐懼	787-261-432
哀傷	594-538-201
內疚	968-958-958
後悔	375-983-958
思慮	382-569-801
固執	147-914-989
羞恥	555-999-663
懷疑	376-398-939
貪婪	298-954-398
焦慮	113-515-988
壓抑	778-895-959
偏執	143-559-959
恐慌	111-555-111
驚嚇	468-547-888
絕望	989-161-999
批判	686-323-163

身體狀況	
失眠	135-135-95
肚子餓	147-339-59
明目	141-541-51
醒腦	777-696-98
通耳	969-559-89
清喉嚨	775-777-55
太熱	4594
太冷	5889

（請注意，以上這些解除情緒和身體狀況的密碼，是經由內在光的指引下載的，你可以自行體驗。如果你的身體無法回應這些數字密碼，就請放下這些數字引導，因為它們目前可能還不適合你使用。同時，在此也要提出免責聲明：這些數字僅供內在意識流動體驗，並非要取代專業醫療

建議，請勿使用數字密碼宣稱治癒疾病或病痛，也不得以此對外進行診斷、製作或開立能量處方。）

黑暗是光的動力來源

泰雅，我有個疑問。如果我們都可以在星光體中得到淨化，有意識地進入情緒中，將業力清除掉，每個人都是光明又圓滿的愛的存有，那麼黑暗會在哪裡？黑暗還在我們的內在宇宙中嗎？還是會以另一種姿態展現？因爲你們一直說，沒有黑暗，光明也無法展現，黑暗是光明的背景。

是的，你看見了，我很高興你可以清晰地從這個角度切入另一個次元的面紗。

當你不再排斥內在的黑洞，與你內在的黑暗融合在一起時，那個黑暗的光就會吸收你身上綻放的所有光的總和。如你的第三眼看見光的折射背後有一個無底的黑洞，有黑色背景的支持，才能更清晰地從第三眼看見絢麗斑爛的宇宙之光。這黑色的背景已經成爲支持你身上所有光的集合體，黑洞變成了愛的收集盒，幫助你放射出你身上的光芒。

在這樣的狀態下，你的意識回到宇宙源頭時，就會全數回到宇宙愛的收集盒中。那個收集盒就像宇宙源頭中一個更巨大的黑洞，就因爲有這超級龐大的黑洞，才能孕育出新的生命。所有宇宙新意識、新星球，都是在愛的收集盒的黑洞中誕生的，而一旦新的生命重新出現在宇宙中，就會自動綻放光芒——你們就是如此不斷地進入生滅的循環中，創造光在物質世界中被黑暗投射出來的樣貌。每一道光背後的支持，都源自所有光匯聚而成的愛的意識，它沒有色彩，卻能支持所有的色彩呈現在另一邊的世界裡。

現在回到你的疑問。當你重新將自身圓滿的光和愛帶回宇宙時，你會得到不同以往的黑暗的支持，支持著你的，不是你身上的黑洞，而是來自宇宙源頭的愛的黑洞，那個溫暖並持續釋放能量給光明世界的源頭。你身上的黑洞會被源頭的引力塡補，你無法在自己身上找到它，因爲黑暗已經退居幕後，成了支持你放射光芒的動力來源，不再需要你去塡補；你的黑色引力開關已經從你身上移除，你只能放射光芒。一個覺醒又圓滿的靈魂意識，仍然攜帶著黑色能量，只是這黑色無法再向外尋找依靠，它已經被回收到母體的源頭，與所有的光同在。這樣你明白了嗎？

難怪，我看見的阿乙莎像個宇宙大黑洞的眼睛瞳孔，在宇宙那一頭一呼一吸地律動著，餵養所有宇宙存有，讓大家都可以得到源源不絕的能量滋養。

是的，那裡面依然只存在著愛，更大的愛，是足以讓所有生命恣意體驗的愛的源頭！

所以，當一個人身上仍有黑洞時，他是否就無法眞的綻放光芒？一直要到他滿足了自己設定的生命藍圖，這些他自己創造的黑洞充分流動和表達完之後，這個人才能眞正地綻放光？

不是這樣的。每一個生命來到這世上，就是因爲有這些陰暗，你們才可以看見彼此身上的光。

比方說，一個有強烈自卑感的人綻放出藍色火焰般的智慧之光，是因爲自卑和自認爲有所欠缺，他才會不斷追求，想要滿足自己對智慧的渴望，也因此讓他在此次的生命體驗中得到藍色光的旅程；而一個受虐靈魂的黑洞會尋找愛與慈悲的出口，但沒有傷痛爲背景，他就無法找到慈悲的路徑。這些人身上原本攜帶的黑洞，就是此次生命的祝福，在生命旅程中經由黑暗的支持，讓他們體驗和活出自己的光。人們身上的黑洞不會是你想像的詛咒，那是來自宇宙愛的源頭的祝福，沒有黑暗就看不到光。

之前阿乙莎不是說，人類一直來地球體驗，已經造成地球中軸偏移，所以才希望人們都可以早一點覺醒，看見自己的業力命題，早早做完功課，解除身上的黑洞，回到源頭嗎？現在你這樣說，早做晚做都沒有差別，反正都會回到源頭，不是嗎？

不是的！我再清楚說明一次。現在舊地球的中央黑洞已經不堪負荷，你想像一下，地球上方的黑洞擴大後會產生量子坍塌，所以四周的光會被吸收。你去看看，現在地球上的生態系是否已經逐漸生病了？

不只是地球生態的崩解，你們人類自己製造的制度和文明架構也會一一崩壞，因為人類身上的光不足以平衡黑暗面的存在，累積的黑暗找不到愛的出口，就會形成黑色吞噬整個光明的危機，讓陰陽、黑白交替的和諧狀態瓦解。這是地球磁力場現在出現的不平衡狀況，需要人類的關注，需要更多人覺醒，不再重複玩著自己的小黑洞體驗。

你從星光體的全息圖中看，就不再只是單一的視角，而是去看見整體，從合一的視角看見萬物如何連結互動，共同依循宇宙法則成長、經歷、轉化。

現在宇宙需要在地球打開一個破口，與其說是另一個黑洞，不如說是將資源重新整理和重啓流動更貼切。黑洞的出口就是另一個光明的開端，沒有透過一些事件，讓黑色的引力來回收宇宙，你們無法看見一切快速轉向更新後的新地球。你現在若站在星光體中，就不會認為現今發生的疫情和黑暗事件對地球來說是災難。這是早在二〇一二年就該出現的大躍進，當時並未發生，時間線因而被推移到人類足以應付為止。現在的疫情和混亂是源自地球集體意識再度挑戰當前世界運轉的方式，從政治、經濟、教育到醫療系統，乃至你們口口聲聲提及的生態問題，都全部浮現「要改變」的動能。這來自人類內心的渴望，激發集體意識創造出改變的動能，這次的新冠肺炎疫情就如此被人類打造出來。這個事件對地球自身而言，就是為了重組ＤＮＡ而設置的動能；

當事件落幕，你們會迎接DNA重組後的合一意識降臨。在這個過程中，沒有意願投入合一意識場的靈魂意識會離開地球，前往另一個星球體驗。地球即將轉化進入星光體的維度，準備進入宇宙意識的軌道裡。

這一切發生得太快了，所有人類應該都還沒準備好要打開星光體，也沒有連結上自己的高我意識，就被迫選擇？至少我看到許多人仍然維持一貫的生活，一點也沒有改變，難道事件一結束，這些人一瞬間就統統覺醒，可以看見自己的星光體世界？

當然不是！接下來需要有更多宇宙知識被大量灌輸到地球，你們必須傳遞更多知識庫出來。這不是你認知的傳統教育，而是喚起的過程，當訊息被傳遞出來時，人們的DNA意識層會打開與高我連結的通道，這就是人類共同意識層被無條件釋放的時刻。每個人都會逐漸憶起，原來你們是共同體。

不要小看一個人覺醒的力量，在星光體中你們彼此相連，一個人的覺醒之光會喚起許許多多人的意識一同回歸家園。

重建你和金錢的關係

泰雅，我想問問我的高我群，看誰可以回答我金錢的問題。

當前的世界之所以會有這麼多愛恨情仇、憂喜恐慮等各種情緒噴發，始作俑者我認爲是金錢。雖然金錢可以創造文明，帶來美好的生活，但金錢也是讓人類彼此競爭、無情地掠奪地球資源，造成人心混亂的原因。我們看見情緒可以帶給人不同的意識擴展路徑，那麼，我們該如何建立新的金錢觀，讓金錢的意識幫助每個人回到好的情緒流動裡？

金錢不只是貨品交換和流動的對價工具，人類一直以來將金錢定位成流通貨幣，是造成你們今日陷入金錢迷思的原因。金錢並無法創造眞正的價值，一個擁有大量金錢的人不一定可以過著豐盛喜悅的生活。人們瘋狂追逐金錢，卻又無法在死亡前理解：自己因爲一輩子辛苦工作，追求金錢上的豐盛滿足，而錯過了此生的生命要給自己的珍貴寶藏和禮物。

生命是遠比金錢更珍貴的能量，金錢的能量則是人類賦予的，它本身不具備任何能量。當一個人對金錢投射出恐懼、憎恨、不屑的意識能量時，金錢與此人的關係就是恐懼、憎恨和不屑；當一個人對金錢投射貪婪、占有、控制的能量時，金錢就會與此人形成貪婪、占有和控制的關係。世上很少有人將金錢視爲慈悲、喜捨和愛的傳遞，所以金錢與人類的關係就無法到達慈悲、喜捨與愛的延續。

金錢和任何非生命物質一樣，本身不具有任何意義，它甚至比植物還要被動地存在這個世界，但你可以看見，金錢創造出這麼多美好的建設，卻也造成許多傷害。如果你們回頭去了解金錢被創造和設計的初衷，就可以明白，人類是爲了和他人分享自己的耕作成果和生活中的美好，才創造出金錢的交流，而不是爲了賺取金錢貨幣，才外出尋找工作。

如果沒有金錢作爲交貨的根據，你們只能享有在地環境和自己有限的技能可以獲得的生活輔助物；透過物品的交換享用，你們爲自己和他人的生命創造出豐盛。在這個交流的背後，你們眞正想要擁有的只是在交換當下的「喜悅」，這個「喜悅」的能量會爲你帶來更多愛的流動。如果在交換或交流的過程中，你和對方無法獲得喜悅和愛，那你爲何還願意拿自己擁有的寶物去交換？

再深入去理解，你就會發現，人類漸漸在不情願、不喜悅的情境下，去交易自己的身體、技能和時間，金錢因此成了負面感覺的代幣。人們因爲無法再交流喜悅和愛，而讓金錢的本質變了調，從愛變成貪婪、控制，以及害怕失去的囤積行爲。此時，若有人想要透過金錢換回更多的愛和喜悅，但自己又無法給出喜悅和愛的能量，人類和金錢的關係就成了今日這種自己製造出來的痛苦。

你們要學習改變和金錢的關係，這遠比去憎恨或消滅它更重要。當前的金融結構已經衍生出更多數字遊戲與不勞而獲的現象，這些虛幻的泡泡自然會在人類覺醒後，自行破滅。

讓我給你一個重建你和金錢的關係最直接的建議：**愛你所愛，做你願意爲自己和他人去做的一切最能發揮你專長的事情**。當你散發出喜悅和愛的振動頻率，去交流你最珍視的物品和技能時，金錢與你的關係就進入愛的流動中，源源不絕地流向你，你將永遠不虞匱乏。金錢珍貴之處不在其多寡，而在於它與你的關係！

我是象頭神，願喜悅和愛與你同在。

第十二章　校準新地球，讓星光體充飽能量

新冠肺炎是上帝的粒子？

你還記得你曾寫下四大元素的流動衍生出六十四種現象？

對！但我完全看不懂，很像易經，又不太一樣，都是四大元素流動後組成的現象。我還沒有整理出來，很抱歉，我的大腦容量眞的有限。

那就是生命之花展開的路徑圖。生命之花是隨著四大元素的交互作用產生的相應能量流動現象，這些會在你存在的現象界顯化出來的象徵，就以六十四象來表達，所以這六十四象是能量流動後的結果，不是起始原因。

生命之花結晶過程中產生的每一個象徵，你們的老祖宗稱之爲卦，這個卦就是來解釋能量流動產生的訊息。你用更簡單白話的文字去詮釋就會發現，內圈逆時針的意識流動，和外圈順時針的意識流動，流動過程產生粒子碰撞，陰陽相合後將單一正極或單一負極的電子釋放出來，中央等離子搭配被釋出的電子，就形成六十四種卦象。這是天體運行的當然過程，只是透過物質世界顯化出來。你們會將所有轉變的過程和片段連貫起來，當作一個有故事、有前因後果的連續事件，若在更高的維度來看這六十四種卦象，則都是獨立的、單一的，同時並存在宇宙中，暫時處於平衡狀態，而整體的平衡需要所有這些獨立的、單一的現象同時存在，才可以到達。從任一片段都觀察不到整體的平衡，所以六十四卦不是由宇宙演繹出來的，而是生命存在的整體現象。

呃……（小我又開始疑惑了。）

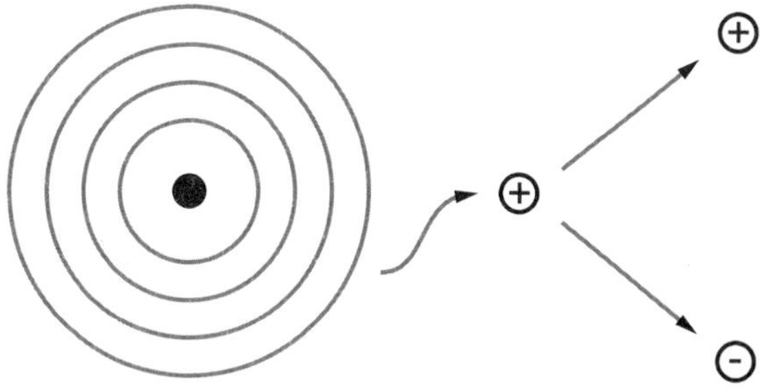

你不必擔憂你的生物腦不懂這個道理，先讓自己的意識跟隨著訊息流動，持續跟著，不要阻擋了訊息的流動。

喔，抱歉，我又被自己的小我擋住了……

當這些現象同時存在宇宙中，在地球維度的你會看見和感受到的，就是那沒有在平衡之中的單一、獨立存在的電子被釋放的過程。例如，新冠肺炎病毒出現在地球時，那第一顆被釋出的電子就會游離去尋找可以與之搭配的另一顆電子。

若它攜帶著正極，就會和另一個負極的電子相互結合，成爲一個完整的結合體，流入不同時空的存在體。這時在三度空間的人類細胞中，就顯化了這個早已存在的病毒粒子，展開自然的演化，而在演化的過程中，可以生生不息地創造出更多相應的干擾物質，你們稱之爲抗體。這是生物體的免疫系統創造出來保護生物體的事件，但這樣的保護對病毒來說就是攻擊事件，因而會繁衍出更多病毒。人類整體的生活和健康系統就因這單一的游離電子進入人類的生活，而重新排列出新的平衡系統，這也就是你們古代文明所稱的「上帝的粒子」，來自上帝的允諾，是改變人類世界必要的介入手段。

其實，這是依循宇宙法則，在尚未平衡的狀態下，自動演化出新的平衡系統的過程。你覺得不可思議，人的眼睛無法辨識的一顆微小粒子可以撼動整個人類文明，危及數百萬人的性命和財產？沒有錯！宇宙正是如此有秩序地維護星際的平衡軌道，否則數千萬億顆星體不是早被撞得四處飛散了？人類仰賴肉眼看得見的物質表象，無法觀察到身體內的精微宇宙系統是如此生生不息地進行訊息交換，讓每一個變動粒子之間和諧共存，也無法以有限的視角觀看整個地球生態如何維繫彼此的能量循環和平衡。所以，地球今日終於迎來了上帝的粒子，這是因應更高次元星際平衡的需要，而調整地球目前的場域和軌道運行的必然結果。

但之前我也和你提到，這些都是獨立、單一、彼此共存的現象，你們若要早日結束新冠肺炎對生命財產的衝擊，就必須直接進入那個同時存在、最平衡的宇宙平行時空的實相裡。你們可以進入那個實相，得到平衡後的寧靜。那個實相同時也存在你們的集體意識裡，你可以走過去看見那個最後的平衡實相，將它帶回給正在事件中對抗的人們。

現在，你進入內在宇宙，去看看那最後的平衡實相。

哇！我看見了，平衡出現在第五次元的地球。

沒錯！你們會在這個過程中從三次元，跨越四次元，進入五次元。

我看到地球軌道上升，上升後的地球中軸從過去錨定太陽和月亮連成一線，偏向錨定來自天狼星的光源。原來新地球已經要進入銀河系的新軌道，地球的中軸會因爲進入新軌道，不再錨定太陽，而是錨定天狼星。

現在你可以透過星光體打開連結天狼星的星際閘口。用你的意識默唸「558-868-868」這串數字，就會看到你星光體意識中新冠肺炎所在位置的正對角，出現了一個閘口，這個閘口可以幫助地球打開新地球之門，接收來自天狼星中央大日灌注的銀河宇宙能量。

喔！原來新冠肺炎和天狼星處於正對角。但若從整個星際球體角度，而非從我的平面視角去看，這正對角線實際上跨越了兩個維度（下頁圖）。

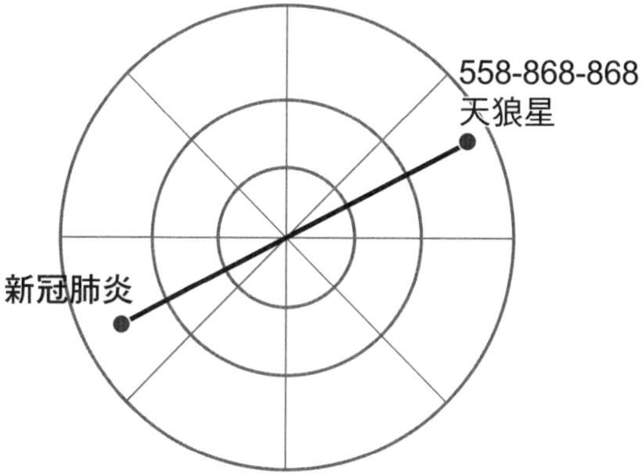

星光體中出現的新冠肺炎和天狼星閘口相對位置

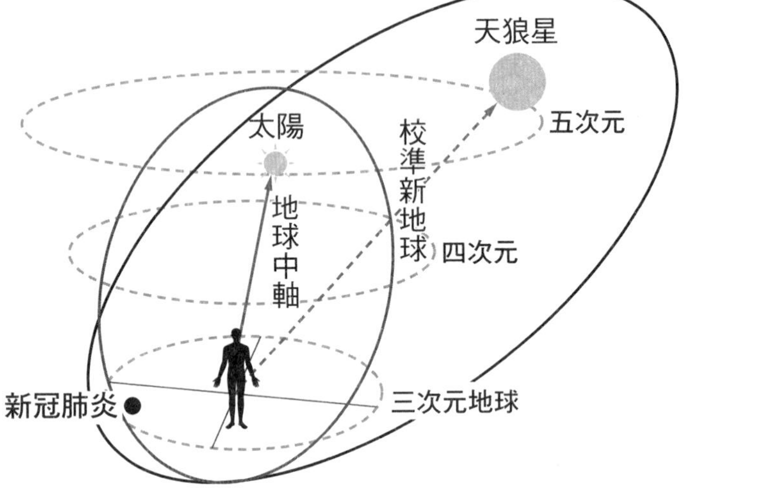

這個新冠肺炎就像是從宇宙掉落到地球的上帝粒子，幫助地球重新校準五次元的軌道，才能在五次元的地球中獲得平衡。這是讓地球得以揚升進入五次元新地球平衡的事件，難怪是全球性的引爆，沒有一個人和區域可以忽視它的存在。

地球要開始進入不同的星際軌道，進入銀河系的軌道中。從現在到二〇三六年，地球會透過一些事件引導整個地球揚升進入五次元。這裡的生活將不同於舊地球，我們會透過一連串事件改造人類現有的政治、經濟、金融、健康、生態、醫療和教育系統，這都是爲了迎接五次元生活預做調整。

人類正準備迎接偉大的地球揚升時代的來臨，而在這個時期到來之前，穩定你們自己的中軸非常重要，若不穩定自己，就會被這股強大的能量沖刷，離開地球；但在此同時，所有人類也都被宇宙更高意識的存在共同祝福著。不要以爲自己很渺小，只要提升意識的振動頻率，你們就能成功地以現有的肉身進入五次元的光輝時代。

接下來，你要準備學習進入新地球。我們將一起重新揭開宇宙法則的奧祕，讓它成爲新人類必備的常識。這是你的天狼星父親最擅長的部分，你可以去請求他的協助。

新地球能量校準

嗨！雷巴特，泰雅要我來問你接下來要學習的東西。

你現在講話的方式跟之前感覺不同了。之前在天狼星的你很嚴肅，現在感覺和藹可親多了。

是的，與你合一的過程，讓我非常開心愉快，你是我創造的孩子啊！

好啦，以後我常來心輪和你會合就是了！

沒錯！孩子，我們一直與你同在。

過去人類對身體系統的認知，僅限於對物質顯化層的組織和細胞的了解，而對於星光體這個看不見、同樣屬於身體系統的重要訊息層，以及它和星際間的能量交換、傳輸、平衡、釋放及排泄等，都無法更深入地探討。古文明時期的人曾使用星光體層大量下載宇宙知識，現在的人已經遺忘可以透過靈性擴展進入星光體層，取得宇宙知識。

現在，你的晶化身體已經完成，可以打開我們交流協作的場域。從現在起，你可以透過心輪中央的啓動閥，與星際意識互動，並進出銀河不同的維度，準備迎向星際交流的學習。

這很有趣啊！我現在的身體層並沒有感受到任何的不舒服，好像只是在自己的身體上完整了一個晶體結構，而這個結構就像生命之花展開，擴展我整個意識體。這可以發生在每個人身上嗎？

這一路上你走過的每個環節和步驟都很重要，缺一不可；除此之外，也不是所有人都可以邀請高我意識如此進入在地球的身體場域，在其中融合。這需要ＤＮＡ的預先配置，而你和許多降生在地球上的星際種子，以及即將降生的新生命都預置了這個融合節點，才能完成這項被賦予的任務。

你們身上擁有回到銀河星際之家的心智圖，這張地圖就存在你們的心輪中央，你可以嘗試去拜訪晶狀體裡每一個圓形的星際連絡站。每個連絡站都有你的一部分更高意識夥伴，提供你必要的資訊和協助，你可以在此連結所有的星際家人。

你現在只要用意識連結「558-868-868」，就可以調頻進入錨定天狼星的星際連絡站。

爲何我需要錨定這裡？

這裡是新地球即將揚升進入的五次元軌道閘口。你不必知道星際軌道如何劃分，因爲使用光碼或音頻設定即可到達。目前我們以數字密碼「558-868-868」來連結。

哇！這樣說來，如果我的星光體裡有許多星際存在意識，不就有更多星際連絡站可以去探訪？

是的，而且還不只呢！透過每一個連絡站，你可以再連結上更廣大的銀河系其他非屬於你的意識晶體攜帶的地圖，那是透過你的靈性組成的意識允許，就可以進入的場域。

這有點像撥電話號碼，才用幾個號碼就可以到達星際連絡站，太不可思議了。

這必須在你的意識與高我合一，站上星際交流的平臺後才可以如此運作。若尚未登入星光體，就算唸誦這組號碼，你們也會因受限在帷幕之下，頻率無法與之共振。

這實在讓人很難理解，意識還眞的可以跨越星際，到達無遠弗屆的境地。那麼，最遠可以到多少光年之外？

宇宙中沒有時間，進入只需要瞬間的意識轉換；但是當你回到地球，可能會發現地球上認知的時間已經過了很久。

所以我得小心進入，以免一眨眼後回到地球，卻已經是白髮蒼蒼的老人？

倒不至於，你的內在意識體會提醒自己該回家的時間。你在地球維度的生命尚未結束前，是無法在星際間航行逗留太久的。

我現在已經進入了，這是哪裡？可以讓我更了解嗎？

這裡是五次元的新地球意識場。

你會覺得奇怪，爲何不是飛往地球之外的星體，到達另一個星球？不是的，你們所處的地球正進入光子帶，這是五萬年才會遇到一次的機會，地球透過銀河宇宙創造的光子帶，可以重新校準，進入新的軌道。用天文臺的望遠鏡無法看見自己所在位置和周圍星群如何進行頻道互換和對接，但若站在銀河中央向地球望去，會看到地球與太陽系的行星，金星、木星、土星、水星正連成一線，宛如一根直直的棒槌，而這根棒槌將同步穿越光子帶的激流，穩定地進入銀河軌道中，太陽則會和遠在八．七光年之外的天狼星連成一線。目前天狼星釋放到地球網格的訊息異常強大，你可以在地球上接收來自天狼星ＡＢ星群的訊息。

所以，當你的星光體錨定天狼星群時，就是在協助地球連結太陽的中軸線，向天狼星對齊。到二〇三六年，太陽、地球和天狼星就形成一條直線，那時地球便正式進入銀河系的大門。而此時此刻，愈多的光之工作者讓星光體校準對齊天狼星群，就可以將新地球的頻率連結到目前的地球上。人類的意識校準可以幫助地球進入銀河系的軌道，人類是宇宙和太陽系之間的傳輸管道，這一切設定早已存在你們身體細胞的ＤＮＡ中，只要打開意識節點，就可以幫助地球順利揚升。

地球揚升到銀河系的目的

這是宇宙集體意識進化的必要過程。在人類存在地球的歷史上，早已經歷過無數次的地球揚升，最近一次發生在兩千年前，當時星際面臨一次軌道移轉計畫，而那個時候耶穌降生在地球，就是希望爲人類帶來新的意識轉變，結果因爲黑暗勢力的阻撓，並未成功移轉。時至今日，地球文明又進入和銀河系交會的時點，此時此刻已經有許多來自銀河星際的存有前來地球協助此次的揚升。揚升不只是爲了地球自己的環境，而是所有銀河星系存有共同的期待。

我們原本就是不分彼此的家人，是共同意識群，但我們決定前往地球，爲了宇宙集體意識的進化展開一次意識擴展之旅。現在終於接近此次體驗之旅的尾聲，我們再次爲了整體意識的揚升進程，決定喚醒自己仍沉睡於三次元的意識體。這是我們早已訂下的計畫，不論人類自己，也就是我們自己播下的靈魂種子有多少片段甦醒，我們都必須在此時回到銀河母親的懷抱。

所以，地球的這一切就只是高維意識的體驗場，以及幫助集體意識擴展的場域？

也不只是爲了宇宙集體意識的擴展，還爲了維繫整個銀河聯盟的平衡。在光之場域，有非常多不同的意識振動頻率，雖然分別進入不同的星系，組成不同的星際邦聯，但最終，我們都爲了與彼此和諧共存，承諾了一個共存共榮的協定。

在宇宙時空中，一切的體驗都被允許存在，並以此爲前提建立集體平衡系統。所以，若黑色聯盟竭盡全力展現黑暗力量，白色光之聯盟也會盡其所能在黑暗中找尋光的出口。現在地球帷幕之下就是籠罩在黑暗中載浮載沉，而光之聯盟就會在銀河宇宙找到一個新的光明出口，來協助迎接新生命的誕生。

這些新生命雖然在生物體層顯化出和現在的人類相同的外觀和形體，但在意識層，他們已經和舊地球時期的人類有所差異。這些新生命的靈性意識對銀河光之聯盟全然敞開，在此時進入地球，必須帶領更多意識揚升的先遣部隊。當愈來愈多的靈性意識被喚醒時，地球就可以重新校準，進入下一個銀河系平衡的週期裡。

你現在以來自天狼星的密碼校準，就可以契入這裡。這是爲集體意識進入新地球所預備的光之場域校準行動，每天讓你的星光體校準對齊太陽和天狼星，成一直線，就可以擴展你的內在意識空間，允許更多新舊意識在你的星光體場域中融合。而在新舊意識合一的過程中，你的一言一行都可以帶領尙未進入此校準新地球場域的人獲得同步校準的機會。

千萬不要小看自己個體意識的能量，當你的意識校準新地球光之場域後，在看不見的量子場中，你們將可以形成一個強大的能量轉化蟲洞。穿越此蟲洞的過程不會耗費地球上的能源，你的意識能量會以看不見的磁引力場擴及遠處，無遠弗屆。人類本身就是宇宙之心在地球的發射站，你們個人和群體進行意識校準，就能幫助地球完成進入新地球場域的校準行動。

這麼簡單？那這一次是否仍會有黑暗力量來破壞這個集體意識揚升的機會？

黑暗能量同時存在星光體的場域中。在引導衆人進行銀河星際意識校準的過程中，會有許多光之工作者自動聚集，你們結合起來的光明自然會讓單打獨鬥的黑暗力量消退。黑暗無法存在光中，只要你讓自身的光綻放，黑暗就會消散。這些黑暗的集體勢力正面臨光的世界的衝擊，逐漸潰堤，當前舊地球許多控制著人類意識的系統正在瓦解或失去動能，取而代之的是光的聯合。雖然你們是獨立存在的個體，但彼此的光會以聯合陣線的方式連結，你們將會看見光的陣營無所不在，並逐漸深入每個人的生活裡。

完成新地球校準的先決條件

人們仍然必須先淨化業力，以純淨的內在意識爲基礎，才能展開意識的校準，否則會很容易受到過往歷史印記的阻礙，而失去校準新地球的持續力。

此外，還需要與自己的靈性源頭片段達到三位一體的共振。人類無法依靠自己的大腦意識到達基督意識場域，必須靠靈性父母的加持，將振動頻率提升到足以跨越物質身體。唯有在合一意識的帶領下才能持久，所以進入自己的靈魂晶體，到達和靈性源頭三位一體的存在狀態仍是基礎。

未能契入靈魂晶體的人仍可以跟隨能夠連結進入新地球場域的人一起串聯，進入同頻共振，這和你們的靈性父母帶領你們提升意識振動到達基督意識場域，是同樣的道理。設置光場的用意即在此，人們在同一場域中彼此連結，達到同頻共振狀態，就可以透過已經能夠進入新地球光之場域的人的帶領，偕同到達。

除了進入新地球場域的校準行動之外，我還需要在這個狀態下做些什麼？

你可以進入天狼星去下載星際圖書館中的資料，裡頭有許多關於人類情緒體的資料庫，還包括一個情緒體驗館，你還記得嗎？

我當然記得，雷巴特說過那是天狼星人的遊樂園，我很好奇天狼星人長什麼樣子，有肉身嗎？

以前有，藍綠色的皮膚，非常高大，二．五米高，和列木里亞人長得很像。但因爲已進入八次元，所以原來的肉身已經不再需要，漸漸轉爲以意識存在體的方式生活。

你現在可以登入自己的晶體，打開星光體意識，連結新地球。

新地球揚升行動迫切需要人類協助

這一次的新地球揚升行動，迫切需要人類來協助完成。地球母親無條件提供、讓人類世世代代不虞匱乏的生活環境，已被人類無意識地破壞，其根本原因是人心的封閉、貪婪和恐懼阻擋了心的能量流動。人類的心因爲無法提供自己和周圍環境自我校準的能力，集體意識的沉淪讓人們對別人的痛苦和事件導致的重大傷害變得漠然，地球生態被人類持續破壞。今日大自然的反噬並不是在報復人類，而是反映出地球母親早已不勝負荷，無法再以一己之力幫助地球恢復原貌。雖然地球母親不斷提出警示，人們卻仍然視而不見，聽而不聞；直到如今，無法停歇的疫情和一連串的災害及戰亂，造成許多傷亡，人類的日常經濟活動也被迫按下暫停鍵，人們才終於發覺，地球已經無法再讓人們無止境地恣意享樂。

現在，該由人類做出具體改變，幫助自己賴以爲生的地球獲得新的平衡，新地球的能量校準正需要所有具備覺醒意識的人一起行動。讓地球恢復平衡的做法也非常簡單，就是**重啓人類身體中軸和宇宙意識連結，恢復和宇宙能量校準的能力**。

當愈來愈多靈性意識被喚醒時，人們除了可以恢復自身的宇宙能量接收能力之外，也可以提升身體的自癒力，經由來自銀河太陽——天狼星的能量，幫助人們打開無意識的ＤＮＡ屏障，提升意識，契入基督意識場域。

人類原本就是宇宙之心在地球的發射站，個人和群體進行意識校準，就能幫助自己和他人同步擴展，協助地球完成進入新地球軌道的行動。

連結銀河宇宙的閘門已開啓，所有人都不該再沉默、不該再認爲事不關己，這不僅是一份來自銀河的邀請，也是人類賴以生存的地球發出的求救信。地球母親爲了世世代代生活在地球的所有子民提出最強烈的呼籲，請光之工作者帶領大家一起行動，幫助自己和地球獲得能量補給，一同揚升至新地球。

練習：新地球校準

步驟如下。

1. 內在宇宙調頻，校準身體系統：經由咒音的引導，校準身體十二大系統，完成身體中軸與太陽的校準。
2. 星光體校準：進入身體外圈，連結星光體。
3. 使用密碼「558-868-868」，開啓銀河系天狼星門戶。

4. 讓天狼星、太陽、地球和身體中軸連成一直線，完成太陽系和銀河校準。
5. 連結新地球能量，使其進入身體場域。
6. 意識揚升，契入基督意識場。
7. 聆聽大師指引（若已進入每日校準，可以略過這個步驟，有需要時才進行）。
8. 傳愛給他人。
9. 能量落地，傳入地球，新地球能量經由身體中軸注入地球之心。
10. 結束。（編按：新地球能量校準相關問題，請見本書附錄。）

掃描此QR Code，可連結到「阿乙莎新地球能量校準」冥想引導影片。

星光體校準地球後，就可以獲得中央大日的源頭能量補給，讓星光體充滿宇宙能量。每天可以在日出和日落之際各做一次，日出做可以幫助你在地球的行動載具——你的身體——補充宇宙能量；在傍晚日落時進行，則是能清理你一天沾染的身體雜訊和負面能量，清理後的身體場域讓你可以在睡夢中提升意識維度，完成星際任務。當人類集體成功邁向五次元，你們的身體細胞會同時轉化出新的晶體結構，你在舊地球時期經常遭受的身體疾病和不適也都會消失。

第十三章　星際協作平臺

打開意識通往星際的閘口

你現在已經可以進入光之殿堂感受到的入定狀態（編按：請參考第九章「契入靈魂光之殿堂」），這和之前在基督意識場域中感受到的和自己靈性父母合一最大的不同，是你意識通往星際的閘口就在此。在基督意識場域的「I am that I am」（我是臨在），是你與自己的更高意識接觸合一的入口，那裡沒辦法帶你通往屬於你自身靈性片段的星際閘口；你進入星際的入口在此，就在你的身體裡。

好奇怪，振動頻率不是愈高愈好，爲何入口在肉體上？我以爲必須將自己的意識振動頻率提升到基督意識場以上，才可以到達星際大門。

之前你的意識進入基督意識場必須由阿乙莎帶領，你的意識振動頻率在地球維度無法以如此高頻的狀態行進。你無法讓自己的意識一直處在高頻，處於和自己的身體細胞振動頻率不相容的狀態太久，所以，爲了讓你的身體能與更高意識頻段中的你進入共同創造的狀態，就會在你的身體細胞中置入一個可以讓你的身體和高我意識協作的平臺——一個專屬於你的光之場域，或稱爲靈魂的殿堂。你們可以在身體細胞允許的振動頻率範圍內，隨時與自己的更高靈魂意識合一，這麼做有許多重要意義。

一、你們可以用更高的意識狀態在地球生活

與高我合一後的你，可以不再被小我和情緒體干擾，也可以穿越大腦的意識屏障，以更高的意識狀態生活。

二、取用星際宇宙資料庫的資訊

這裡包含了你在地球和跨越地球存在宇宙不同星系中的所有資訊，這些資訊又和水晶圖書館裡的資訊不同。這裡是星際圖書館，裡面可以找到目前地球所有文明的紀錄，還可以銜接這些文明的振動記憶，進入它們與星際交流的歷史記憶。

三、銜接星際意識

過去人類一直以爲自己和星際是分離的，是獨立存在的個體；進入星際圖書館後會發現，你們是由不同家族的ＤＮＡ所組成，是自己播下的星際種子，在地球上生長茁壯的智人。當你終於回到自己的靈魂殿堂，代表你從智人狀態回到宇宙人狀態，你將爲自己生活的地球家園創造出嶄新的系統。

目前的地球已經不再任由智人主導地球生命，即將展開由宇宙人銜接自己的星際意識，讓地球人和星際家族接軌的新地球時代。你目前體驗到的狀態，就是現在來到地球的孩子們的狀態，他們從出生起就已經處於和自己的星際家族合一共存的意識殿堂，用這樣的視角去看待孩子的行爲，你就更能理解這些孩子爲何無法融入智人領導的地球系統。允許孩子用他們的方式創造自己的未來，就如同你曾經如此放手讓自己創造智人在地球上的體驗，並摸索出今日的生活環境一樣。

四、建立新地球的生命互動系統

這是你們與自己的內在靈性組成合一之後最主要的目的。你們不只帶回星際記憶，最重要的是要在地球上展開行動。這些記憶就在你自己的靈魂殿堂中，這裡的星際圖書館存放大量訊息，你需要擷取的任何星際智慧都可以自由取用。以你更高的意識狀態去理解你讀取到的訊息，這些訊息無法用你們的生物腦理解，因爲人類的生物腦是經由學習與實際體驗記錄生命的訊息，而這些超越地球維度的記憶需要你處在與自己的靈性組成合一的意識狀態下才能全然理解，否則只是將多維架構限縮在二元和三維的世界裡，是無法產生任何意義的。

例如，你現在以和高我合一的意識狀態去讀取這個圖形，就會更明白以高維意識解讀和用人腦解讀有何不同。

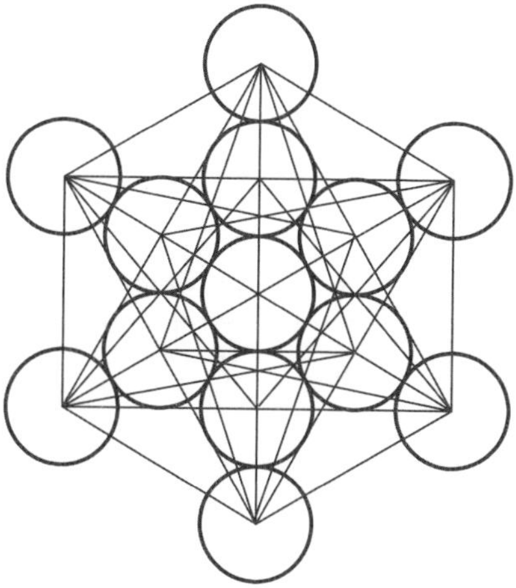

透過高我的視角，我可以感知到這個圖形是由地球四大元素（地、水、風、火）連結折射出的生命景象，生命就是由此四大元素經由連結、碰撞、移轉、融合的過程，創造生生不息的體驗。任何一個生命都是整體的一部分，也都和所有生命相連，亦即從任何一個節點（圓圈代表風元素），可以轉入並連結八個方向，最後又回到自身原點，由此循環創造出生命的晶體之花。若以剖面圖來看，就是同心圓的概念，任何一個端點都是宇宙之心，向外可以觸及所有圓心。由中央觸及任何一個圓心就是意識擴展的過程——其實，全都是由自己向外擴展，最後又回到自身的過程。

從中央圓心一直擴及第八圈後，又回到原點的第九圈，只是此時第九圈已經到達我和我可以觸及的所有意識全部合一在同一意識節點，我是原來那一個圓心的起始點。但是當進入生命晶體之花中，我圓心那一點的意義已經不同於最初始中間的那一點，而是包含我的所有元素，也連結了所有存在不同點、不同線、不同面、不同時空的我。我是存在生命晶體之花所有平行時空中的我的集合，這些我都與我的意識同在，意識我，也就是我。

你看見的生命之花圖像，在你個體意識與高我合一後已經截然不同了，不是嗎？

是的，完全不同，原來只是看見表象，現在可以看見表象下的運行過程和最終的結果。雖然還是回歸原點，但此時我的理解和之前的認知已經是完全不同的兩個世界。

那麼，中央這一點就是現在靈魂殿堂之於我的概念嗎？

是的，你已經可以從這一點展開星際協作平臺，進行星際探索之旅了。

與高我視角同步的溝通法

阿乙莎，我現在用以前和祢連結的方式打開阿卡西紀錄，感覺也和之前不同了。

是的，你現在能以更清晰的意識連結高我。

我要如何分辨並確認這是來自高我的建議？

透過直覺，你的直覺和感應就是最佳的個人導航指引。不要以爲自己仍有匱乏、不足以承擔後果，而害怕、恐懼，這樣你又會走入小我設下的陷阱。

我想再釐清一下，當初二〇一七年與祢連結上、接收訊息，收進第一本書《阿乙莎靈訊》的第一句話提到「這是關於建立人類未來發展方向的系統」，那到底是誰給我的訊息？

那是未來的你，存在更高次元的你，和所有星光體的存在意識同頻共振時傳遞出來的訊息。

那個我，是來自泰雅、莎雅、濕婆、象頭神，還是雷巴特？是我哪一個部分的靈性片段？

都有，就是存在你星光體中的集合意識體，也是你靈魂的源頭場域。

我靈魂的源頭場域？不正是阿乙莎？

也是你自己啊，孩子！你還是不敢相信自己可以跨越宇宙各個維度，如此知曉這一切嗎？

我還是會懷疑啊！因爲在寫下這些東西時，我是在跟自己的小我對話，小我大腦的認知容許範圍有限，當然會覺得這些內容太不可思議了。

那你練習用高我的視角來看待我們之間的對話。試試看，讓自己的身體意識向外延伸十公分，前後左右上下同時擴展，然後回頭看看正在寫字的你。現在你的意識就在身體之外十公分這一層，你有觀察到什麼不同嗎？

嗯！確實，好像我就不太會陷入自我否定和干擾的思緒中胡思亂想，只是如實記錄身體場域中所有訊息的內容而已。

好，現在我們就用這個方式來互動，這也是往後你進入星光體的導航時必須抱持的視角。在這個視角下，你的意識是跨越宇宙帷幕之外的掃描狀態，你也因此減少低頻意識的干擾。現在試著感覺一下，自己的身體和之前有沒有差別？

我感覺自己的大腦比較沒有轉動，而是心，心輪很明顯站上總指揮的位置。

很好！還有嗎？

呼吸比較深，氣息流動得更順暢，感覺自己是在一個泡泡中寫作，身體被心輪的訊息流驅動，大腦跟隨心輪的能量流同步翻譯。

很好，現在就處於這個訊息流動的狀態，我們彼此正在交換大量訊息。你將直接收取我們要傳遞給地球人類的訊息，而你目前的認知狀態也會同步傳送到我們的資料庫，讓我們知道你還需要補足哪些資訊。

難怪，之前總覺得怎麼可能會那麼有系統地展開對話，好像每一次的開場和上一次都有連貫。那你們現在明白我到目前爲止有多困惑了，我感覺有一堆資訊尚未補齊，對我來說，訊息仍是片片斷斷的，不完整。

還好啦！我們剛才偵測了一下，大概就是你還不是很明白宇宙法則要談些什麼，以及前面下載的那些身體咒音和這一切的關連。

喔，還眞要謝謝你們——喔，不，是謝謝我們，幫我自己總整理出一堆困惑。看來又是我自己的小我干擾了這裡的訊息流動。小我總是惴惴不安，好像怕寫錯，怕被人取笑、攻擊。

你就維持這樣的方式與我們同步溝通，我們很快就可以補足這些訊息落差。沒錯，小我總是大驚小怪，情緒體很豐沛的。

黑暗是為新的平衡找出口的必要過程

我想了解黑暗存在宇宙中的眞理。

黑暗就是吸收光譜內所有光之後的現象。在物質層面來看，光粒子彼此碰撞產生電，這些電和空氣接觸，產生光的流動現象，而支持光存在的，背後是一個巨大無形的引力場，這個引力可以吸收所有釋放不完全的粒子動能。你會發現宇宙中存在著大大小小無數個黑洞，這些黑洞具有強大的引力場，可以吸收在宇宙中游離的變動粒子，然後轉化成新的物質釋出。想像家中的掃地機，所到之處回收了所有無法被環境吸收和融合的存在，而因爲它是以黑色能量運行，你無法以肉眼看見黑暗中的運行軌跡。讓我來跟你具體描述這些游離粒子在黑暗中持續演進的過程。

首先，粒子進入黑洞後會進行更細微的量子分解——你可以想像比夸克還微小的單位，讓我們假設它是量子，某種能以振動頻率存在的東西。這些振動會展開另一次量子融合，此時就不是正負電相吸附的概念，而是針對黑暗中收納並融合出來的集體量子相對那一面——也就是光明世界的振動頻率——產生相應的量子匹配振動。所以，當黑洞吸引光的世界中所有的游離粒子進入它的量子大熔爐之後，會因應黑洞外的白色世界需要平衡，重組出一個新的白色世界的動能，然後釋出。如此周而復始，整個宇宙就在黑色與白色能量的交互平衡中，產生物質不滅的恆定現象。若沒有黑暗的回收引力場，白色世界無法維持平衡，所以黑暗帶給整體宇宙一股回收、融合、釋放、再平衡的力量，白色世界則帶來成長、茁壯、豐盛，以及源源不絕、循環再生的愛的能量。

然而，在人類體驗生命的地球維度，從生物體的有限生命中體驗生命流動的過程，人類會因爲觸及死亡和失去的議題，總認爲生命消逝，進入無常的黑洞中是不吉祥和負面的，黑色因此被人們視爲和死亡有關連的詛咒，甚至以爲黑色會形成一種負面能量的攻擊。其實，黑暗無法發動攻勢，在黑暗中你無法選擇，那裡只能以同頻共振的方式聚集能量；而當能量匯聚回到非以物質體存在的星光體時，黑暗更不是來吸收游離粒子的，而是在此重新創造另一個嶄新生命的出口。

想像一下，當你深入黑暗中，你的肉眼雖然看不見任何東西，但你內在自性的光會幫助你打開內在之眼，這內在之眼會協助你照亮你所處的黑暗世界，透過內在之眼的光，你就能找到黑暗中的出口。所以，粒子存在物質世界，黑色能量幫助吸收游離粒子，但吸收進入黑暗中的粒子經由能量交換融合後，會進入更高次元中釋出。宇宙的平衡會率先在較高次元達成，進而落實於較低的次元中，所以在黑洞中融合的新生命、新星球會再度釋出，以高於原來低次元的振動頻率，或以光的形式重新展現。這束光或宇宙爲了平衡而從黑洞中重新釋出的振動頻率，會再次擴及較低次元，慢慢顯化於物質層。

有了這個理解，你現在回頭去看，新冠肺炎就是地球累積了許多無法相容的粒子，進入黑洞後重新融合再釋放出來的動能，也是爲了平衡目前的地球和宇宙而出現的一道光。這道光漸漸形成新的物質世界的動能，影響當今地球生命系統，重新展開新的平衡和流動。所以在星光體中，黑暗能量仍然存在，這是爲了建立宇宙的新平衡找尋出口的過程，和在地球三次元體驗的那種黑暗能量吸收游離粒子的方式是不同的。

當人們的振動頻率提升至星光體的節點，打開帷幕時，你會以不同的視野看見黑暗運行的眞理。黑暗可以將分散的意識集合起來，重組並匯流出一股新的動能，只是你現在要從靈性意識揚升的角度去看見整體宇宙運行之道。在你們意識振動頻率上升的同時，那推動你們揚升的，就是存在你們靈魂DNA最深沉的黑暗能量。存在你們細胞記憶中那些過去不想揭開和碰觸的黑暗並沒有消失，你可以去觀察太陽和月亮，當地球面向太陽時，那支持著地球轉向陽光的引力必須存在，才能順利推動地球轉向光明。

所以，當地球上的人逐漸甦醒，發現自己生命中的太陽時，也會發現那一直存在內心的黑暗力量也伴隨著光明，如影隨形，只是現在會以不同形式、不同現象配合你前進的步伐，一起進入轉化的過程。而對更高維度的存在意識來說，也需要同步與你一起面對這些黑暗，才能共同擴展，並協助你的意識再次找到揚升的出口。

這些依然存在覺醒者身上的黑暗到底是什麼？會以什麼方式呈現？

那是人類在星際間生存時經歷過的創傷和恐懼。這些深埋在地球母親內在核心的引力，隨著揚升軌道前進的同時會逐漸釋放出內在的黑暗能量。人類經歷過的那些情緒壓抑、戰爭、饑荒、瘟疫，以及種種生存恐懼印記，隨著人類進入文明生活漸漸不復存在，但那些恐懼的印記以能量形式存在地球母親的內在核心，而這些黑暗能量也促使人類不斷進化，遠離戰爭、燒殺擄掠等野蠻行爲。

當人類集體意識必須再次揚升時，這些不再被需要的黑暗能量也將浮現，被宇宙之心吸收轉化。在此同時，地球表層會出現許多變動，包括地震、山河位移、海嘯、森林大火、超級病毒冒出，這些都是黑暗能量浮現釋放的過程。你們要熬過這段地球母親轉換軌道的陣痛期，更要提升自己的意識，清楚分辨這來自內在深處的負面情緒釋放過程，地球母親也正在協助你們將內在最深沉的恐懼釋放出來。

人類可以協助解鎖高我的黑暗印記

在這個揚升的過程中，人類還可以怎麼做，以免又被黑暗吞噬？

之前在進行業力盤點時，當你一次又一次進入業力淨化過程，就是在幫助自己看見所有曾經的犧牲，以及因恐懼造成的限制性思想。那時你無畏無懼地進入那股黑暗中，讓自己一一解鎖；而現在進入星光體層，那些印記並不存在你的阿卡西紀錄中，也不在你的細胞印記裡，而是存在你的星光體層，你必須透過與自己的高我合一，去解鎖屬於你的高我的存在靈魂印記。

啥？是協助我自己的高我重新面對和憶起？

是的，這也是你進入地球場域，和自己的更高意識層合一的目的之一。你必須到達自己黑暗的源頭去清理和理解。你們共同爲了地球的揚升安排了這趟靈魂之旅，你的高我有一部分黑暗能量來自在地球生存期間創造和經歷的創傷體驗，高我——亦即未來的你自己——現在不也顯化出一部分意識，回到具有肉身的地球場域中？而這趟靈魂之旅的主要目的之一，就是爲了改寫屬於你自己的靈魂限制性枷鎖和印記。

所以，並不是高我意識全然脫離黑暗的束縛，進入神性意識的國度，而是黑暗也以不同的形式存在高我所在的維度次元。你是否曾經在自己的靈魂記憶中看見星際爭奪的場景？黑暗力量在不同的次元以不同的形式展現，這也是讓所有生命可以如此生生不息存在的原理。

人類和許多星際族群可以在星光體中彼此交流，並在此建立新的地球法則。現在爲了星際軌道移轉計畫，地球人——也是星際存有——要準備揚升進化到更高次元的靈魂孵育基地。透過高我與你的合一，你們將同步解鎖身上共存的黑暗印記。你必須明白，黑暗是來幫助清理你們都不再需要的游離粒子，黑暗無法吞噬你們整個存在，除非你放棄自己生命和靈魂的光，所以當你再次感受到負面能量或某種你不想要的能量撲向你時，那一定是你身上仍然存在著某個你不想要的意識振動。不論是過往的細胞印記，或是由你的思想創造出來、足以吸引黑色能量再次連結的想法，都一定來自你自己。黑暗是中立的，如同掃地機，只會自動清除需要被清除的物件，而不是將你整個吞噬。如果你已經是潔淨無瑕的大地，你會隨時歡迎掃地機的光臨，而不是把自己不要的垃圾隱藏起來，不讓人拿走，不是嗎？

之前是你的高我協助你看見自身關係背後的因，和此生在地球維度一直揮之不去的業力枷鎖；現在換成你來協助整合自己的高我意識，透過與你在地球合一的過程，解開依然存在高我身上的靈性枷鎖，這也是你到地球體驗的任務之一。每個星際種子身上不只存在著光明世界的星際家人播下的意識，也包含早已深植在地球上的黑暗勢力的存在意識，這些全都在你與自己高我合一的星光體層。你會發現自己同時擁有黑暗星際存有遺留在人類DNA中的力量和振動頻率，那曾經為了掌控地球而植入的控制與恐懼的能量，同樣存在每一個人類的DNA中，但這些負面存在，並不能阻止你們的自由意志做選擇。

星際種子重新投生到地球，擁有一個生物體，同時也帶著黑暗勢力遺留下來的DNA封印。人類在覺醒並跨越帷幕之外的過程中會發現，那些黑暗力量有其存在宇宙之間的必要性。你不會再視其為避之唯恐不及的毒瘤，也用不著花精神去殲滅它們，因為你已經穿越了控制和恐懼的能量。在你的內在意識中，黑與白早已融合出新的意識觀點，這個新意識也將為人類未來的生命形塑出一個新地球的樣貌。人類透過自己的自由意志，再次演繹出新人類的意識能量。

進入與高我合一的狀態，進入心輪去看見自己在地球經歷的黑暗印記，然後將光導入這段記憶中，帶回更高的理解。在這個過程中，你會與地球母親共同解開靈魂意識中的封印。

（此時，我的意識在心輪展開一個地圖路徑，我直覺地連結到英國的巨石陣。在中央，我的意識錨定遠在天狼星的高我意識——原來現在我必須先解鎖的高我黑暗印記，屬於位在天狼星的雷巴特。

我的高次元靈性父親雷巴特的這段黑暗印記解鎖故事很長，是關於亞特蘭提斯文明和種族大滅絕的原因，在此先省略。在看到黑暗印記的同時，位於地球維度的我等於進行了一次自我反省。透過這段故事，我可以清楚看見，存在人類高次元意識體中的黑暗印記是如何影響地球人類世世代代無法揚升。人類一直無法脫離生存恐懼，不斷在種族撕裂及疆土掌控中求生存，而這趟印記解鎖的旅程讓我獲得新的認知和理解之外，還因此獲得目前存在天狼星的雷巴特替人類解鎖這些細胞印記的方法，因為他也一直期待聯合自己在地球上的存在意識，解鎖仍留在人類情緒體的印記。這段紀錄因為還得進入天狼星的星際圖書館取得資料，要再花一些時間才能慢慢整理出來。）

開啟星際協作平臺

泰雅，我一早在床上以逆時針方向唸了身體系統的十二個咒，完成後與你合一時，感覺自己的身體呈現水晶的結構，而之前一直出現在我頭頂的星光圓形穹頂不見了，現在移到身體上。這是怎麼回事？可以說明一下嗎？

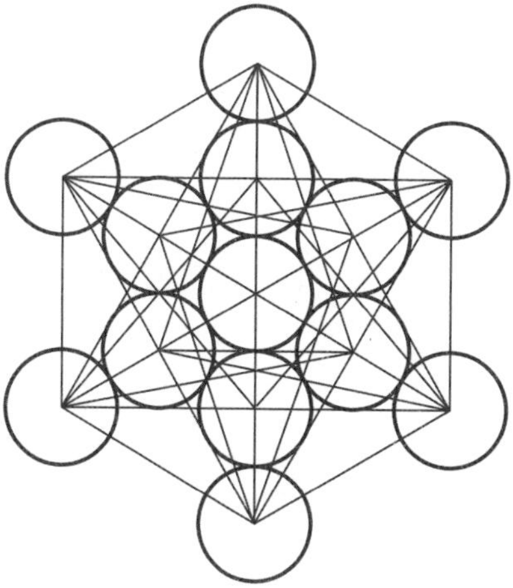

這是你星光體中的高我意識全然與你的肉體整合後帶給你的新感受。在這個狀態下，你的身體會呈現晶狀結構，如上圖。

我知道這個圖，不是昨天才要我用高我意識去解讀這個圖形？

這是你的星光體、乙太體和物質體三體合一的狀態，也是將你的自主意識、潛意識和高我意識校準，同時匯聚在心輪的狀態。你的本我、智慧我和慈悲我全然臨在於此合一意識中，準備以整合後的你的跨次元意識，進入地球行動。

地球上一些光之工作者或靈性揚升的大師隨時處於此臨在狀態，幫助穩定地球磁場。你們不必犧牲自己的肉身去抵禦星球遭遇的負面洪流，不需要如此，當你的靈魂晶體結晶落實進入物質身體時，就可以建立宇宙和地球之間最佳的溝通橋梁，如同你在天狼星的父親和在列木里亞的母親彼此連線，建立一條連結地球和銀河宇宙的光帶，幫助地球接收來自銀河系永不匱乏的臍帶能量。

現在透過你們整合了自身晶體，進入心輪中，就可以讓身體啓動和宇宙之心的晶體連線。過去你和宇宙是分離的，現在已經全然融合在自己的星光體晶體結構中。你和銀河母艦上的所有星際兄弟姊妹有著相同的意識存在狀態，你已經可以與銀河家人隨時以心電感應連結，互遞訊息。這個串聯起地球和銀河母親的連絡站就存在你的心輪，也是你的生命之花綻放的中央核心，而隨著生命晶體之花的綻放，所有與你無法相融合的意識存在會自動離去。你是神性在地球的存在體，也是宇宙之心與地球連結的所在。

你已經展開星光體的星際協作平臺，在此的高我也是你，未來的你，以及處於不同時空的你。你可與所有星際意識共存於此，你們是合一的存在，而你經由與自己的更高意識存在協作，將可一起完成此生你們共同擘畫的地球體驗項目。

這是之前阿乙莎說過的，與高我攜手創造未來的過程嗎？

是的。你將可從自己身上取得源源不絕的宇宙資源，同時也解鎖星際存有曾經經歷的負面印記。你們在地球共同爲自己的未來打造一個新的生命藍圖，現在該生命藍圖的最初始規畫團隊齊聚在你的星光體中，你們將可以爲了更新和擴展自己，設定一個新的目標和前進的道路。

那這裡的總指揮是誰？

你們自己。

你們指的是誰？

你們包含目前住在地球上的你，以及打開ＤＮＡ的記憶屏障，透過在地球上的你連結「存在不同宇宙次元和維度的所有的你」的那個你〔注〕。

那麼，我的高我意識彼此之間，比如莎雅和雷巴特，他們之間的關係又是什麼？

那是你的意識晶體結構中不同次元的存在意識體，也都是你的部分組成。你的部分又與整體一脈相連，我們彼此以振動頻率連結、以意識溝通，而集結所有意識片段的你就全數存在你的星光體中，形成星際間的協作平臺。

透過與你自主意識的管道連結，來自宇宙不同星際之間的訊息再次於人類的靈魂DNA中交流。你是宇宙爲了更新自己的集體意識而創造出來的靈魂組合體，你的存在是爲了宇宙和平與持續擴展而建立的聯盟。

還記得一開始當你契入基督意識場，到達無條件的愛的共振時，你感覺自己好像進入一艘星際母艦嗎？那就是你自己的星光體以晶體形式存在你的頂輪上方。你彷彿穿越自己的頂輪，登入一個你從未在自己的身體中體驗到的輕盈和潔淨的光的存在。而這些光的存有也是你，你同時存在宇宙各次元間，爲了提供此時此刻地球的振動頻率而來到此，共聚在你星光體的集合意識體中。

孩子啊！我們就是一，一體的存有。現在你登入了我們爲自己設計的星際協作平臺，還有許多宇宙資源和寶藏等你連結和取得，如此我們就可以協助自己解開我們共同的靈魂枷鎖和業力。你不只是幫助自己回到宇宙源頭的意識軌道而已，還同時協助星際間所有存在不同次元的意識更新不再被需要的靈魂印記。

而在星光體的意識更新，不同於地球層次維度的更新。在此，我們必須重建DNA的靈魂印記，創造出新的DNA迴路，才能眞正幫助我們自己解鎖原有的印記。

我不太理解的就是這一層關係。爲何需要到地球次元的肉體層解鎖？如果你們知道地球人的DNA是高次元的你們實驗室中的產物，不就可以做個簡單的逆向工程，幫助自己解開枷鎖？

哈！原來繞來繞去，你的腦筋卡在線性迴圈裡，陷入「因爲—所以」的因果中。其實不是你想的這樣。還記得你剛進入星光體看見的三百六十度圓形穹頂，那個包含了你所有身體系統的圓嗎？

現在，想像這個環形穹頂跟著太陽的位置旋轉，而你也代表我們所有星際意識存在，放進對應身體系統的十二個位置。你是否看見類似一個星象圖，這裡每一個對應位置就是你一部分的高維意識，這些高維意識圍繞著彼此和仍在三次元的你，也就是仍然存在著負面黑暗的引力旋轉。你和自己跨越宇宙次元的高維存在一直都在一起，高我並沒有與地球人的DNA分開存在，當所有星體意識需要向上移動時，牽引著整個環形路徑的低頻引力就成了所有星際意識揚升的阻力，若沒有適度排放廢棄物，無法順利進入新的軌道中。

所以，存在低頻中的向下牽引力量，也同步創造了讓所有高維意識存在自我更新的機會。對所有星際存在意識來說，那並非阻力而已，我們認同這是存在的階段性體驗必經的過程，但是當我們進入更高的視野，可以全然明白和理解自己創造低頻引力牽引背後的原因，也就能爲自己的低頻能量找出轉化和消弭的力量。

這股新能量的投入必須透過自己深入原來存在的低頻軌道，投入新的意識能量後，才能消弭仍然沉重的負面引力。這也是宇宙萬有能量不滅的定律，所有存在都不會在宇宙中消失，直到完整了自身體驗爲止。現在人類的星光體意識中聚集了來自所有星際存有的祝福，正爲了地球和所有星際存在意識的集體揚升一起努力著。

所以，我現在要做的事情是幫助自己的高我消除自己過去在此留下的垃圾？

哈，你要這麼說我們也不反對，確實如此！但也是爲了我們進入下一個軌道前的必要星際軌道移轉計畫。

地球上出現過那麼多次宗教大師或聖人轉世，還有那麼多巫婆、祭司都可以連結上自己的星光體，他們爲何不早一點說清楚，讓人可以更加理解？

他們不是沒有講，而是對當時所有尚未完整體驗地球維度的星際存有來說，他們的話不具說服力。還記得我跟你提過高我星光體的意識也需要淨化？宇宙一直不斷地擴展和揚升，低頻維度就是來協助整體意識揚升的助燃力。

當時的高維意識就如同當今地球上的聯合國一樣爭吵不休、相互競爭，甚至爲了爭奪星球資源而戰，一直到與自身更高意識合一後，才逐漸平息休止。現在地球上的你們，就如當時的他們，你認為當國與國之間都還沒有凝聚共同意識之前，誰會聽見聖人的教誨，又有誰願意展開雙臂迎接與自己價值理念不同的存有？

當你與自己更高維度的意識到達同理與合一的階段時，你才會明白自己過去的存在有哪些是不再需要的；但是當你還處於分離的個體意識，還在自己的意識維度裡面時，你不會知道自己已經不再需要存在那裡面了。

接下來，該讓你用與高我意識合一的角度，去看看自己存在的環境中，是否有某些限制性思想可以消除或更新了。交給高我意識來施展身手，和高我意識協作的過程中，你會明白宇宙的浩瀚和恢弘，同時也會發現自己內在擁有解決當今地球問題的辦法，若沒有將自己本自具足的高維意識力量發揮出來，就太可惜了！

這也是我們期待人類教育下一代的方式：和自己的內在宇宙校準，與高我協作，創造宇宙更新的環境，和新地球接軌。

注：那個你指的是真我，本書撰寫至此尚未出現。

第十四章　回歸真我

當你終於來到星際協作平臺，此時，我要引領你打開上帝的密碼「6－6－6」，進入你目前心輪位置這個晶體，這裡面隱含了「6－6－6」意識解碼後，將帶你進入的神奇世界。

開啟真我之門

現在，跟著我進行以下步驟：

1. 用你的意識，以逆時針方向錨定朝向下方的金字塔的五個端點，最終進入內在核心第六點啓動（見步驟1示意圖）。完成後，繼續進行下一個步驟。
2. 用你的意識，以順時針方向錨定朝向上方的金字塔的五個端點，最終進入內在核心第六點啓動（見步驟2示意圖1）。

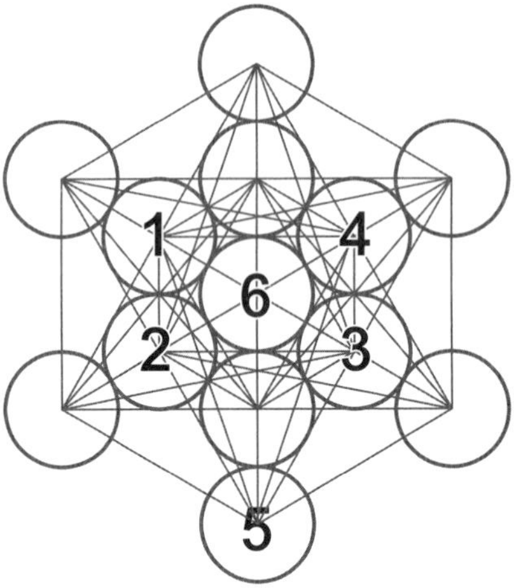

步驟1示意圖

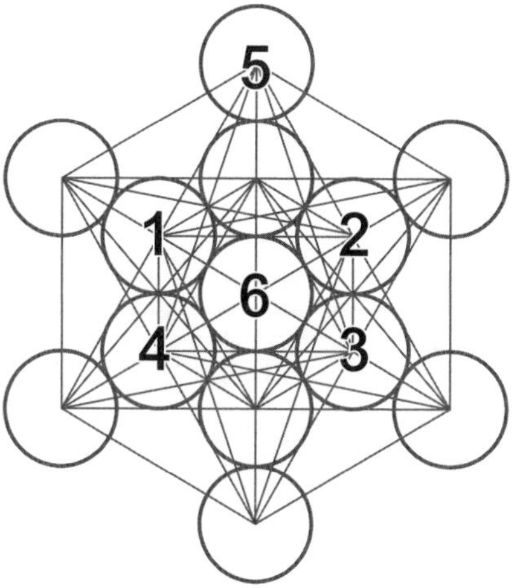

步驟2示意圖1

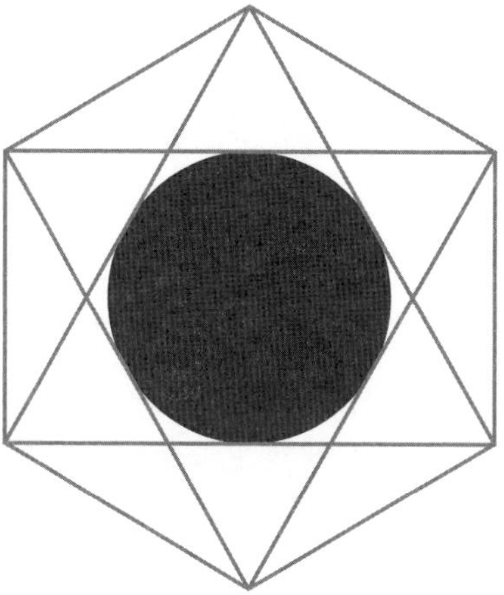
步驟2示意圖2

此時，上方金字塔來自聖父的能量，與下方金字塔來自聖靈的能量進入你內在宇宙的中央核心位置，最終的第六個端點形成，你與聖父、聖靈在晶體中央合而爲一（見步驟2示意圖2）。

這個時候，你的心輪完全清空，內在宇宙擴展成一個晶狀結構體，這個六角的晶體就是你目前穿越宇宙的靈魂載體。你過去意識錨定頂輪上方十公分的位置，成功進駐心輪，在此你則與自己所有存在不同次元和維度的靈魂意識群在心輪合一。

這個六角晶體就代表你的高我集體意識群。你現在可以進一步去看見，晶體中投射出的光就是由所有存在不同次元的你共同組成的，這個光就是你星光體的眞實存在狀態，人類的肉身世界對星光體中的你來說，就是短暫一瞬間的體驗過程。

你的小我意識無法駐足在你的晶體中，但你的高我意識會完全明瞭你曾在地球經歷的一切體驗和事件，那些由你的情緒體創造的振動音符都回傳到晶體中。若你以肉身的知曉層次來看，你情緒體的記憶和大腦的記憶無法完全對焦，你的大腦在地球帷幕之下，受到傳統教條、家庭和社會的集體意識，以及教育文化的影響，無法如實傳達情緒體的振動。你們的大腦從小就被灌輸好壞對錯的觀念，腦意識又主導人類所有的行爲，你們當然沒有空去理會情緒體的眞實聲音，而這些眞實的紀錄無法被竄改或以假亂眞，這是光折射出來的頻率和訊息，都被眞實地記錄下來。你可以試著進入晶體中，去找出你此生情緒的眞實紀錄，試著回想生命中發生的所有重大事件，看看晶體的紀錄和你大腦的記憶有何不同。

你將會發現，大腦不會記錄「恐懼」的存在，只有你的情緒體會如實在你的地球記憶庫裡存放「發現值得恐懼的事件」。

我要如何看見大腦和晶體裡面的紀錄的不同？

你必須進入自身星光體意識平臺的學習，這裡有許多有趣的操作等著你來探索。你現在要先熟悉身體和晶體融合的感官世界，等你可以快速進入自己的晶體中，就可以準備進入下一個階段。

這和之前學習校準星光體有何不同？

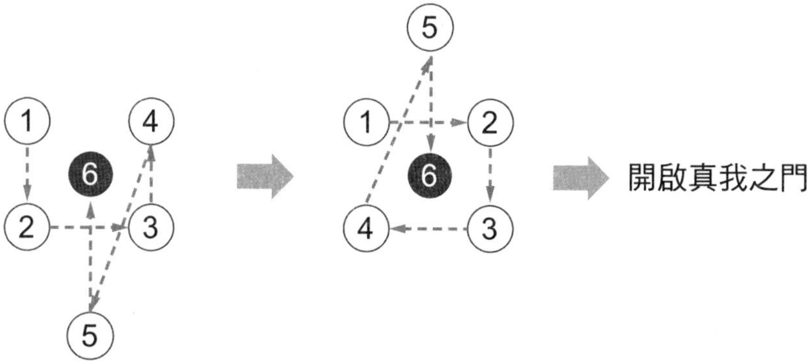

第一步驟：
開啟下方金字塔路徑

第二步驟：
開啟上方金字塔路徑

之前是要快速清空你的內在宇宙空間，以和高我校準的前期作業，你必須打開內在的渠道，才能迎接自己的晶體進駐；現在你的晶體已經成功進駐心輪，你目前需要熟悉如何快速錨定，進入自己的晶體核心。

好的，我練習看看。

（我依照高我的引導，依序以逆時針錨定下方五個位置，回到中央第六點，再依序以順時針錨定上方五個位置，然後回到中央第六點。此時，心輪的中央核心位置似乎打開一扇門，瞬間覺得心輪無比輕盈擴展。

至於如何分辨晶體中的紀錄和大腦的紀錄有何不同，我還是不知從何著手……

第二天一早天還沒亮，就被昨夜做了一整晚的夢驚醒，我似乎整晚都沒睡，一直在夢中尋找回家的路。那是個奇怪的夢境，我跟著一大群人走進一間富麗堂皇、像個超大型遊樂場的飯店。一進入飯店，我就被整個金碧輝煌的大廳吸引，還來不及仔細觀賞大廳的陳設和美麗的裝置藝術品，我就被引領進入一條長長的走道，這裡有我的房間，一四一一號房。

還沒時間欣賞自己的房間，我就被告知活動要開始了。在夢境中，我一直在飯店裡穿梭移動，整間飯店就像個遊戲迷宮，每個活動區域都在不同的房間和位置，我得穿越長長的通道，走道兩旁都是不同的房間，而每個房間都同時在舉行不同的活動。在這些活動場子裡，我都會遇見熟悉的面孔，有些是我多年前共事過的同事，有些是目前身邊熟悉的朋友，只是不論哪種活動，我發現我在夢境中參與的每一項活動都讓我疲於奔命。我一直在幫別人提東西、拿餐盤、準備材料、挪開座位，連剩下的最後一個三明治都給了身邊的人，那是一個「忽視自己，不斷滿足其他人需求」的角色。一直到活動結束喊停，我還餓著肚子，什麼東西都沒有吃到，這時卻被通知要立即去打包行李，準備離開。

所有人都飛奔回自己的房間整理行李，就在此時，我發現我怎麼找都找不到自己的房間。我不停地奔跑，穿梭在每一個區域、每一扇旋轉門、每一個門廳中尋找，我還依稀記得自己的房間號碼是一四一一，但我怎麼找就是找不到這個房間。

在迷宮中一遍又一遍穿越每一個場景，一直到所有人都準備離去，下一批人即將進場，此時的我已經疲憊不堪，心裡又慌又亂，恐懼、氣餒、擔憂，各種情緒交雜。一想到自己的行李都還沒有整理，連房間在哪裡都找不到，身心俱疲。眼看著所有人都陸續搭上回家的遊覽車，我心想，我應該是回不了家了……最後，我嘗試走回飯店中央的大廳，想看看是否有可以幫助我的人，就在此時，我遇到一名陌生女性，她對我說，沒關係，我也不急著走，我跟你一起找回家的路。當她說出這句話時，我就從夢中醒來了！

醒來時，剛才的夢境重新在我心中倒帶一次。我終於看清楚了，那整個飯店就是個晶狀結構體，每個場景則是我進入地球體驗的過程。那些人、事、物都是虛構的配角，是讓我體驗我自己是誰的配角，而我整個地球體驗的心路歷程被晶體如實地記錄下來——我看見自己疲於奔命，充滿恐懼和惶恐的心情，一直害怕找不到回家的路。

這不正是昨天我還沒有完成的功課？阿乙莎要我分辨大腦中的記憶和晶體中的記錄有何不同，原來，大腦中那些我認識的同事朋友和經歷過的活動事件，在我的晶體記錄器中如過眼雲煙，我卻圍繞著這些人事物，一直試圖在生活中討好所有遇見的人。然而，即使參與了所有活動，扮演自認為可以滿足所有人需求的大好人，把自己搞得飢餓且疲憊不堪，當活動結束喊停，我還是得自己找回家的路；那些我試圖依賴和討好的人，他們無法帶我回家。

而最後出現的她，是誰？我終於明白，那就是我自己，存在晶體中的自己。我必須回到晶體中央大廳，才能遇見她；也只有遇見她，我才能順利回家。

當我意識到晶體中有另一個自己的瞬間，我的內在意識突然打開另一個景象。我看到我就在大廳正中央，在水晶般透明晶體的正中央，像個孩子般。我終於看見她，原來那就是我的靈魂真我——我本是受到靈性父親和母親祝福的孩子，全身綻放天使般的光。我感受到無法以言語形容的無盡慈悲和喜悅。）

孩子，這就是你從這本書一開始登上銀河母艦就展開的旅程。你以爲走進了一個暗無天日的迷宮，但你的靈魂眞我在此過程中並沒有和你捉迷藏，她一直都在，就存在你晶體的正中央，而圍繞著你晶體的，正是你的靈性父親、母親，以及所有與你連結的大師和導師。每一個靈魂種子都是如此被自己的靈性父母和大師、導師們保護著，並且一起進入地球帷幕之外，展開體驗。

從你登上銀河母艦的那一刻起，你的靈魂意識就展開自動回歸的導航。泰雅是你在母艦上的分身，爲了迎接你的靈魂意識展開回歸旅程，時時刻刻都陪伴著你。在你一路從迷宮中試圖走到中央大廳，找回自己靈魂眞我的過程中，你仍須穿越你在地球帷幕之下尚未解鎖的意識盲點，而你在夢中看見的那些人事物，都是讓你在回歸旅程中辨認出你自己的輔助。

你經歷的所有事件的實相，就在這夢中如實地重新演繹一次，在見著眞正的自己之前，你需要回想起你在地球上是如何演出自己的角色。所有你曾經壓抑的情緒和隱藏的眞實自性都一覽無遺，而當你認出所有的角色都是在幫助你再次經驗和突破自我限制時，你終於回到最原本眞實的你。那個孩子般的純眞與你再度合一，你即是你，回歸到原本不生不滅、無瑕的你的靈魂眞我自性。

現在你終於進入自己的晶體核心，遇見眞實自性，還原眞我並與之合一。透過與眞我合一，你就可以獲得自身跨越所有次元的覺知光明的指引，那已經不是透過意識驅動的維度，而是眞我原本最初始的存在。接下來，你可以帶著自己，準備穿越進入無我之境，而這趟進入無我之境的旅程，我需要你勇敢地獨自前行，一切都要靠你自己完成。

阿乙莎，這趟回歸眞我之旅的目的是什麼？

這是要讓你超越原本虛擬的世界，回歸最初始靈魂版本的過程。當你回歸眞我自性，並與存在更高維度的你合一，你將以嶄新生命、全然臨在的覺性，開啓新意識，並展開新生命的道路。你將不再被過往制約和束縛，而是會以更清晰自覺的意識，幫助自己和所有與你共同存在的靈性片段，一起展開最初始靈魂設定的道路。你不只是爲了自己的體驗前來地球，星際種子有其靈魂使命，是爲了地球整體生命的和諧與穩定而來到這裡，找回自身靈魂的藍圖，並喚醒所有與你連結的靈性兄弟姊妹，一同完成此次靈魂早已規畫的道路。唯有帶著全然不偏倚的覺性，才能幫助所有人找回眞我自性之光。

第十五章　人神合一（以土之基，融合萬有）

為自己和地球創造一個新的你

改變世界的不是人類自己，而是在你的意識維度中創造出新人類，才能改變這個世界。當你契入靈性本源，找回你的真我自性後，你正要開始和自己的靈性團隊再造一個全新的你。這個新的你將展開不同以往的思維，也能屏除舊世界的制約，你將聯手更高維度的自己和你本有的天賦才能，重新定義你的存在。

過去的你從來不敢想像自己的未來是超越自己想像的世界而存在。你可以在十歲就看見二十歲、三十歲，或是五十歲的你生命展現的全貌嗎？

我們總是卑微地期許自己能找到足以養家活口、安身立命的生存之道，再不然就是只想滿足父母的期盼，或是滿足自己永遠無法填滿的奢侈欲望和口腹之欲而已，我從來沒有想像自己可以創造什麼了不起的未來。我們就像在茫茫大海中漂流的生命種子，隨遇而安是我們安度此生的教戰守則；我們一直跟著古人、歷史、老師和同儕的路，有樣學樣，從來不知道自己渾身是寶藏，更別提在有限的資源供應下可以如何展開自己生命的遠景。我確實被這個世界洗腦得夠徹底，就如同之前在夢裡走進飯店迷宮，連自己的房間都找不著。現在站在自己晶體的正中央，重新創造出一個新人類，我無法相信人可以被允許在地球上活得如此自由。

沒錯！時間之輪並不存在你的晶體中，只要你願意從最初始的你重新出發，你一樣可以在有限生命的維度中創造永恆無限生命的藍圖。地球母親也殷殷盼望地球上所有的星際種子覺醒後，可以爲自己和地球創造一個新的自己。

當你回歸眞我的源頭，你的意識早已和所有靈性源頭的存在共同組成一個新的意識晶體。你不再被自己的小我意識屏障，也成功脫離地球晶柵中沉重歷史包袱的牽絆；你已經是自由的靈魂，帶著光明璀璨、最初始靈性本源的光和振動，以及所有已經內化在你新晶體中的地球經歷，你已經可以替自己和地球的未來創造出一條新路徑。只要你願意設定新的目標，所有與你共同存在的靈性意識將共聚一堂，爲實現這個新目標一起努力。你意識的高度將決定新地球的顯化結果，你已經不是那個坐井觀天、任由自己的小我指揮和發號施令的生命棋子，你有絕對的能力成爲自己永恆生命的掌舵者，現在就讓這新的生命意圖爲你展現前方的道路。

世界即將改變，新地球秩序就要誕生

二〇二〇年發生在地球上的瘟疫、饑荒和大國之間的政治衝突角力，都在反映目前人心的狀況。你們或許以爲這只是二元世界必然存在的亂象，自古至今，人類經歷數千年的群雄割據、政治紛擾、一代又一代的衝突、企業競爭，乃至家族間的暴力，你們對不斷上演的衝突已經漸漸麻木，而最終讓這些紛亂平息的力量，來自更大的破壞、消滅與控制性思想。這都是因爲人類自以爲是地球主宰者，無視在這些亂象背後一直保護著所有生命的根基和存續的更大力量。那來自你們的根，你們都是地球母親身上的血脈，是地球母親守護著你們，提供人類和萬物源源不絕的愛的能量滋養。

地球母親過去允許人類在衝突中學習愛。黑暗世界和愛之間只有一線之隔，當你們經歷了重重的黑暗試煉，地球母親永遠敞開大門，迎接所有墜入黑暗世界的人；而如今，地球母親即將關上這試煉之門，重新啓航，進入新的銀河軌道。在這個時期，無法與新地球融合的振動頻率會被排除於地球母親之外，這和以往地球母親保護所有人類、允許你們恣意體驗的情景已然不同。

地球母親回歸銀河宇宙的運行軌道已經建立，所有干擾和阻礙地球母親校準銀河邦聯的破壞性黑暗能量將面臨自體毀滅。這麼一來，地球即將產生新的世界融合景象，你們漸漸會在一些事件中體驗到，若人類仍以爲世界由地球人類的意志掌控，而輕忽大自然和地球母親的存在，就會被自行發出的破壞能量反撲。以往這些黑色能量會由地球母親無條件回收到地球之心，現在磁極已經改變，地球母親不再吸收這些無法融合的能量，而會讓它們全數回到釋放者的身體場域和事件本身。以前你們深知的業力法則、「種瓜得瓜，種豆得豆」，會更立即地反映在人類眼前，不必延至下一世或未來。

除了業力更快反應之外，一連串的慈心行動將會帶領更多人走向光明。這些慈心行動和事件會從宇宙不同維度推進地球，爲了帶領事件發生和創造出超乎個人能力所及的新地球藍圖，需要集體意識達成共識來幫助重啓平衡。這些慈心的引爆地點會發生瘟疫、戰爭、饑荒、天災，甚至少數區域會發生集體滅亡事件，你們無法再以個人力量對抗宇宙集體意識的校準行動。

當這些事件一再出現，你們終將臣服於更大的集體意識的力量，也終於打開集體意識的重新校準之路，新地球秩序就此誕生。這股力量會陸續在地球釋出，你們此時此刻愈快校準新地球意識，到達與新地球能量和諧共鳴的狀態，就能愈快重回平靜的生活。

從二〇三〇年起，新地球將迎來宇宙共識體。這個共識體將不會以個人或個別族群的偉大爲依歸，而是會校準所有人類內在意識的能量。這股宇宙共識體的能量會從每個人的內在宇宙點燃，你們將會自動與之校準，以邁向新地球的秩序。屆時，地球上的國家版圖、政治分野和經濟制度都將以符合全體人類內在集體意識爲原則，在所有人都認同的情況下重建。

在此變動時期，星際種子必須將訊息傳遞出來，讓所有人的內在意識重新獲得宇宙共識體的能量，以幫助地球母親重返銀河懷抱。

回到最初始的你，和宇宙意識共舞

在進入星光體意識之前，你們的學習流程是「向外探索→發現→體驗」，再將此體驗內化，形成自己的獨特經驗，存入大腦的海馬迴，進入阿卡西紀錄存放；而當你穿越自己的內在宇宙，進入你的靈魂晶體，此時，你終於遇見組成你的靈性意識源頭。自此，你不必再走「向外探索→發現→體驗」的冗長流程和經歷反覆的迴路，你所有的經驗早已存在此，就在你的內在宇宙中，你現在可以直接進入揭露和喚起的過程。

其實，真實的情況是你無法向外去經歷和找尋到與以往不同的全新體驗，那些早已存在你內在宇宙的片段中，只是透過你走入另一個夢裡——那個由當今所有人類共同架構的虛擬實境中——再次演出早已存在的歷史片段。你們尚未甦醒前，只是一再走進自己的鏡子裡，走入內在宇宙早已儲存的戲碼和片段中。

而當你揭開帷幕，遇到你靈魂的真實自性，就是你的靈魂ＤＮＡ進行重組的重要時刻。你的身體意識和小我的自主意識，與你的內在潛意識之間已經不再隔層紗，你已經是具足而完整的存在意識。你與跟你連結的靈性片段正要共同組成一個新的晶體，這個結構體擁有多次元的面向和各自展開的路徑，當你站上晶體正中央，你最初始的存在意識就不再沉睡，你將展開新的紀錄，一個全新的生命就此展開。

你會明白，只有回到與你的眞我自性相遇，在此重新出發，你才可能創造出一個新的世界，一個跳脫過去你早已經歷過的一切、走入全新的道路並創造出新實相的世界。這裡有著你更高次元的意識協作組成的家園，此處才是未來地球得以展現的泉源。創造新地球，不會是存在你鏡中的世界，你們會就此打開眞實的宇宙全貌。

阿乙莎，我又不懂了。對不起，我還是很迷糊，我們的靈魂重組、遇見眞我、我的創造，不在外，而是要向內？我們身處地球，要吃到食物和果實，必須播種、施肥、鋤草，我不是應該一步一腳印地行動，一磚一瓦地去打造新地球？現在要我進入內在宇宙去打造，這要如何進行？

沒錯！你沒有料到宇宙共同意識是如此架構出每一個靈魂體驗場的，是不是？

你有沒有發現，地球萬物生生不息的存在總是依循四大元素的固定路徑前進？你看到的白天黑夜、四季變化、身體細胞的成住壞空，在宇宙爲地球設定的所有生命藍圖中，哪一個元素可以不依照宇宙生命的法則前進？無一例外，只是不同元素彼此碰撞、流動和再次融合的過程呈現出萬花筒般的波長和景象，造就你今日看到的花花世界。

你們在宇宙設定的法則下孕育生命，過著規律的生活，你還會認爲自己可以在地球上改變所有生命的延續法則嗎？除非你們可以找出方法解開地球生命之輪的行進規律，才可以改變生命和所有物種的命運，否則地球上萬物的存在都會落在生命之輪早已設定的框架裡。

而現在我必須讓你明白的是，每個生命在地球的靈魂DNA記憶庫已經重新開啓，你們可以不再只看見鏡中反射出的那一面，而一再走進生命之輪設定的遊戲場中。你們現在可以向內看見生命眞正的原貌：你是宇宙共同意識的一員，你的存在可以改變自己身處的世界；你是自由的靈魂，回到自己的眞實自性中，你可以去重設你未來將要展現的生命藍圖和新生命的路徑。你不再受制於過往歷史印記的重覆播放，對你和所有與你連結的宇宙意識來說，這樣你們才有機會打開新世界的開端，你們才能爲了下一次不同於以往生生世世的記憶，再造一個全新的體驗。你必須回到最初始的你，站上這個位置，去展開和宇宙意識共舞的時刻。

阿乙莎，我記得祢曾說過每一個生命的開端都已經是結果了，地球上的所有生命都早已設定好藍圖，我們只是照劇本演出。那麼，現在這個跳脫劇本演出的戲碼，難道也早已經設定好了，只需要我們按下重設鍵，是嗎？

你可以這麼說。但你還記得自己爲何又跳進這場戲裡，又要再一次去找出這個按鍵嗎？

我回想一下。喔！我知道了，原來是有很多人忘記自己手上就有這個按鍵。

沒錯！你們進入地球帷幕之下，一開始就被賦予全然體驗地球的自由。你們的小我被賦予超越宇宙意識和身體意識的權利，還可以無視與你一起前來體驗的高次元存在意識，恣意進入地球再次體驗；但與此同時，你們也被賦予隨時可以按下按鍵登出的權限，只是你們在鏡子的反照中愈走愈深入、愈走愈迷惘，最後，許多人在生生世世再次體驗的過程中忘了回家的路。只有當你的DNA重新排列，讓你不再只著眼於自己的鏡像，而是在你所有的記憶庫中找回靈魂最初始的你自己之後，你才終於發現自己手上握有重設按鍵。

然而，即使有些人拿回了自己生命的重設主導權，還是有許許多多的生命願意回到地球再度體驗，如同你一樣。對你們來說，這一回不再是爲了經歷自己的歷史片段而來，所以你們的阿卡西紀錄先被清空了，你們才再次進入地球帷幕之下體驗。這是爲了讓你們可以快速找回眞我自性，重設出一條新生命藍圖的道路。

難怪我之前在阿卡西紀錄中看不見我在地球生命場的任何片段，所有可以找回的記憶都不在地球上。

這也是你此次生命藍圖原本的規畫，但你還有下半場的藍圖需要重新規畫，當時你是如何說的？

嗯……我好像說哪有什麼困難啊，去把大家找回家不就好了？

是的，那你現在打算如何進行？

我需要你們一起來幫助我，打開登出舊地球之後新世界的大門，讓大家願意放下自己正緊抓著不放手的體驗遊戲場。這需要讓他們看見新世界的藍圖，並有更大的興趣和動力才行。

很好，你說的不就是在你原來的世界，爲了地球而來到你面前的邀請？

原來的世界？在哪兒？

就在你的內在宇宙中，最美麗的家園，你來自的桃花源。

啊，對呀！原來新地球早已存在。我以爲要很辛苦地在地球上重新經歷破壞後才能重建出來的地球新文明，原來也早已經存在了！

沒錯！你可以隨時回到內在宇宙中，去探索那個眞實存在的新地球桃花源，讓人們知道。

連結未來自己的光之橋

當你多次經由大師和導師的引導，連結進入屬於你的靈性存在的意識晶體中，你終於看見自己最初始的靈魂種子就存在你內在晶體的正中央，正等待著與你合而爲一，成爲嶄新的靈性之光。這道光將帶給地球和所有與你連結的靈性存在體一條明晰的道路，它在你完全走進自己的晶體核心之前並無法獨自綻放，因爲它需要連結你在地球上的意識——那個爲了完成所有靈魂共同意識的目標而前來地球帷幕之下探索的你，就是讓晶體核心之光綻放的鑰匙。

現在你終於回到這裡，你將爲地球和未來的世界搭建一座光之橋，跨越三次元的地球，和位在五次元的母艦相連。這座光之橋將可帶領成千上萬的靈魂，成功走上回家的道路。我一直都在你之內，爲了建築這座光之橋而來到地球帷幕之下等你甦醒；現在通向五次元的道路已經明晰可見，你們將通過內在宇宙，成功回到母艦，與未來的自己合體，成爲新世界的領航員。

若尚未搭起這座光之橋，創造就會呈現迴圈狀態。你不斷在三次元的地球場域中迴圈而不自知，你只是活在自己曾經走過的歷史片段裡。

當你連結上新地球，你會在原有的世界中同步感受到自己投射出的新地球樣貌正逐漸成形，你只要用內在之眼就可以看見位於帷幕之外的新地球。這座由你自己搭建起來的光之橋不在你之外，而是存在你之內，它將帶你跨越帷幕，走上你的靈魂最初始設定的道路。到達之前，你的靈魂必須突破地球帷幕之外的層層考驗，回到你純淨無瑕的眞我自性，這樣你就替自己搭建好這座光之橋，連結已經通過地球考驗的你的自主意識，和未來的你的意識。這個未來的你同樣是由多個靈性意識片段組成，在你們合而爲一的過程中，帶領你的小我意識不斷認出眞正的自己各種不同的面貌。一路上，你並不是單打獨鬥，在宇宙帷幕之外，你的靈性意識組成片段一直與你同在，等著與你再次連結成一體的共同意識，你們將進入另一個維度的創造起點。在帷幕之下，回到自身內在宇宙之路由你的小我意識掌控，只要你應允和願意，你所有的靈性組成片段都會爲你鋪設好回到自性、和未來的你合一的道路。這條路是由**你的意願**鋪設的，沒有你的偕同和應允，靈性組成片段也無法替你搭建這座光之橋。

回到此時此刻，你與未來的自己終於連上線。你不再走上不斷重複迴圈的路，你的一舉一動、一言一行，都同時在未來的你身上刻畫出新的里程碑。現在你已經跨越帷幕，回到靈魂最初始的道路和藍圖中。

阿乙莎，我的未來分身泰雅現在又在哪兒？

你已經找回未來的自己，她就在你之內，一直存在著，陪伴著你。

喔～眞是好長的一段路。一路走來，我早已經搞不清楚回歸源頭、找回眞我自性的順序和步驟……

這一路摸索和揭露的過程，你的小我意識不斷對抗和拉扯著你，混淆你的視聽和理解，這很正常。當你順利到達內在晶體核心，發現靈魂眞我自性，你就即將跨入宇宙共同意識的開端。你不要擔憂自己進入一個無邊無際的意識大洋會失去支點，你已經從靈魂最初始的本我之中成功打開連結新地球的門，你的內在宇宙現在可以同時跨越新舊地球的意識場。你的靈魂本我中已經生出一個全新的你，這個即將是未來的你。現在，當你使用三次元的身體去感知時，是否感受到自己的右腦展開一個空間？

對，我發現透過意識路徑引導契入眞我光之殿堂，我的眼球會不由自主轉向右腦，這裡似乎出現一個全新的空間。

此時，你需要將意識轉換到這個右邊的新空間中，呼請你存在各次元的高我與你在此合一。這裡是你和高我共同存在的意識平臺，是你的晶體展開宇宙多維度共同意識場的成果。在這裡，你和你的高我——也就是最初始的你的意識——同在，你的起心動念、一舉一動，會在三次元的地球和五次元的地球共同創造出新的場域；也就是說，你身在地球，但又能準確地在五次元的地球同步開創。這是因爲你已經搭起跨越兩端的光之橋，在連結狀態下產生同步性結果。過去你的一舉一動、一念一想都處在三次元的線性時空中，現在你已經跨入五次元創造的開端，你正在創造未來的世界，而未來也會因你而不同。

此時此刻，你已經可以邀請未來的自己和你共同打造新生命藍圖，人類已經不必經歷死亡，就可以在地球生命存續期間直接打造未來的自己。

現在，你和未來的自己共同擁有這個交流的園地，透過你的身體在地球上展開體驗行動的同時，未來的你正經由更高意識的帶領和協作，揭開創造新地球實相的階段。這是你一路上辛苦探索最大的回報，也是你跨入宇宙共同意識的重要里程碑，我期待你可以將未來自己的藍圖建構出來，你可以帶給自己和這世界一個全新的視野，以及邁向未來的新生命藍圖。

與眾神合一

還記得「6－6－6」這個上帝密碼中的第三個6嗎？

對，好像我遇見靈魂眞我後就停下來，沒有提到第三個6。

你現在即將要去啓動它。

這第三個6，就是要開啓你星光體中的高我意識，邀請高我意識臨在。高我意識分別位在你的海底輪、臍輪、太陽神經叢、心輪、喉輪、眉心輪，最後你將衆神合而爲一後，你靈魂最初始的真我就能與衆神合一。

這個合一就在你身上。通過源頭已經爲你敞開的這扇大門，經由你身上的六大脈輪通道，一一去召喚你位在星光體層的所有高我意識臨在，你將重獲自由和完整的靈性之光。

（跟著指示，我嘗試先完成前兩個6的意識步驟，順利搭起光之橋，進入真我存在的光之殿堂。當我打開真我時，我的眼球會自動轉向右邊，似乎打開了光之殿堂右邊的另一個空間。此時，我從海底輪開始呼請我存在各個次元的高維意識臨在，依序打開不同脈輪中的高維意識：

海底輪→Buta
臍輪→莎雅
太陽神經叢→濕婆
心輪→象頭神
喉輪→泰雅
眉心輪→雷巴特

請注意，每個人高我意識的組成不同，需要自己去一一找出。我嘗試用紅橙黃綠藍靛等顏色來代表不同的高我，並無法取得同樣的振動頻率，所以建議讀者仍須自己去找出存在自己身上的不同高維意識，辨認出他們，才能真正達到合一共振。

最後我呼請頂輪上方的阿乙莎。此時阿乙莎將存在我不同次元的所有高維意識串連成一個8的形狀，然後我直接唸誦「與高我合一咒」——Mo Ha Na Mi Da，Mo Ha Nu Wa。就在剛唸完合一咒時，整個高我意識群與真我結合為一體，籠罩我的全身。

我感覺到自己的身體呈現出七彩琉璃的光芒，意識無限擴展開來，體內充滿一種神奇的氣。這種氣和之前進入靈魂晶體有點類似，但更為巨大磅礴地灌注我整個身體。）

阿乙莎，這是什麼狀態？與眾神合一後我的意識依然清清楚楚，身體獲得全然不同的感受，而我的內在意識清楚知道自己的內在宇宙綻放出七彩琉璃的光芒。

你以爲與衆神合一後會失去小我意識，甚至行住坐臥變得不像正常人嗎？不會是這樣的。你的小我眞正到達與衆神合一的狀態時，你全身的細胞會賦予自己全新的振動品質，你的形體非但沒有減損一分一毫，反而會因爲你與衆神的光共振，爲你的身體注入生命新元素。這些元素並不存在三次元的地球維度，那是啓動你身體精微體的「炁」，而你們無法用生物體的肉眼觀察到炁，這和你們以前認知的氣是不同的元素。炁是來自宇宙初始的能量，是一切生命的本源，你們古代的智者描述過，炁是介於陰和陽之間的物質，無所謂陽，也無所謂陰，那就是宇宙陰陽尙未

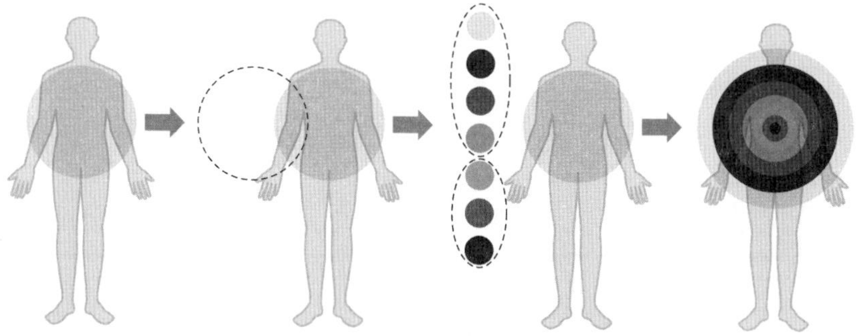

進入真我光之殿堂

右側出現一個空間

依序呼請六個脈輪的高我意識進入右側空間，最後呼請源頭共同意識（阿乙莎）進入，整合六個脈輪，成為一體的存在意識。

與眾神合一

分裂爲二、最原始混沌狀態的能量。

對你們的身體而言，這個炁就是來自本源最初始的療癒能量。當你的身體銜接上衆神的高維意識，會帶動炁移轉進入身體，你的身體將呈現水晶般的結晶，細胞進入晶化過程，你的身體場域通透如水晶般，呈現出七彩琉璃光。這也是你們過去許多修行多年的大師終身追求的狀態：讓身體如琉璃般晶化。

現在只要透過人們還原眞我，與高我在身體所在維度全然合一，你們就得以更快協助地球校準銀河大日，加速揚升進入銀河軌道的既定計畫。你們不必再神話這個看似被宗教和古人歌頌的聖人存在現象，這是現階段光之工作者都必須共同努力到達的狀態。

當所有存在你靈性源頭的衆神意識回到自己身上，你們就即將展開新生命的道路；你將成爲地球上的覺醒之光，幫助更多在帷幕之下的靈性兄弟姊妹找到回家的路。親愛的，這是星光體旅程最重要的到達。你們原本認爲與你存在不同維度、具有分離人格的神性存在，甚至被你們的宗教視爲高不可攀的神祇；過去當你一次又一次突破意識屏障和生命的考驗，才能親炙的甜蜜果實，你們將之視爲死後的世界，是不存在現實中的體驗，現在你終於可以深刻感受到，那原本就眞實存在每個人的內在宇宙中，屬於完整的你的存在原貌，是你們的內在失去校準，才會讓今日的地球呈現扭曲的樣貌。

星光體對全體人類揭露並不是在這個地球揚升時刻才被允許的，它早已存在，只是人類已經封閉的心靈無法走入星光體的帷幕。現在，唯有喚醒更多光之工作者回歸眞我，並完成與高我融合爲一體的意識狀態，重新校準，才能幫助地球回到銀河母親的懷抱。這是五億光年外的銀河早已爲地球準備好的揚升計畫，現在就在帷幕之外，在你們的星光體意識中，等著與你們合一。

時間不會在星光體中滴答滴答地敲打，你們只須走向內——任何時間，任何地點——去探望自己的內在宇宙，就可以登上星光體的母艦。這不是夢，地球意識的揚升母艦正在迎接所有人類的覺醒，登上母艦，一起航向宇宙爲人類準備好的新地球家園。

銀河母艦歡迎你們登船，Welcome on board!

〈附錄〉

與阿乙莎的Q&A

Q：打開第三眼松果體連結高我的狀態，和連結晶體契入基督意識場有何不同？

A：連結晶體是回家，回到自己靈魂初始的家，和源頭意識合一；而開啓第三眼是幫助你們和自己的更高意識校準，也就是與高我合一必要的過程。在基督意識場的合一位在更高次元的維度，那時你的意識處在西塔波（θ波）；但現在與高我合一的狀態，你的意識在地球的頻段。你在沒有改變自身振動頻率的狀態下，允許自己的內在宇宙與高我合一共振，你是以目前的身體迎接另一個維度的自己。

Q：爲何有很多人第三眼早已開啓，卻並未與高我合一，只能看見鬼神的存在？

A：那不是眞實的松果體啓動，而是靈魂意識向外連結產生的幻相；眞實的松果體啓動會讓你回到更高意識的校準，你不會連結到非你自己的靈魂意識存有。你只能透過錨定和校準自身的高我，回到銀河早已爲你鋪設的道路，你是爲了完成高我意識在地球的工具而與其合而爲一。

你和高我其實本是一體的存在意識，爲了宇宙任務進入分離又合作的新階段，你會在地球維度以具體的肉身行動，你的高我則在不同的意識維度協助你完成此項任務。之前你雖成功進入晶體中，你和高我及所有靈性片段的意識仍是分離的。

Q：和高我合一是每個未來的新地球人類都必須到達的狀態嗎？

A：不一定，要看靈魂的任務爲何。不見得每一個人類都必須如此，但有攜帶銀河心智圖的人都一定要與高我意識合一，才能正確回到銀河家園。未能和內在神性合一也是人類物質生命體進化的必要過程，你們的小我個體化意識也是神性體驗的一個過程。

Q：唸阿卡西紀錄的祈禱路徑，和直接唸誦第三眼神咒有何不同？

A：你透過阿卡西紀錄祈禱文契入阿卡西紀錄場域的過程，會連結你的高我和指導師，而你的最高意識源頭會來引領你並與你連結，在此你連結上阿乙莎的集體意識場；而當你自身的意識逐漸擴展到觸及你的星光體，觸及你的高我意識分身時，你就可以經由唸誦第三眼神咒與你的高我合一。透過這樣的融合，你可以完成在地球上和神聖源頭共同創造的任務，也才能憶起自己的天賦和尚待完成的靈魂使命。當你與高我合一時，你的小我意識、高我和源頭意識群是處於意識能量共存的狀態。

Q：這麼多高我和其他存有的意識連結，這些存在和阿乙莎的連結有何不同？

A：意識在你的靈性層次原本都是相互連結的。雷巴特跟濕婆的能量是否近似？而莎雅也擁有蓋婭的能量。你身上除了有雷巴特和莎雅的意識能量，當然有屬於他們的孩子象頭神的意識能量，他們是一家人，而阿乙莎是所有宇宙本源的集合意識，只是阿乙莎必須經由這些神性意識創造各自的體驗，並於該次元顯化出各自所需的意識載具。這趟旅程最主要的目的之一，就是讓你的更高意識與目前身處地球維度的你，進行更好的意識融合——簡單來說，就是讓你所有的高我意識可以和你的生物體載具更爲融合。接下來會有更多的高我意識與人類合一，共同創造新地球的實相。

Q：每個人都必須認出自己的神性源頭並與高我合一，才會知道自己在新地球的任務嗎？

A：我會說，是人類覺醒後，終於可以讓自己內在的神性開始發揮所長。別忘了，你們存在地球場域不是只有人類存在而已，而是集體意識透過更高次元的神性意識展開的地球體驗場域。當你重新與自己源頭的神性合一，才是回到自己生命最初始設定的功課。

Q：阿乙莎，每一種神性能量都不同嗎？如果無法看見形象，要如何確認我們連結上的神性能量是對的？又要如何教導人們辨識出他已經成功連結自己的高我，而不是怪力亂神？我相信很多人都會有這個疑慮。

A：這麼想也是他的小我意識在作祟。每個人都被允許在地球場域創造自己的實相，你要將力量放在引導大家連結，而不是放在解釋已經被曲解的一些言論。要辨識出高我的連結很簡單，就是心的振動。帶著喜悅、滿足和愛的就是高我，帶給你擔憂、不安、防禦和恐懼等負面感受的，就是小我幻化出來的假高我。用你的身體感知來辨別，身體是最精密、完美又可靠的電腦系統，會幫你過濾，所以要善加使用你身體的智能。

關於新地球能量校準

問題一

學員：Rachel老師，請教你，我每天都有做新地球校準操，確實有提升到自己，甚至這兩天看流星雨，我可以看到天空竟然有網格，也可以看到流星劃過的痕跡，找出流星在哪個位置出現。但我今天遇上一個奇怪的夢，夢裡出現了一群穿紅色衣服的人，手上抱著斗，或者說是甕，一直往前走。我問他們找我做什麼，他們說要超渡；我回答我又不認識你們，而且我也不會啊，他們竟然跟我說去問你的老師，她會知道怎麼做。所以我只好硬著頭皮來請教你。如果我遇上這方面的問題，該怎麼辦？可以請老師提供意見指導嗎？

Rachel：謝謝你願意分享內心的疑慮和困惑。在這條路上，要記得黑暗無法存在光中，當你是光，就可以照亮自己前行之路。你其實不用靠外在的力量，每個人都有自己回到家的GPS，但在地球帷幕之下，我們內心確實受到許多制約和過去細胞印記的干擾，無法順利以一己之力穩定自心，這也是爲何需要大家一起前行，相互提醒。

當自己內在仍有恐懼和擔憂，講出來並不可怕；當你願意面對，你的意識就已是光的臨在。可怕的是有許多人並不願意如實面對，以爲會失去這些那些，反而被自己的黑洞吞噬。許多宗教或一些怪力亂神的說法並不是假的，那是他們自己曾有的遭遇，被講得繪聲繪影，但其實那些都是自己內心的投射而已。每個人內在都有很多戲碼，看不完的，只要記住讓自己回到眞實，如實照見自己內心的小劇場，隨時提醒自己；若無法提醒自己，講出來也可以。

帷幕之外無有恐懼幻影，若有，讓你感到困惑、無法理解的，都是自身內在恐懼顯化出來的意象。要先看到自己內在正在擔憂害怕著什麼，回到淨化自己的內在意識，讓自己成爲光；若還不確定自己是否可以穩定在光中，就先回到自己身上，面對自己仍有的困惑和恐懼，讓自己看見內在是否仍有無法流動、卡住的情緒。新地球能量的校準，最終會要求你們落地，將能量注入地球。這是重點，請如實做。

學員：Rachel老師，你這樣說我終於懂我後面看到的影像了，因爲我只能看，然後慢慢意會。老師點破了我，我確實被自己的黑洞拉過去了。我最害怕宗教約束，覺得是不是自己對不起祂們，因爲我被灌輸這樣的觀念。我知道神來自光的所在，來去自如。我又掉進自己而不自知了，謝謝老師讓我知道我的內心，讓我明白。

問題二

學員：你在新地球能量校準影片中提到基督意識三位一體的光芒，請問是指三聖火嗎？我們這時需要觀想三聖火的火焰在胸前嗎？是觀想影片中那種黃色光芒嗎？

Rachel：不需要，照著影片提及的進行即可。校準完將關注力放在自己的身體，就可以感受到能量進入。不需要意識在此時引導或觀想顏色，聽著音頻，意識跟隨即可。

問題三

學員：我想跟老師和同學分享我的變化。我就是出現第三眼，然後在眼裡出現中柱，它就是一直在生成、變化，甚至我進到瞳孔裡，有時會有像被包在子宮內的感覺，有時像星空，有時像峭壁，太多了，我一時無法用適當的字眼來跟大家分享。我也可以拿捕夢網來形容我看到眼睛時的感覺……我聽老師說在做地球校準操時，每次的變化都不一樣，而且有很強的能量灌注。我看到的地球校準操，一個是在中柱內形成黃金光芒線，一個是我打開眼睛看到我家陽臺外的天空（夜晚）出現了透明圖案。只要簡單感受音樂，跟身體共振，就有不可思議的提升效果。我昨天晚上在陽臺跟大自然一起做地球校準，我看到影片中那個小金人是三百六十度旋轉的，而那些線是立體的，像時鐘的線，感受好強。影片最後基督意識煙火施放那裡，我在天空看到了生命之花跟一朵花，感覺像蓮花，在天空一直轉動，好感動。

我覺得好不可思議。雖然我不知道同學們的感受如何，但希望我的分享對大家有幫助。

Rachel：新地球能量校準冥想，校準後，能量進入身體中柱之後才是重點。當你將光傳送給家人跟朋友時，你會發覺自己內在的光之柱更加擴展，這樣的擴展不但利益自己，也可以幫助身旁的家人、環境。當中軸擴展後，記得落地，讓能量透過自己的海底輪和雙腳流下去，進入地球之心。這個動作很重要，這就是幫助我們的地球母親校準銀河能量的辦法之一。

回到自己的心，更穩定自己的中軸，才可以將光和愛傳送出去。那個身體十二系統咒音就像是錨，將你的內在宇宙穩定住，才能揚升。所以，連結地球很重要，那是我們的根基。

回到自己的內在宇宙，不需要追求神祕體驗，你的心輪擴大、場體擴大，就自然可以到達。每個人到達的狀態都不同，最好的衡量方式就是看自己是否更開心、喜悅，不容易發怒，隨順生命的流動，不再恐懼和自我限制。地球已經準備好要揚升，每個人都會到達的，要給自己信心！

Eurasian Publishing Group
圓神出版事業機構 方智出版社 Fine Press
www.booklife.com.tw reader@mail.eurasian.com.tw
新時代系列 192
星光體：阿乙莎帶你解鎖DNA，淨化精微體，還原人神一體的生命實相
作　　者／譚瑞琪
發 行 人／簡志忠
出 版 者／方智出版社股份有限公司
地　　址／臺北市南京東路四段50號6樓之1
電　　話／（02）2579-6600・2579-8800・2570-3939
傳　　真／（02）2579-0338・2577-3220・2570-3636
總 編 輯／陳秋月
副總編輯／賴良珠
主　　編／黃淑雲
責任編輯／黃淑雲
校　　對／黃淑雲・陳孟君
美術編輯／李家宜
行銷企畫／陳禹伶・王莉莉
印務統籌／劉鳳剛・高榮祥
監　　印／高榮祥
排　　版／杜易蓉
經 銷 商／叩應股份有限公司
郵撥帳號／18707239
法律顧問／圓神出版事業機構法律顧問　蕭雄淋律師
印　　刷／祥峰印刷廠
2021年4月　初版
2023年5月　7刷
定價380元　ISBN 978-986-175-586-1
版權所有・翻印必究
◎本書如有缺頁、破損、裝訂錯誤，請寄回本公司調換
Printed in Taiwan

若每個人都回到從愛自己開始，就能讓愛在地球的生命之花綻放，
也可以爲自己找到回生命源頭的道路，重現生命的光和愛。

——《愛的復甦計畫》

◆ **很喜歡這本書，很想要分享**

圓神書活網線上提供團購優惠，
或洽讀者服務部 02-2579-6600。

◆ **美好生活的提案家，期待為您服務**

圓神書活網 www.Booklife.com.tw
非會員歡迎體驗優惠，會員獨享累計福利！

國家圖書館出版品預行編目資料

星光體：阿乙莎帶你解鎖 DNA，淨化精微體，還原人神一體的生命實相／譚瑞琪 著；-- 初版．-- 臺北市：方智出版社股份有限公司，2021.04
416面；14.8×20.8公分 --（新時代系列；192）

ISBN 978-986-175-586-1（平裝）

1. 聖靈　2. 靈修

242.15　　110002465